TRANZLATY

Sprache ist für alle da
Język jest dla każdego

Der Ruf der Wildnis

Zew krwi

Jack London

Deutsch / Polsku

Copyright © 2025 Tranzlaty
All rights reserved
Published by Tranzlaty
ISBN: 978-1-80572-792-7
Original text by Jack London
The Call of the Wild
First published in 1903
www.tranzlaty.com

Ins Primitive
Do prymitywu

Buck las keine Zeitungen
Buck nie czytał gazet.
Hätte er die Zeitung gelesen, hätte er gewusst, dass Ärger im Anzug war.
Gdyby czytał gazety, wiedziałby, że szykują się kłopoty.
Nicht nur er selbst, sondern jeder einzelne Tidewater-Hund bekam Ärger.
Kłopoty dotyczyły nie tylko jego, ale i każdego psa wodnego.
Jeder Hund mit starken Muskeln und warmem, langem Fell würde in Schwierigkeiten geraten.
Każdy pies o silnych mięśniach, ciepłej i długiej sierści będzie miał kłopoty.
Von Puget Bay bis San Diego konnte kein Hund dem entkommen, was auf ihn zukam.
Od Puget Bay do San Diego żaden pies nie mógł uciec przed tym, co nadchodziło.
Männer, die in der arktischen Dunkelheit herumtasteten, hatten ein gelbes Metall gefunden.
Mężczyźni, błądząc w arktycznej ciemności, znaleźli żółty metal.
Dampfschiff- und Transportunternehmen waren auf der Jagd nach der Entdeckung.
Odkryciem tym interesowały się firmy żeglugowe i transportowe.
Tausende von Männern strömten ins Nordland.
Tysiące ludzi ruszyło na Północ.
Diese Männer wollten Hunde, und die Hunde, die sie wollten, waren schwere Hunde.
Ci mężczyźni chcieli psów i psy, których chcieli, były ciężkie.
Hunde mit starken Muskeln, die sie zum Arbeiten brauchen.
Psy o silnych mięśniach, dzięki którym mogą ciężko pracować.
Hunde mit Pelzmantel, der sie vor Frost schützt.
Psy z futrzaną sierścią chroniącą je przed mrozem.

Buck lebte in einem großen Haus im sonnenverwöhnten Santa Clara Valley.
Buck mieszkał w dużym domu w słonecznej Dolinie Santa Clara.
Der Ort, an dem Richter Miller wohnte, wurde sein Haus genannt.
Dom sędziego Millera nazywano jego domem.
Sein Haus stand etwas abseits der Straße, halb zwischen den Bäumen versteckt.
Jego dom stał z dala od drogi, częściowo ukryty wśród drzew.
Man konnte einen Blick auf die breite Veranda erhaschen, die rund um das Haus verläuft.
Można było dostrzec fragment szerokiej werandy otaczającej dom.
Die Zufahrt zum Haus erfolgte über geschotterte Zufahrten.
Do domu prowadziły żwirowe podjazdy.
Die Wege schlängelten sich durch weitläufige Rasenflächen.
Ścieżki wiły się przez rozległe trawniki.
Über ihnen waren die ineinander verschlungenen Zweige hoher Pappeln.
Nad naszymi głowami przeplatały się gałęzie wysokich topoli.
Auf der Rückseite des Hauses ging es noch geräumiger zu.
W tylnej części domu było jeszcze przestronniej.
Es gab große Ställe, in denen ein Dutzend Stallknechte plauderten
Były tam duże stajnie, w których rozmawiało kilkunastu stajennych
Es gab Reihen von weinbewachsenen Dienstbotenhäusern
Stały tam rzędy domków dla służby porośniętych winoroślą
Und es gab eine endlose und ordentliche Reihe von Toilettenhäuschen
I była tam nieskończona i uporządkowana kolekcja ubikacji
Lange Weinlauben, grüne Weiden, Obstgärten und Beerenfelder.
Długie winnice, zielone pastwiska, sady i pola jagodowe.

Dann gab es noch die Pumpanlage für den artesischen Brunnen.
Następnie znajdowała się tam stacja pompująca wodę do studni artezyjskiej.
Und da war der große Zementtank, der mit Wasser gefüllt war.
A tam był wielki cementowy zbiornik wypełniony wodą.
Hier nahmen die Jungs von Richter Miller ihr morgendliches Bad.
Oto synowie sędziego Millera biorący poranny prysznic.
Und auch dort kühlten sie sich am heißen Nachmittag ab.
I tam też mogli się ochłodzić w upalne popołudnie.
Und über dieses große Gebiet herrschte Buck über alles.
A nad całym tym wielkim terytorium rządził Buck.
Buck wurde auf diesem Land geboren und lebte hier sein ganzes vierjähriges Leben.
Buck urodził się na tej ziemi i mieszkał tutaj przez wszystkie cztery lata.
Es gab zwar noch andere Hunde, aber die spielten keine wirkliche Rolle.
Owszem, były też inne psy, ale tak naprawdę nie miały one większego znaczenia.
An einem so riesigen Ort wie diesem wurden andere Hunde erwartet.
W tak ogromnym miejscu spodziewano się innych psów.
Diese Hunde kamen und gingen oder lebten in den geschäftigen Zwingern.
Te psy przychodziły i odchodziły, albo mieszkały w zatłoczonych kojcach.
Manche Hunde lebten versteckt im Haus, wie Toots und Ysabel.
Niektóre psy mieszkały w ukryciu w domu, tak jak Toots i Ysabel.
Toots war ein japanischer Mops, Ysabel ein mexikanischer Nackthund.
Toots był japońskim mopsem, a Ysabel meksykańskim psem bez sierści.

Diese seltsamen Kreaturen verließen das Haus kaum.
Te dziwne stworzenia rzadko wychodziły poza dom.
Sie berührten weder den Boden noch schnüffelten sie draußen an der frischen Luft.
Nie dotykały ziemi, ani nie wąchały powietrza na zewnątrz.
Außerdem gab es Foxterrier, mindestens zwanzig an der Zahl.
Były tam również foksteriery, w liczbie co najmniej dwudziestu.
Diese Terrier bellten Toots und Ysabel im Haus wild an.
Te teriery szczekały zawzięcie na Toots i Ysabel, gdy były w domu.
Toots und Ysabel blieben hinter Fenstern, in Sicherheit.
Toots i Ysabel pozostały za oknami, bezpieczne od niebezpieczeństwa.
Sie wurden von Hausmädchen mit Besen und Wischmopps bewacht.
Strzegły ich pokojówki z miotłami i mopami.
Aber Buck war kein Haushund und auch kein Zwingerhund.
Ale Buck nie był psem domowym, ani też nie był psem trzymanym w kojcu.
Das gesamte Anwesen gehörte Buck als seinem rechtmäßigen Reich.
Cała posiadłość należała do Bucka i była jego prawowitym królestwem.
Buck schwamm im Becken oder ging mit den Söhnen des Richters auf die Jagd.
Buck pływał w akwarium lub chodził na polowanie z synami sędziego.
Er ging in den frühen oder späten Morgenstunden mit Mollie und Alice spazieren.
Spacerował z Mollie i Alice wczesnym rankiem lub późnym wieczorem.
In kalten Nächten lag er mit dem Richter vor dem Kaminfeuer der Bibliothek.
W chłodne noce leżał przed kominkiem w bibliotece z Sędzią.

Buck ließ die Enkel des Richters auf seinem starken Rücken herumreiten.
Buck na swoim silnym grzbiecie woził wnuków sędziego.
Er wälzte sich mit den Jungen im Gras und bewachte sie genau.
Tarzał się w trawie z chłopcami, pilnując ich czujnie.
Sie wagten sich bis zum Brunnen und sogar an den Beerenfeldern vorbei.
Wybrali się do fontanny i przeszli obok pól jagodowych.
Unter den Foxterriern lief Buck immer mit königlichem Stolz.
Wśród foksterierów Buck zawsze kroczył z królewską dumą.
Er ignorierte Toots und Ysabel und behandelte sie, als wären sie Luft.
Zignorował Toots i Ysabel, traktując je jak powietrze.
Buck herrschte über alle Lebewesen auf Richter Millers Land.
Buck sprawował władzę nad wszystkimi istotami żyjącymi na ziemi sędziego Millera.
Er herrschte über Tiere, Insekten, Vögel und sogar Menschen
Panował nad zwierzętami, owadami, ptakami, a nawet ludźmi.
Bucks Vater Elmo war ein großer und treuer Bernhardiner gewesen.
Ojciec Bucka, Elmo, był wielkim i lojalnym bernardynam.
Elmo wich dem Richter nie von der Seite und diente ihm treu.
Elmo nigdy nie odstępował Sędziego i wiernie mu służył.
Buck schien bereit, dem edlen Beispiel seines Vaters zu folgen.
Wydawało się, że Buck był gotowy pójść w ślady ojca.
Buck war nicht ganz so groß und wog hundertvierzig Pfund.
Buck nie był aż tak duży, ważył sto czterdzieści funtów.
Seine Mutter Shep war eine schöne schottische Schäferhündin gewesen.
Jego matka, Shep, była wspaniałym szkockim owczarkiem.

Aber selbst mit diesem Gewicht hatte Buck eine königliche Ausstrahlung.
Ale nawet przy tej wadze Buck chodził z majestatyczną postawą.
Dies kam vom guten Essen und dem Respekt, der ihm immer entgegengebracht wurde.
Wynikało to z dobrego jedzenia i szacunku, jakim zawsze się cieszył.
Vier Jahre lang hatte Buck wie ein verwöhnter Adliger gelebt.
Przez cztery lata Buck żył jak rozpieszczony szlachcic.
Er war stolz auf sich und sogar ein wenig egoistisch.
Był z siebie dumny, a nawet lekko egoistyczny.
Diese Art von Stolz war bei den Herren abgelegener Landstriche weit verbreitet.
Tego rodzaju duma była powszechna wśród odległych właścicieli ziemskich.
Doch Buck hat es vermieden, ein verwöhnter Haushund zu werden.
Jednak Buck uchronił się przed zostaniem rozpieszczonym psem domowym.
Durch die Jagd und das Training blieb er schlank und stark.
Dzięki polowaniom i ćwiczeniom zachował szczupłą i silną sylwetkę.
Er liebte Wasser zutiefst, wie Menschen, die in kalten Seen baden.
Kochał wodę całym sercem, jak ludzie kąpiący się w zimnych jeziorach.
Diese Liebe zum Wasser hielt Buck stark und sehr gesund.
Miłość do wody sprawiała, że Buck był silny i zdrowy.
Dies war der Hund, zu dem Buck im Herbst 1897 geworden war.
Właśnie w takiego psa zamienił się Buck jesienią 1897 roku.
Als der Klondike-Angriff die Menschen in den eisigen Norden trieb.
Kiedy uderzenie pioruna z Klondike przyciągnęło ludzi na mroźną Północ.

Menschen aus aller Welt strömten in das kalte Land.
Ludzie z całego świata przybywali do zimnej krainy.
Buck las jedoch weder die Zeitungen noch verstand er Nachrichten.
Buck jednak nie czytał gazet i nie rozumiał wiadomości.
Er wusste nicht, dass es nicht gut war, Zeit mit Manuel zu verbringen.
Nie wiedział, że Manuel jest złym człowiekiem.
Manuel, der im Garten half, hatte ein großes Problem.
Manuel, który pomagał w ogrodzie, miał poważny problem.
Manuel war spielsüchtig nach der chinesischen Lotterie.
Manuel był uzależniony od hazardu w chińskiej loterii.
Er glaubte auch fest an ein festes System zum Gewinnen.
Wierzył także mocno w ustalony system wygrywania.
Dieser Glaube machte sein Scheitern sicher und unvermeidlich.
To przekonanie uczyniło jego porażkę pewną i nieuniknioną.
Um ein System zu spielen, braucht man Geld, und das fehlte Manuel.
Granie w ten system wymaga pieniędzy, których Manuelowi brakowało.
Sein Gehalt reichte kaum zum Überleben seiner Frau und seiner vielen Kinder.
Jego zarobki ledwo wystarczały na utrzymanie żony i licznego grona dzieci.
In der Nacht, in der Manuel Buck verriet, war alles normal.
W noc, kiedy Manuel zdradził Bucka, wszystko było normalne.
Der Richter war bei einem Treffen der Rosinenanbauervereinigung.
Sędzia był na spotkaniu Stowarzyszenia Plantatorów Rodzynek.
Die Söhne des Richters waren damals damit beschäftigt, einen Sportverein zu gründen.
Synowie sędziego byli wówczas zajęci zakładaniem klubu sportowego.

Niemand sah, wie Manuel und Buck durch den Obstgarten gingen.
Nikt nie widział Manuela i Bucka wychodzących przez sad.
Buck dachte, dieser Spaziergang sei nur ein einfacher nächtlicher Spaziergang.
Buck myślał, że ten spacer będzie po prostu zwykłym nocnym spacerem.
Sie trafen nur einen Mann an der Flaggenstation im College Park.
Spotkali tylko jednego mężczyznę na stacji flagowej w College Park.
Dieser Mann sprach mit Manuel und sie tauschten Geld aus.
Ten mężczyzna rozmawiał z Manuelem i wymienili się pieniędzmi.
„Verpacken Sie die Waren, bevor Sie sie ausliefern", schlug er vor
„Zapakuj towar przed dostarczeniem" – zasugerował.
Die Stimme des Mannes war rau und ungeduldig, als er sprach.
Głos mężczyzny był szorstki i niecierpliwy, gdy mówił.
Manuel band Buck vorsichtig ein dickes Seil um den Hals.
Manuel ostrożnie zawiązał grubą linę wokół szyi Bucka.
„Verdreh das Seil, und du wirst ihn gründlich erwürgen"
„Skręć linę, a go mocno udusisz"
Der Fremde gab ein Grunzen von sich und zeigte damit, dass er gut verstanden hatte.
Nieznajomy chrząknął, pokazując, że dobrze zrozumiał.
Buck nahm das Seil an diesem Tag mit ruhiger und stiller Würde an.
Tego dnia Buck przyjął linę ze spokojem i cichą godnością.
Es war eine ungewöhnliche Tat, aber Buck vertraute den Männern, die er kannte.
Było to niezwykłe posunięcie, ale Buck ufał ludziom, których znał.
Er glaubte, dass ihre Weisheit weit über sein eigenes Denken hinausging.

Wierzył, że ich mądrość wykracza daleko poza jego własne myślenie.

Doch dann wurde das Seil in die Hände des Fremden gegeben

Ale potem lina została przekazana w ręce nieznajomego.

Buck stieß ein leises, warnendes und zugleich bedrohliches Knurren aus.

Buck wydał z siebie niski warkot, w którym było słychać ostrzegawcze, ciche zagrożenie.

Er war stolz und gebieterisch und wollte seinen Unmut zum Ausdruck bringen.

Był dumny i władczy, i chciał okazać swoje niezadowolenie.

Buck glaubte, seine Warnung würde als Befehl verstanden werden.

Buck był przekonany, że jego ostrzeżenie zostanie zrozumiane jako rozkaz.

Zu seinem Entsetzen zog sich das Seil schnell um seinen dicken Hals zusammen.

Ku jego zaskoczeniu, lina zacisnęła się mocno wokół jego grubej szyi.

Ihm blieb die Luft weg und er begann in plötzlicher Wut zu kämpfen.

Stracił dopływ powietrza i zaczął walczyć w nagłym przypływie wściekłości.

Er sprang auf den Mann zu, der Buck schnell mitten in der Luft traf.

Skoczył na mężczyznę, który szybko spotkał się z Buckiem w locie.

Der Mann packte Buck am Hals und drehte ihn geschickt in der Luft.

Mężczyzna złapał Bucka za gardło i zręcznie wykręcił mu ciało w powietrzu.

Buck wurde hart zu Boden geworfen und landete flach auf dem Rücken.

Buck został rzucony na ziemię i wylądował płasko na plecach.

Das Seil würgte ihn nun grausam, während er wild um sich trat.

Lina dusiła go teraz boleśnie, podczas gdy on kopał jak szalony.
Seine Zunge fiel heraus, seine Brust hob und senkte sich, doch er bekam keine Luft.
Język mu wypadł, pierś unosiła się i opadała, ale nie mógł złapać oddechu.
Noch nie in seinem Leben war er mit solcher Gewalt behandelt worden.
Nigdy w życiu nie spotkał się z tak brutalnym traktowaniem.
Auch war er noch nie zuvor von solch tiefer Wut erfüllt gewesen.
Nigdy wcześniej nie czuł tak głębokiej wściekłości.
Doch Bucks Kraft schwand und seine Augen wurden glasig.
Jednak moc Bucka osłabła, a jego oczy zrobiły się szklane.
Er wurde ohnmächtig, als in der Nähe ein Zug angehalten wurde.
Zemdlał akurat w chwili, gdy w pobliżu zatrzymano pociąg.
Dann warfen ihn die beiden Männer schnell in den Gepäckwagen.
Następnie dwaj mężczyźni szybko wrzucili go do wagonu bagażowego.
Das nächste, was Buck spürte, war ein Schmerz in seiner geschwollenen Zunge.
Następną rzeczą, jaką poczuł Buck, był ból w spuchniętym języku.
Er bewegte sich in einem wackelnden Wagen und war nur schwach bei Bewusstsein.
Poruszał się na trzęsącym się wózku, ledwie przytomny.
Das schrille Pfeifen eines Zuges verriet Buck seinen Standort.
Głośny dźwięk gwizdka pociągu wskazał Buckowi jego lokalizację.
Er war oft mit dem Richter mitgefahren und kannte das Gefühl.
Często jeździł z Sędzią i znał to uczucie.
Es war der einzigartige Schock, wieder in einem Gepäckwagen zu reisen.

To było niesamowite przeżycie, gdy znów podróżowałem wagonem bagażowym.
Buck öffnete die Augen und sein Blick brannte vor Wut.
Buck otworzył oczy, a jego spojrzenie płonęło wściekłością.
Dies war der Zorn eines stolzen Königs, der vom Thron gejagt wurde.
To był gniew dumnego króla, strąconego z tronu.
Ein Mann wollte ihn packen, doch stattdessen schlug Buck zuerst zu.
Jakiś mężczyzna wyciągnął rękę, żeby go złapać, ale Buck zaatakował pierwszy.
Er versenkte seine Zähne in der Hand des Mannes und hielt sie fest.
Zatopił zęby w dłoni mężczyzny i mocno ją ścisnął.
Er ließ nicht los, bis er ein zweites Mal ohnmächtig wurde.
Nie puścił mnie, dopóki nie stracił przytomności po raz drugi.
„Ja, hat Anfälle", murmelte der Mann dem Gepäckträger zu.
„Tak, ma napady" – mruknął mężczyzna do bagażowego.
Der Gepäckträger hatte den Kampf gehört und war näher gekommen.
Bagażowy usłyszał odgłosy walki i podszedł bliżej.
„Ich bringe ihn für den Chef nach Frisco", erklärte der Mann.
„Zabieram go do Frisco dla szefa" – wyjaśnił mężczyzna.
„Dort gibt es einen tollen Hundearzt, der sagt, er könne sie heilen."
„Jest tam świetny lekarz-ps, który twierdzi, że potrafi je wyleczyć."
Später in der Nacht gab der Mann seinen eigenen ausführlichen Bericht ab.
Później tej samej nocy mężczyzna złożył własną, szczegółową relację.
Er sprach aus einem Schuppen hinter einem Saloon am Hafen.
Przemawiał z szopy za saloonem na nabrzeżu.
„Ich habe nur fünfzig Dollar bekommen", beschwerte er sich beim Wirt.

„Dano mi tylko pięćdziesiąt dolarów" – poskarżył się
właścicielowi saloonu.
„Ich würde es nicht noch einmal tun, nicht einmal für tausend Dollar in bar."
„Nie zrobiłbym tego ponownie, nawet za tysiąc w gotówce".
Seine rechte Hand war fest in ein blutiges Tuch gewickelt.
Jego prawa ręka była ciasno owinięta zakrwawioną tkaniną.
Sein Hosenbein war vom Knie bis zum Fuß weit aufgerissen.
Jego nogawka była szeroko rozdarta od kolana do stopy.
„Wie viel hat der andere Trottel verdient?", fragte der Wirt.
„Ile zarobił ten drugi facet?" – zapytał właściciel saloonu.
„Hundert", antwortete der Mann, „einen Cent weniger würde er nicht nehmen."
„Sto" – odpowiedział mężczyzna – „nie wziąłby ani centa mniej".
„Das macht hundertfünfzig", sagte der Kneipenmann.
„To daje sto pięćdziesiąt" – powiedział właściciel saloonu.
„Und er ist das alles wert, sonst bin ich nicht besser als ein Dummkopf."
„I on jest tego wszystkiego wart, w przeciwnym razie jestem niczym więcej niż tępym durniem".
Der Mann öffnete die Verpackung, um seine Hand zu untersuchen.
Mężczyzna otworzył opakowanie, aby obejrzeć swoją dłoń.
Die Hand war stark zerrissen und mit getrocknetem Blut verkrustet.
Ręka była poważnie rozdarta i pokryta zaschniętą krwią.
„Wenn ich keine Tollwut bekomme ...", begann er zu sagen.
„Jeśli nie dostanę wścieklizny…" zaczął mówić.
„Das liegt wohl daran, dass du zum Hängen geboren wurdest", ertönte ein Lachen.
„To dlatego, że urodziłeś się, by wisieć" – rozległ się śmiech.
„Komm und hilf mir, bevor du gehst", wurde er gebeten.
„Przyjdź i pomóż mi, zanim pójdziesz" – poproszono go.
Buck war von den Schmerzen in seiner Zunge und seinem Hals benommen.

Buck był oszołomiony bólem języka i gardła.
Er war halb erwürgt und konnte kaum noch aufrecht stehen.
Był na wpół uduszony i ledwo mógł ustać na nogach.
Dennoch versuchte Buck, den Männern gegenüberzutreten, die ihm so viel Leid zugefügt hatten.
Buck nadal próbował stawić czoła ludziom, którzy go tak skrzywdzili.
Aber sie warfen ihn nieder und würgten ihn erneut.
Jednak oni znowu go przewrócili i udusili.
Erst dann konnten sie sein schweres Messinghalsband absägen.
Dopiero wtedy mogli odciąć mu ciężki mosiężny kołnierz.
Sie entfernten das Seil und stießen ihn in eine Kiste.
Zdjęli mu linę i wrzucili do skrzyni.
Die Kiste war klein und hatte die Form eines groben Eisenkäfigs.
Skrzynia była mała i miała kształt prostej żelaznej klatki.
Buck lag die ganze Nacht dort, voller Zorn und verletztem Stolz.
Buck leżał tam całą noc, przepełniony gniewem i zranioną dumą.
Er konnte nicht einmal ansatzweise verstehen, was mit ihm geschah.
Nie mógł pojąć, co się z nim dzieje.
Warum hielten ihn diese fremden Männer in dieser kleinen Kiste fest?
Dlaczego ci obcy mężczyźni trzymali go w tej małej klatce?
Was wollten sie von ihm und warum diese grausame Gefangenschaft?
Czego od niego chcieli i dlaczego skazali go na tak okrutną niewolę?
Er spürte einen dunklen Druck, das Gefühl, dass das Unglück näher rückte.
Poczuł mroczną presję; przeczucie, że katastrofa jest coraz bliżej.
Es war eine vage Angst, die ihn jedoch schwer belastete.

Był to nieokreślony strach, ale mocno zakorzenił się w jego duszy.
Mehrmals sprang er auf, als die Schuppentür klapperte.
Kilkakrotnie podskakiwał, gdy drzwi szopy zatrzeszczały.
Er erwartete, dass der Richter oder die Jungen erscheinen und ihn retten würden.
Spodziewał się, że sędzia lub chłopcy przyjdą i go uratują.
Doch jedes Mal lugte nur das dicke Gesicht des Wirts hinein.
Ale za każdym razem do środka zaglądała tylko tłusta twarz właściciela saloonu.
Das Gesicht des Mannes wurde vom schwachen Schein einer Talgkerze erhellt.
Twarz mężczyzny oświetlał słaby blask łojowej świecy.
Jedes Mal verwandelte sich Bucks freudiges Bellen in ein leises, wütendes Knurren.
Za każdym razem radosne szczekanie Bucka zmieniało się w niskie, gniewne warczenie.

Der Wirt ließ ihn für die Nacht allein in der Kiste zurück
Właściciel saloonu zostawił go samego na noc w skrzyni
Aber als er am Morgen aufwachte, kamen noch mehr Männer.
Ale gdy się rano obudził, nadchodziło więcej mężczyzn.
Vier Männer kamen und hoben die Kiste vorsichtig und wortlos auf.
Przyszło czterech mężczyzn i ostrożnie, nie mówiąc ani słowa, podnieśli skrzynię.
Buck wusste sofort, in welcher Situation er sich befand.
Buck od razu zdał sobie sprawę z sytuacji, w jakiej się znalazł.
Sie waren weitere Peiniger, die er bekämpfen und fürchten musste.
Byli oni dla niego kolejnymi prześladowcami, z którymi musiał walczyć i których musiał się bać.
Diese Männer sahen böse, zerlumpt und sehr ungepflegt aus.

Ci mężczyźni wyglądali groźnie, byli obdarci i bardzo źle ubrani.

Buck knurrte und stürzte sich wild durch die Gitterstäbe auf sie.

Buck warknął i rzucił się na nich z wściekłością przez kraty.

Sie lachten nur und stießen mit langen Holzstöcken nach ihm.

Oni tylko się śmiali i dźgali go długimi, drewnianymi kijami.

Buck biss in die Stöcke, dann wurde ihm klar, dass es das war, was ihnen gefiel.

Buck ugryzł patyki, ale potem zrozumiał, że to właśnie one lubią.

Also legte er sich ruhig hin, mürrisch und vor stiller Wut brennend.

Więc położył się spokojnie, ponury i płonący cichą wściekłością.

Sie hoben die Kiste auf einen Wagen und fuhren mit ihm weg.

Załadowali skrzynię na wóz i odjechali.

Die Kiste mit Buck darin wechselte oft den Besitzer.

Skrzynia, w której znajdował się zamknięty Buck, często zmieniała właścicieli.

Express-Büroangestellte übernahmen die Leitung und kümmerten sich kurz um ihn.

Pracownicy biura ekspresowego przejęli sprawę i krótko się nią zajęli.

Dann transportierte ein anderer Wagen Buck durch die laute Stadt.

Potem inny wóz wiózł Bucka przez hałaśliwe miasto.

Ein Lastwagen brachte ihn mit Kisten und Paketen auf eine Fähre.

Ciężarówka zabrała go wraz z pudełkami i paczkami na prom.

Nach der Überquerung lud ihn der Lastwagen an einem Bahndepot ab.

Po przekroczeniu granicy ciężarówka wysadziła go na dworcu kolejowym.

Schließlich wurde Buck in einen wartenden Expresswagen gesetzt.
Na koniec Buck został umieszczony w czekającym wagonie ekspresowym.
Zwei Tage und Nächte lang zogen Züge den Schnellzug ab.
Przez dwie doby pociągi odciągały wagon ekspresowy.
Buck hat während der gesamten schmerzhaften Reise weder gegessen noch getrunken.
Buck nie jadł i nie pił przez całą bolesną podróż.
Als die Expressboten versuchten, sich ihm zu nähern, knurrte er.
Kiedy kurierzy próbowali się do niego zbliżyć, warknął.
Sie reagierten, indem sie ihn verspotteten und grausam hänselten.
W odpowiedzi naśmiewali się z niego i okrutnie go prześladowali.
Buck warf sich schäumend und zitternd gegen die Gitterstäbe
Buck rzucił się na kraty, pieniąc się i trzęsąc
Sie lachten laut und verspotteten ihn wie Schulhofschläger.
śmiali się głośno i drwili z niego jak szkolni łobuzi.
Sie bellten wie falsche Hunde und wedelten mit den Armen.
Szczekali jak sztuczne psy i machali rękami.
Sie krähten sogar wie Hähne, nur um ihn noch mehr aufzuregen.
Nawet piały jak koguty, żeby go jeszcze bardziej zdenerwować.
Es war dummes Verhalten und Buck wusste, dass es lächerlich war.
To było głupie zachowanie i Buck wiedział, że jest śmieszne.
Doch das verstärkte seine Empörung und Scham nur noch.
Ale to tylko pogłębiło jego poczucie oburzenia i wstydu.
Der Hunger plagte ihn während der Reise kaum.
Podczas podróży głód nie dokuczał mu zbytnio.
Doch der Durst brachte starke Schmerzen und unerträgliches Leiden mit sich.

Jednak pragnienie powodowało ostry ból i nieznośne cierpienie.
Sein trockener, entzündeter Hals und seine Zunge brannten vor Hitze.
Jego suche, zapalone gardło i język paliły się od gorąca.
Dieser Schmerz schürte das Fieber, das in seinem stolzen Körper aufstieg.
Ból ten podsycał gorączkę narastającą w jego dumnym ciele.
Buck war während dieses Prozesses für eine einzige Sache dankbar.
Podczas tego procesu Buck był wdzięczny za jedną rzecz.
Das Seil um seinen dicken Hals war entfernt worden.
Zdjęto mu linę z grubej szyi.
Das Seil hatte diesen Männern einen unfairen und grausamen Vorteil verschafft.
Lina dała tym mężczyznom niesprawiedliwą i okrutną przewagę.
Jetzt war das Seil weg und Buck schwor, dass es nie wieder zurückkommen würde.
Teraz liny nie było i Buck przysiągł, że nigdy nie wróci.
Er beschloss, sich nie wieder ein Seil um den Hals legen zu lassen.
Postanowił, że nigdy więcej nie zawiąże sobie liny wokół szyi.
Zwei lange Tage und Nächte litt er ohne Essen.
Przez dwie długie dni i noce cierpiał bez jedzenia.
Und in diesen Stunden baute sich in ihm eine enorme Wut auf.
A w tych godzinach narastała w nim ogromna wściekłość.
Seine Augen wurden vor ständiger Wut blutunterlaufen und wild.
Jego oczy zrobiły się przekrwione i dzikie od nieustannego gniewu.
Er war nicht mehr Buck, sondern ein Dämon mit schnappenden Kiefern.
Nie był już Buckiem, ale demonem o kłapiących szczękach.
Nicht einmal der Richter hätte dieses verrückte Wesen erkannt.

Nawet Sędzia nie poznałby tego szalonego stworzenia.
Die Expressboten atmeten erleichtert auf, als sie Seattle erreichten
Kurierzy ekspresowi odetchnęli z ulgą, gdy dotarli do Seattle
Vier Männer hoben die Kiste hoch und brachten sie in einen Hinterhof.
Czterech mężczyzn podniosło skrzynię i przeniosło ją na podwórko.
Der Hof war klein und von hohen, massiven Mauern umgeben.
Podwórko było małe, otoczone wysokimi i solidnymi murami.
Ein großer Mann in einem ausgeleierten roten Pullover kam heraus.
Wyszedł wielki mężczyzna w obwisłej czerwonej koszuli-swetrze.
Mit dicker, kühner Handschrift unterschrieb er das Lieferbuch.
Podpisał księgę dostaw grubym i wyraźnym pismem.
Buck spürte sofort, dass dieser Mann sein nächster Peiniger war.
Buck od razu wyczuł, że ten człowiek będzie jego następnym prześladowcą.
Er stürzte sich heftig auf die Gitterstäbe, die Augen rot vor Wut.
Rzucił się gwałtownie na kraty, jego oczy były czerwone ze złości.
Der Mann lächelte nur finster und holte ein Beil.
Mężczyzna tylko uśmiechnął się ponuro i poszedł po siekierę.
Er brachte auch eine Keule in seiner dicken und starken rechten Hand mit.
W prawej, grubej i silnej ręce trzymał także pałkę.
„**Wollen Sie ihn jetzt rausholen?", fragte der Fahrer besorgt.**
„Zamierzasz go teraz wyprowadzić?" – zapytał zaniepokojony kierowca.
„**Sicher", sagte der Mann und rammte das Beil als Hebel in die Kiste.**

„Jasne" – powiedział mężczyzna, wbijając siekierę w skrzynię jako dźwignię.
Die vier Männer stoben sofort auseinander und sprangen auf die Hofmauer.
Czterech mężczyzn rozbiegło się natychmiast i wskoczyło na mur otaczający podwórze.
Von ihren sicheren Plätzen oben warteten sie, um das Spektakel zu beobachten.
Ze swoich bezpiecznych miejsc na górze czekali, aby oglądać widowisko.
Buck stürzte sich auf das zersplitterte Holz, biss und zitterte heftig.
Buck rzucił się na drzazgi, gryząc i potrząsając nimi zawzięcie.
Jedes Mal, wenn die Axt den Käfig traf, war Buck da, um ihn anzugreifen.
Za każdym razem, gdy topór uderzał w klatkę, Buck był tam, aby ją zaatakować.
Er knurrte und schnappte vor wilder Wut und wollte unbedingt freigelassen werden.
Warczał i rzucał się z dziką wściekłością, pragnąc jak najszybciej zostać uwolnionym.
Der Mann draußen war ruhig und gelassen und konzentrierte sich auf seine Aufgabe.
Mężczyzna na zewnątrz był spokojny i opanowany, skupiony na swoim zadaniu.
„Also gut, du rotäugiger Teufel", sagte er, als das Loch groß war.
„No dobrze, czerwonooki diable" – powiedział, gdy dziura była już duża.
Er ließ das Beil fallen und nahm die Keule in die rechte Hand.
Upuścił topór i wziął pałkę w prawą rękę.
Buck sah wirklich aus wie ein Teufel; seine Augen blutunterlaufen und lodernd.
Buck rzeczywiście wyglądał jak diabeł; jego oczy były nabiegłe krwią i płonęły.

Sein Fell sträubte sich, Schaum stand ihm vor dem Mund, seine Augen funkelten.
Jego sierść była zjeżona, piana pieniła się na pysku, a oczy błyszczały.
Er spannte seine Muskeln an und sprang direkt auf den roten Pullover zu.
Napiął mięśnie i rzucił się prosto na czerwony sweter.
Hundertvierzig Pfund Wut prasselten auf den ruhigen Mann zu.
Sto czterdzieści funtów wściekłości poleciało w stronę spokojnego człowieka.
Kurz bevor er die Zähne zusammenbiss, traf ihn ein schrecklicher Schlag.
Tuż przed tym, jak jego szczęki się zacisnęły, otrzymał straszliwy cios.
Seine Zähne schnappten zusammen, nur Luft war im Spiel.
Jego zęby zacisnęły się na samym powietrzu
ein Schmerz durchfuhr seinen Körper
wstrząs bólu przeszył jego ciało
Er machte einen Überschlag in der Luft und stürzte auf dem Rücken und der Seite zu Boden.
Obrócił się w powietrzu i upadł na plecy i bok.
Er hatte noch nie zuvor einen Knüppelschlag gespürt und konnte ihn nicht begreifen.
Nigdy wcześniej nie poczuł uderzenia kijem i nie potrafił tego pojąć.
Mit einem kreischenden Knurren, das teils Bellen, teils Schreien war, sprang er erneut.
Z wrzaskiem, który był częściowo szczekaniem, częściowo krzykiem, skoczył ponownie.
Ein weiterer brutaler Schlag traf ihn und schleuderte ihn zu Boden.
Kolejny brutalny cios powalił go na ziemię.
Diesmal verstand Buck – es war die schwere Keule des Mannes.
Tym razem Buck zrozumiał — to była wina ciężkiego pałki tego mężczyzny.

Doch die Wut machte ihn blind, und an einen Rückzug dachte er nicht.
Lecz wściekłość go zaślepiła i nie myślał o ucieczce.
Zwölfmal stürzte er sich in die Luft, und zwölfmal fiel er.
Dwanaście razy rzucał się i dwanaście razy upadał.
Der Holzknüppel traf ihn jedes Mal mit unbarmherziger, vernichtender Kraft.
Drewniana maczuga miażdżyła go za każdym razem z bezlitosną, miażdżącą siłą.
Nach einem heftigen Schlag kam er benommen und langsam wieder auf die Beine.
Po jednym silnym ciosie podniósł się na nogi, oszołomiony i powolny.
Blut lief aus seinem Mund, seiner Nase und sogar seinen Ohren.
Krew ciekła mu z ust, nosa, a nawet z uszu.
Sein einst so schönes Fell war mit blutigem Schaum verschmiert.
Jego niegdyś piękna sierść była umazana krwawą pianą.
Dann trat der Mann vor und versetzte ihm einen heftigen Schlag auf die Nase.
Wtedy mężczyzna wystąpił i zadał potężny cios w nos.
Die Qualen waren schlimmer als alles, was Buck je gespürt hatte.
Ból był silniejszy niż wszystko, co Buck kiedykolwiek czuł.
Mit einem Brüllen, das eher an ein Tier als an einen Hund erinnerte, sprang er erneut zum Angriff.
Z rykiem bardziej zwierzęcym niż psim skoczył ponownie, by zaatakować.
Doch der Mann packte seinen Unterkiefer und drehte ihn nach hinten.
Jednak mężczyzna złapał się za dolną szczękę i wykręcił ją do tyłu.
Buck überschlug sich kopfüber und stürzte erneut hart auf den Boden.
Buck przewrócił się do góry nogami i znów upadł z impetem.

Ein letztes Mal stürmte Buck auf ihn zu, jetzt konnte er kaum noch stehen.
Buck rzucił się na niego po raz ostatni, ledwo trzymając się na nogach.
Der Mann schlug mit perfektem Timing zu und versetzte den letzten Schlag.
Mężczyzna uderzył z mistrzowskim wyczuciem czasu, zadając ostateczny cios.
Buck brach bewusstlos und regungslos zusammen.
Buck padł nieprzytomny i nieruchomy.
„Er ist kein Stümper im Hundezähmen, das sage ich", rief ein Mann.
„On nie jest żadnym łajdakiem w tresurze psów, oto co mówię" – krzyknął mężczyzna.
„Druther kann den Willen eines Hundes an jedem Tag der Woche brechen."
„Druther może złamać wolę psa każdego dnia tygodnia".
„Und zweimal an einem Sonntag!", fügte der Fahrer hinzu.
„I dwa razy w niedzielę!" – dodał kierowca.
Er stieg in den Wagen und ließ die Zügel knacken, um loszufahren.
Wsiadł do wozu i strzelił lejcami, szykując się do odjazdu.
Buck erlangte langsam die Kontrolle über sein Bewusstsein zurück
Buck powoli odzyskał kontrolę nad swoją świadomością
aber sein Körper war noch zu schwach und gebrochen, um sich zu bewegen.
lecz jego ciało było nadal zbyt słabe i połamane, aby móc się ruszyć.
Er blieb liegen, wo er hingefallen war, und beobachtete den Mann im roten Pullover.
Leżał tam, gdzie upadł, i patrzył na mężczyznę w czerwonym swetrze.
„Er hört auf den Namen Buck", sagte der Mann und las laut vor.
„Reaguje na imię Buck" – przeczytał mężczyzna na głos.

Er zitierte aus der Notiz und den Einzelheiten, die mit Bucks Kiste geschickt wurden.
Zacytował fragment notatki dołączonej do skrzyni Bucka i innych szczegółów.
„Also, Buck, mein Junge", fuhr der Mann freundlich fort,
„Cóż, Buck, mój chłopcze" – kontynuował mężczyzna przyjaznym tonem,
„Wir hatten unseren kleinen Streit, und jetzt ist es zwischen uns vorbei."
„Mieliśmy małą kłótnię i teraz jest już między nami koniec".
„Sie haben Ihren Platz kennengelernt und ich habe meinen kennengelernt", fügte er hinzu.
„Ty poznałeś swoje miejsce, a ja poznałem swoje" – dodał.
„Sei brav, dann wird alles gut und das Leben wird angenehm sein."
„Bądź dobry, a wszystko pójdzie dobrze i życie będzie przyjemne."
„Aber wenn du böse bist, schlage ich dir die Seele aus dem Leib, verstanden?"
„Ale jeśli będziesz niegrzeczny, to zbiję cię na kwaśne jabłko, rozumiesz?"
Während er sprach, streckte er die Hand aus und tätschelte Bucks schmerzenden Kopf.
Mówiąc to, wyciągnął rękę i pogłaskał Bucka po obolałej głowie.
Bucks Haare stellten sich bei der Berührung des Mannes auf, aber er wehrte sich nicht.
Włosy Bucka stanęły dęba pod wpływem dotyku mężczyzny, ale nie stawiał oporu.
Der Mann brachte ihm Wasser, das Buck in großen Schlucken trank.
Mężczyzna przyniósł mu wody, którą Buck wypił wielkimi łykami.
Dann kam rohes Fleisch, das Buck Stück für Stück verschlang.
Potem podano surowe mięso, które Buck pożerał kawałek po kawałku.

Er wusste, dass er geschlagen war, aber er wusste auch, dass er nicht gebrochen war.
Wiedział, że został pokonany, ale wiedział też, że nie jest złamany.
Gegen einen mit einer Keule bewaffneten Mann hatte er keine Chance.
Nie miał szans w walce z mężczyzną uzbrojonym w pałkę.
Er hatte die Wahrheit erfahren und diese Lektion nie vergessen.
Poznał prawdę i nigdy nie zapomniał tej lekcji.
Diese Waffe war der Beginn des Gesetzes in Bucks neuer Welt.
Ta broń była początkiem prawa w nowym świecie Bucka.
Es war der Beginn einer harten, primitiven Ordnung, die er nicht leugnen konnte.
To był początek surowego, prymitywnego porządku, którego nie mógł zaprzeczyć.
Er akzeptierte die Wahrheit; seine wilden Instinkte waren nun erwacht.
Zaakceptował prawdę; jego dzikie instynkty znów się obudziły.
Die Welt war härter geworden, aber Buck stellte sich ihr tapfer.
Świat stał się trudniejszy, ale Buck dzielnie stawił mu czoła.
Er begegnete dem Leben mit neuer Vorsicht, List und stiller Stärke.
Podchodził do życia z nową ostrożnością, przebiegłością i cichą siłą.
Weitere Hunde kamen an, an Seilen oder in Kisten festgebunden, so wie Buck.
Przybyło więcej psów, przywiązanych linami lub w klatkach, tak jak Buck.
Einige Hunde kamen ruhig, andere tobten und kämpften wie wilde Tiere.
Niektóre psy podchodziły spokojnie, inne wściekały się i walczyły jak dzikie bestie.

Sie alle wurden der Herrschaft des Mannes im roten Pullover unterworfen.
Wszyscy zostali poddani władzy człowieka w czerwonym swetrze.
Jedes Mal sah Buck zu und sah, wie sich ihm die gleiche Lektion erschloss.
Za każdym razem Buck obserwował i widział, że rozwija się ta sama lekcja.
Der Mann mit der Keule war das Gesetz, ein Herr, dem man gehorchen musste.
Człowiek z pałką był prawem; panem, któremu należało posłuszeństwo.
Er musste nicht gemocht werden, aber man musste ihm gehorchen.
Nie potrzebował być lubianym, ale musiał być posłuszny.
Buck schmeichelte oder wedelte nie mit dem Schwanz, wie es die schwächeren Hunde taten.
Buck nigdy nie płaszczył się i nie merdał ogonem, tak jak robiły to słabsze psy.
Er sah Hunde, die geschlagen wurden und trotzdem die Hand des Mannes leckten.
Widział psy, które były bite i nadal lizały rękę mężczyzny.
Er sah einen Hund, der überhaupt nicht gehorchte oder sich unterwarf.
Zobaczył jednego psa, który wcale nie chciał słuchać i się podporządkować.
Dieser Hund kämpfte, bis er im Kampf um die Kontrolle getötet wurde.
Ten pies walczył, aż zginął w walce o władzę.
Manchmal kamen Fremde, um den Mann im roten Pullover zu sehen.
Czasami przychodzili obcy ludzie, żeby zobaczyć mężczyznę w czerwonym swetrze.
Sie sprachen in seltsamem Ton, flehten, feilschten und lachten.
Rozmawiali dziwnym tonem, błagalnie, targując się i śmiejąc.

Als das Geld ausgetauscht wurde, gingen sie mit einem oder mehreren Hunden.
Po wymianie pieniędzy odchodzili zabierając ze sobą jednego lub więcej psów.
Buck fragte sich, wohin diese Hunde gingen, denn keiner kam jemals zurück.
Buck zastanawiał się, dokąd poszły te psy, ponieważ żaden nigdy nie wrócił.
Angst vor dem Unbekannten erfüllte Buck jedes Mal, wenn ein fremder Mann kam
strach przed nieznanym ogarniał Bucka za każdym razem, gdy pojawiał się obcy mężczyzna
Er war jedes Mal froh, wenn ein anderer Hund mitgenommen wurde und nicht er selbst.
cieszył się za każdym razem, gdy zabierano innego psa, a nie jego.
Doch schließlich kam Buck an die Reihe, als ein fremder Mann eintraf.
W końcu jednak nadeszła kolej na Bucka, wraz z przybyciem dziwnego mężczyzny.
Er war klein, drahtig und sprach gebrochenes Englisch und fluchte.
Był niski, chudy, mówił łamaną angielszczyzną i przeklinał.
„Heilig!", schrie er, als er Bucks Gestalt erblickte.
„Sacredam!" krzyknął, gdy zobaczył sylwetkę Bucka.
„Das ist aber ein verdammter Rüpel! Wie viel?", fragte er laut.
„To cholerny pies-łobuz! Co? Ile?" – zapytał głośno.
„Dreihundert, und für diesen Preis ist er ein Geschenk."
„Trzysta, a za taką cenę to prezent"
„Da es sich um staatliche Gelder handelt, sollten Sie sich nicht beschweren, Perrault."
„Skoro to rządowe pieniądze, nie powinieneś narzekać, Perrault."
Perrault grinste über den Deal, den er gerade mit dem Mann gemacht hatte.

Perrault uśmiechnął się na myśl o umowie, którą właśnie zawarł z tym mężczyzną.

Aufgrund der plötzlichen Nachfrage waren die Preise für Hunde in die Höhe geschossen.

Ceny psów gwałtownie wzrosły z powodu nagłego wzrostu popytu.

Dreihundert Dollar waren für so ein tolles Tier nicht unfair.

Trzysta dolarów to nie była niesprawiedliwa cena za tak piękne zwierzę.

Die kanadische Regierung würde bei dem Abkommen nichts verlieren

Rząd Kanady nie straciłby nic na tej umowie

Auch ihre offiziellen Depeschen würden während des Transports nicht verzögert.

Ich oficjalne przesyłki również nie ulegną opóźnieniom w transporcie.

Perrault kannte sich gut mit Hunden aus und erkannte, dass Buck etwas Seltenes war.

Perrault dobrze znał psy i widział, że Buck był kimś wyjątkowym.

„Einer von zehntausend", dachte er, als er Bucks Körperbau betrachtete.

„Jeden na dziesięć tysięcy" – pomyślał, przyglądając się budowie ciała Bucka.

Buck sah, wie das Geld den Besitzer wechselte, zeigte sich jedoch nicht überrascht.

Buck widział, jak pieniądze zmieniają właściciela, ale nie okazał zaskoczenia.

Bald wurden er und Curly, ein sanfter Neufundländer, weggeführt.

Wkrótce on i Curly, łagodny nowofundland, zostali zabrani.

Sie folgten dem kleinen Mann aus dem Hof des roten Pullovers.

Poszli za małym człowiekiem z podwórka czerwonego swetra.

Das war das letzte Mal, dass Buck den Mann mit der Holzkeule sah.

To był ostatni raz, kiedy Buck widział mężczyznę z drewnianą maczugą.

Vom Deck der Narwhal aus beobachtete er, wie Seattle in der Ferne verschwand.

Z pokładu Narwala obserwował, jak Seattle znika w oddali.

Es war auch das letzte Mal, dass er das warme Südland sah.

Był to również jego ostatni raz, kiedy widział ciepłe Południe.

Perrault brachte sie unter Deck und ließ sie bei François zurück.

Perrault zabrał ich pod pokład i zostawił u François.

François war ein Riese mit schwarzem Gesicht und rauen, schwieligen Händen.

François był olbrzymem o czarnej twarzy i szorstkich, zrogowaciałych dłoniach.

Er war dunkelhäutig und hatte eine dunkle Hautfarbe, ein französisch-kanadischer Mischling.

Był ciemnoskóry i śniady; mieszaniec rasy francusko-kanadyjskiej.

Für Buck waren diese Männer von einer Art, die er noch nie zuvor gesehen hatte.

Dla Bucka byli to ludzie, których nigdy wcześniej nie widział.

Er würde in den kommenden Tagen viele solcher Männer kennenlernen.

W nadchodzących dniach miał poznać wielu takich ludzi.

Er konnte sie zwar nicht lieb gewinnen, aber er begann, sie zu respektieren.

Nie pałał do nich sympatią, lecz zaczął ich szanować.

Sie waren fair und weise und ließen sich von keinem Hund so leicht täuschen.

Były sprawiedliwe i mądre, i niełatwo było je oszukać jakimkolwiek psem.

Sie beurteilten Hunde ruhig und bestraften sie nur, wenn es angebracht war.

Oceniali psy spokojnie i karali tylko wtedy, gdy na to zasługiwały.

Im Unterdeck der Narwhal trafen Buck und Curly zwei Hunde.

Na dolnym pokładzie Narwala Buck i Curly spotkali dwa psy.
Einer war ein großer weißer Hund aus dem fernen, eisigen Spitzbergen.
Jednym z nich był duży, biały pies z odległego, lodowatego Spitsbergenu.
Er war einmal mit einem Walfänger gesegelt und hatte sich einer Erkundungsgruppe angeschlossen.
Kiedyś pływał statkiem wielorybniczym i dołączył do grupy badawczej.
Er war auf eine schlaue, hinterhältige und listige Art freundlich.
Był przyjacielski, ale chytry, podstępny i chytry.
Bei ihrer ersten Mahlzeit stahl er ein Stück Fleisch aus Bucks Pfanne.
Podczas pierwszego posiłku ukradł kawałek mięsa z miski Bucka.
Buck sprang, um ihn zu bestrafen, aber François' Peitsche schlug zuerst zu.
Buck rzucił się, by go ukarać, ale bat François'a uderzył pierwszy.
Der weiße Dieb schrie auf und Buck holte sich den gestohlenen Knochen zurück.
Biały złodziej krzyknął, a Buck odzyskał skradzioną kość.
Diese Fairness beeindruckte Buck und François verdiente sich seinen Respekt.
Ta uczciwość zrobiła wrażenie na Bucku, a François zyskał jego szacunek.
Der andere Hund grüßte nicht und wollte auch nichts zurück.
Drugi pies nie przywitał się i nie oczekiwał niczego w zamian.
Er stahl weder Essen noch beschnüffelte er die Neuankömmlinge interessiert.
Nie kradł jedzenia i nie przyglądał się nowoprzybyłym z zainteresowaniem.
Dieser Hund war grimmig und ruhig, düster und bewegte sich langsam.
Ten pies był ponury i cichy, ponury i powolny.

Er warnte Curly, sich fernzuhalten, indem er sie einfach anstarrte.
Ostrzegł Curly, żeby trzymała się z daleka, po prostu patrząc na nią gniewnie.
Seine Botschaft war klar: Lass mich in Ruhe, sonst gibt es Ärger.
Jego przesłanie było jasne: zostaw mnie w spokoju, albo będą kłopoty.
Er hieß Dave und nahm seine Umgebung kaum wahr.
Nazywał się Dave i prawie nie zwracał uwagi na otoczenie.
Er schlief oft, aß ruhig und gähnte ab und zu.
Często spał, jadł w ciszy i od czasu do czasu ziewał.

Das Schiff summte ständig, während unten der Propeller schlug.
Statek nieustannie buczał, a poniżej pracowała śruba.
Die Tage vergingen, ohne dass sich viel änderte, aber das Wetter wurde kälter.
Dni mijały bez większych zmian, ale pogoda robiła się coraz zimniejsza.
Buck spürte es in seinen Knochen und bemerkte, dass es den anderen genauso ging.
Buck czuł to w kościach i zauważył, że pozostali również.
Dann blieb eines Morgens der Propeller stehen und alles war still.
Pewnego ranka śmigło zatrzymało się i wszystko ucichło.
Eine Energie durchströmte das Schiff; etwas hatte sich verändert.
Jakaś energia przetoczyła się przez statek; coś się zmieniło.
François kam herunter, legte ihnen die Leinen an und brachte sie hoch.
François zszedł, założył im smycze i wyprowadził je na zewnątrz.
Buck stieg aus und fand den Boden weich, weiß und kalt.
Buck wyszedł i zobaczył, że ziemia jest miękka, biała i zimna.
Er sprang erschrocken zurück und schnaubte völlig verwirrt.

Odskoczył zaniepokojony i prychnął, całkowicie zdezorientowany.
Seltsames weißes Zeug fiel vom grauen Himmel.
Z szarego nieba spadała dziwna, biała substancja.
Er schüttelte sich, aber die weißen Flocken landeten immer wieder auf ihm.
Otrząsnął się, ale białe płatki nadal spadały na niego.
Er roch vorsichtig an dem weißen Zeug und leckte an ein paar eisigen Stückchen.
Ostrożnie powąchał białą substancję i zlizał kilka lodowatych kawałków.
Das Pulver brannte wie Feuer und verschwand dann einfach von seiner Zunge.
Proszek palił jak ogień, a potem zniknął z jego języka.
Buck versuchte es noch einmal und war verwirrt über die seltsame, verschwindende Kälte.
Buck spróbował ponownie, zdziwiony dziwnym, zanikającym chłodem.
Die Männer um ihn herum lachten und Buck war verlegen.
Mężczyźni wokół niego się śmiali, a Buck poczuł się zawstydżony.
Er wusste nicht warum, aber er schämte sich für seine Reaktion.
Nie wiedział dlaczego, ale wstydził się swojej reakcji.
Es war seine erste Erfahrung mit Schnee und es verwirrte ihn.
To było jego pierwsze zetknięcie ze śniegiem i było dla niego zagadką.

Das Gesetz von Keule und Fang
Prawo kija i kła

Bucks erster Tag am Strand von Dyea fühlte sich wie ein schrecklicher Albtraum an.
Pierwszy dzień Bucka na plaży Dyea przypominał koszmar.
Jede Stunde brachte neue Schocks und unerwartete Veränderungen für Buck.
Każda godzina przynosiła Buckowi nowe wstrząsy i nieoczekiwane zmiany.
Er war aus der Zivilisation gerissen und ins wilde Chaos gestürzt worden.
Został wyrwany z cywilizacji i wrzucony w dziki chaos.
Dies war kein sonniges, faules Leben mit Langeweile und Ruhe.
Nie było to słoneczne, leniwe życie z nudą i odpoczynkiem.
Es gab keinen Frieden, keine Ruhe und keinen Moment ohne Gefahr.
Nie było spokoju, odpoczynku i chwili wolnej od niebezpieczeństwa.
Überall herrschte Verwirrung und die Gefahr war immer in der Nähe.
Panował chaos, a niebezpieczeństwo zawsze czyhało.
Buck musste wachsam bleiben, denn diese Männer und Hunde waren anders.
Buck musiał zachować czujność, bo ci mężczyźni i psy byli inni.
Sie kamen nicht aus der Stadt, sie waren wild und gnadenlos.
Nie pochodzili z miast, byli dzicy i bezlitośni.
Diese Männer und Hunde kannten nur das Gesetz der Keule und der Reißzähne.
Ci ludzie i psy znali tylko prawo pałki i kłów.
Buck hatte noch nie Hunde so kämpfen sehen wie diese wilden Huskys.
Buck nigdy nie widział psów walczących tak jak te dzikie husky.

Seine erste Erfahrung lehrte ihn eine Lektion, die er nie vergessen würde.
Jego pierwsze doświadczenie dało mu lekcję, której nigdy nie zapomni.
Er hatte Glück, dass er es nicht war, sonst wäre auch er gestorben.
Miał szczęście, że to nie on, w przeciwnym razie on też by zginął.
Curly war derjenige, der litt, während Buck zusah und lernte.
Curly był tym, który cierpiał, podczas gdy Buck patrzył i się uczył.
Sie hatten ihr Lager in der Nähe eines aus Baumstämmen gebauten Ladens aufgeschlagen.
Rozbili obóz w pobliżu sklepu zbudowanego z bali.
Curly versuchte, einem großen, wolfsähnlichen Husky gegenüber freundlich zu sein.
Curly próbował być przyjacielski wobec dużego, wilkopodobnego husky'ego.
Der Husky war kleiner als Curly, sah aber wild und böse aus.
Husky był mniejszy od Curly'ego, ale wyglądał dziko i groźnie.
Ohne Vorwarnung sprang er auf und schlug ihr ins Gesicht.
Bez ostrzeżenia skoczył i rozciął jej twarz.
Seine Zähne schnitten in einer Bewegung von ihrem Auge bis zu ihrem Kiefer.
Jednym ruchem przeciął jej zęby od oka aż po szczękę.
So kämpften Wölfe: Sie schlugen schnell zu und sprangen weg.
Tak walczyły wilki — uderzać szybko i odskakiwać.
Aber es gab mehr zu lernen als nur diesen einen Angriff.
Ale z tego jednego ataku można było wyciągnąć więcej wniosków.
Dutzende Huskys stürmten herein und bildeten einen stillen Kreis.
Dziesiątki psów husky wpadły i utworzyły ciche koło.

Sie schauten aufmerksam zu und leckten sich hungrig die Lippen.
Przyglądali się uważnie i oblizywali usta z głodu.
Buck verstand weder ihr Schweigen noch ihre begierigen Blicke.
Buck nie rozumiał ich milczenia i zaciekawionego wzroku.
Curly stürzte sich ein zweites Mal auf den Husky, um ihn anzugreifen.
Curly rzucił się, by zaatakować huskiego po raz drugi.
Mit einer kräftigen Bewegung seiner Brust warf er sie um.
Mocnym ruchem uderzył ją w klatkę piersiową.
Sie fiel auf die Seite und konnte nicht wieder aufstehen.
Upadła na bok i nie mogła się podnieść.
Darauf hatten die anderen die ganze Zeit gewartet.
Na to właśnie czekali pozostali przez cały czas.
Die Huskies sprangen sie an und jaulten und knurrten wie wild.
Husky rzuciły się na nią, wrzeszcząc i warcząc w szale.
Sie schrie, als sie unter einem Haufen Hunde begruben.
Krzyczała, gdy ją grzebali pod stertą psów.
Der Angriff erfolgte so schnell, dass Buck vor Schreck erstarrte.
Atak był tak szybki, że Buck zamarł w miejscu z wrażenia.
Er sah, wie Spitz die Zunge herausstreckte, als würde er lachen.
Zobaczył, jak Spitz wystawił język w sposób, który wyglądał na śmiech.
François schnappte sich eine Axt und rannte direkt in die Hundegruppe hinein.
François chwycił siekierę i pobiegł prosto w grupę psów.
Drei weitere Männer halfen mit Knüppeln, die Huskies zu vertreiben.
Trzej inni mężczyźni odpędzali psy pałkami.
In nur zwei Minuten war der Kampf vorbei und die Hunde waren verschwunden.
Po zaledwie dwóch minutach walka dobiegła końca, a psy zniknęły.

Curly lag tot im roten, zertrampelten Schnee, ihr Körper war zerfetzt.
Curly leżała martwa w czerwonym, zdeptanym śniegu, jej ciało było rozszarpane.
Ein dunkelhäutiger Mann stand über ihr und verfluchte die brutale Szene.
Stał nad nią ciemnoskóry mężczyzna i przeklinał brutalną scenę.
Die Erinnerung blieb bei Buck und verfolgte ihn nachts in seinen Träumen.
Wspomnienie to pozostało z Buckiem i nawiedzało go w snach.
So war es hier: keine Fairness, keine zweite Chance.
Tak było tutaj: nie było sprawiedliwości, nie było drugiej szansy.
Sobald ein Hund fiel, töteten die anderen ihn gnadenlos.
Gdy jeden pies padł, reszta zabijała go bez litości.
Buck beschloss damals, dass er niemals zulassen würde, dass er fällt.
Buck postanowił wtedy, że nigdy nie pozwoli sobie na upadek.
Spitz streckte erneut die Zunge heraus und lachte über das Blut.
Spitz znów wystawił język i zaśmiał się na widok krwi.
Von diesem Moment an hasste Buck Spitz aus vollem Herzen.
Od tego momentu Buck nienawidził Spitza całym sercem.

Bevor Buck sich von Curlys Tod erholen konnte, passierte etwas Neues.
Zanim Buck zdążył otrząsnąć się po śmierci Curly'ego, wydarzyło się coś nowego.
François kam herüber und schnallte etwas um Bucks Körper.
François podszedł i przymocował coś do ciała Bucka.
Es war ein Geschirr wie das, das auf der Ranch für Pferde verwendet wurde.
Była to uprząż taka sama, jakiej używano na ranczu dla koni.

Buck hatte gesehen, wie Pferde arbeiteten, und nun musste auch er arbeiten.
Buck widział pracę koni, więc teraz sam musiał pracować.
Er musste François auf einem Schlitten in den nahegelegenen Wald ziehen.
Musiał ciągnąć François na saniach do pobliskiego lasu.
Anschließend musste er eine Ladung schweres Brennholz zurückziehen.
Następnie musiał odwieźć ciężki ładunek drewna na opał.
Buck war stolz und deshalb tat es ihm weh, wie ein Arbeitstier behandelt zu werden.
Buck był dumny, więc bolało go, że traktowano go jak zwierzę robocze.
Aber er war klug und versuchte nicht, gegen die neue Situation anzukämpfen.
Ale był mądry i nie próbował walczyć z nową sytuacją.
Er akzeptierte sein neues Leben und gab bei jeder Aufgabe sein Bestes.
Zaakceptował swoje nowe życie i dawał z siebie wszystko w każdym zadaniu.
Alles an der Arbeit war ihm fremd und ungewohnt.
Wszystko w tej pracy było dla niego dziwne i nieznane.
François war streng und verlangte unverzüglichen Gehorsam.
François był surowy i wymagał posłuszeństwa bezzwłocznie.
Seine Peitsche sorgte dafür, dass jeder Befehl sofort befolgt wurde.
Jego bat dawał pewność, że wszystkie polecenia będą wykonywane natychmiast.
Dave war der Schlittenführer, der Hund, der dem Schlitten hinter Buck am nächsten war.
Dave był kierowcą sań, psem znajdującym się najbliżej sań za Buckiem.
Dave biss Buck in die Hinterbeine, wenn er einen Fehler machte.
Jeśli Buck popełnił błąd, Dave gryzł go w tylne nogi.

Spitz war der Leithund und in dieser Rolle geschickt und erfahren.
Spitz był psem przewodnim, wykwalifikowanym i doświadczonym w tej roli.
Spitz konnte Buck nicht leicht erreichen, korrigierte ihn aber trotzdem.
Spitz nie mógł łatwo dotrzeć do Bucka, ale i tak go skorygował.
Er knurrte barsch oder zog den Schlitten auf eine Art, die Buck etwas beibrachte.
Warczał ostro i ciągnął sanie w sposób, którego Buck się nauczył.
Durch dieses Training lernte Buck schneller, als alle erwartet hatten.
Dzięki temu szkoleniu Buck uczył się szybciej, niż ktokolwiek z nich się spodziewał.
Er hat hart gearbeitet und sowohl von François als auch von den anderen Hunden gelernt.
Ciężko pracował i uczył się zarówno od François, jak i od innych psów.
Als sie zurückkamen, kannte Buck die wichtigsten Befehle bereits.
Kiedy wrócili, Buck znał już najważniejsze komendy.
Von François hat er gelernt, beim Laut „ho" anzuhalten.
Od François nauczył się zatrzymywać na dźwięk słowa „ho".
Er lernte, wann er den Schlitten ziehen und rennen musste.
Nauczył się, kiedy musi ciągnąć sanie i biec.
Er lernte, in den Kurven des Weges ohne Probleme weit abzubiegen.
Nauczył się bez problemu pokonywać zakręty szeroką trasą.
Er lernte auch, Dave auszuweichen, wenn der Schlitten schnell bergab fuhr.
Nauczył się również unikać Dave'a, gdy sanki szybko zjeżdżały w dół.
„Das sind sehr gute Hunde", sagte François stolz zu Perrault.
„To bardzo dobre psy" – powiedział François z dumą Perraultowi.

„Dieser Buck zieht wie der Teufel – ich bringe ihm das so schnell bei, wie ich nur kann."
„Ten Buck ciągnie jak diabli — uczę go tego bardzo szybko".

Später am Tag kam Perrault mit zwei weiteren Huskys zurück.
Tego samego dnia Perrault wrócił z dwoma kolejnymi psami rasy husky.
Ihre Namen waren Billee und Joe und sie waren Brüder.
Nazywali się Billee i Joe i byli braćmi.
Sie stammten von derselben Mutter, waren sich aber überhaupt nicht ähnlich.
Pochodzili od tej samej matki, ale wcale nie byli do siebie podobni.
Billee war gutmütig und zu allen sehr freundlich.
Billee była osobą słodką i bardzo przyjacielską wobec wszystkich.
Joe war das Gegenteil – ruhig, wütend und immer am Knurren.
Joe był jego przeciwieństwem — cichy, wściekły i zawsze warczący.
Buck begrüßte sie freundlich und blieb beiden gegenüber ruhig.
Buck przywitał się z nimi w przyjazny sposób i zachowywał spokój w stosunku do obojga.
Dave schenkte ihnen keine Beachtung und blieb wie üblich still.
Dave nie zwracał na nich uwagi i jak zwykle milczał.
Um seine Dominanz zu demonstrieren, griff Spitz zuerst Billee und dann Joe an.
Spitz zaatakował najpierw Billee, potem Joego, aby pokazać swoją dominację.
Billee wedelte mit dem Schwanz und versuchte, freundlich zu Spitz zu sein.
Billee merdał ogonem i próbował być przyjazny wobec Spitz.
Als das nicht funktionierte, versuchte er stattdessen wegzulaufen.

Gdy to nie pomogło, spróbował uciec.
Er weinte traurig, als Spitz ihn fest in die Seite biss.
Zapłakał smutno, gdy Spitz ugryzł go mocno w bok.
Aber Joe war ganz anders und ließ sich nicht einschüchtern.
Ale Joe był zupełnie inny i nie dał się zastraszyć.
Jedes Mal, wenn Spitz näher kam, drehte sich Joe schnell um, um ihm in die Augen zu sehen.
Za każdym razem, gdy Spitz się zbliżał, Joe szybko odwracał się, by stanąć z nim twarzą w twarz.
Sein Fell sträubte sich, seine Lippen kräuselten sich und seine Zähne schnappten wild.
Jego futro się zjeżyło, wargi się wykrzywiły, a zęby kłapały dziko.
Joes Augen glänzten vor Angst und Wut und forderten Spitz heraus, zuzuschlagen.
W oczach Joego pojawił się błysk strachu i wściekłości, rzucając Spitzowi wyzwanie.
Spitz gab den Kampf auf und wandte sich gedemütigt und wütend ab.
Spitz zrezygnował z walki i odwrócił się upokorzony i wściekły.
Er ließ seine Frustration an dem armen Billee aus und jagte ihn davon.
Wyładował swoją frustrację na biednym Billee i go przegonił.
An diesem Abend fügte Perrault dem Team einen weiteren Hund hinzu.
Tego wieczoru Perrault dodał do zespołu jeszcze jednego psa.
Dieser Hund war alt, mager und mit Kampfnarben übersät.
Ten pies był stary, chudy i pokryty bliznami po bitwach.
Eines seiner Augen fehlte, doch das andere blitzte kraftvoll auf.
Jedno oko mu brakowało, ale drugie błyszczało mocą.
Der neue Hund hieß Solleks, was „der Wütende" bedeutet.
Nowemu psu nadano imię Solleks, co oznaczało Wściekły.
Wie Dave verlangte Solleks nichts von anderen und gab nichts zurück.

Podobnie jak Dave, Solleks niczego od innych nie wymagał i nic nie dawał w zamian.

Als Solleks langsam ins Lager ging, blieb sogar Spitz fern.

Gdy Solleks powoli wkroczył do obozu, nawet Spitz trzymał się z daleka.

Er hatte eine seltsame Angewohnheit, die Buck unglücklicherweise entdeckte.

Miał dziwny zwyczaj, który Buck miał pecha odkryć.

Solleks hasste es, von der Seite angesprochen zu werden, auf der er blind war.

Solleks nie znosił, gdy ktoś podchodził do niego od strony, w której był niewidomy.

Buck wusste das nicht und machte diesen Fehler versehentlich.

Buck nie wiedział o tym i popełnił ten błąd przez przypadek.

Solleks wirbelte herum und versetzte Buck einen schnellen, tiefen Schlag auf die Schulter.

Solleks obrócił się i szybko i głęboko uderzył Bucka w ramię.

Von diesem Moment an kam Buck nie wieder in die Nähe von Solleks' blinder Seite.

Od tego momentu Buck nigdy już nie zbliżał się do ślepej strony Solleksa.

Für den Rest ihrer gemeinsamen Zeit gab es nie wieder Probleme.

Przez cały spędzony wspólnie czas nie mieli już żadnych kłopotów.

Solleks wollte nur in Ruhe gelassen werden, wie der ruhige Dave.

Solleks pragnął jedynie, by go zostawiono w spokoju, jak cichy Dave.

Doch Buck erfuhr später, dass jeder von ihnen ein anderes geheimes Ziel hatte.

Ale Buck później dowiedział się, że każdy z nich miał jeszcze jeden, sekretny cel.

In dieser Nacht stand Buck vor einer neuen und beunruhigenden Herausforderung: Wie sollte er schlafen?

Tej nocy Buck stanął przed nowym i trudnym wyzwaniem —
jak spać.
**Das Zelt leuchtete warm im Kerzenlicht auf dem
schneebedeckten Feld.**
Namiot rozświetlał się ciepłym blaskiem świec na
zaśnieżonym polu.
**Buck ging hinein und dachte, er könnte sich dort wie zuvor
ausruhen.**
Buck wszedł do środka, myśląc, że będzie mógł tam odpocząć
jak poprzednio.
**Aber Perrault und François schrien ihn an und warfen
Pfannen.**
Ale Perrault i François krzyczeli na niego i rzucali patelniami.
**Schockiert und verwirrt rannte Buck in die eisige Kälte
hinaus.**
Zszokowany i zdezorientowany Buck wybiegł na mroźne
zimno.
**Ein bitterkalter Wind stach ihm in die verletzte Schulter und
ließ seine Pfoten erfrieren.**
Przenikliwy wiatr szczypał go w zranione ramię i zamrażał
łapy.
**Er legte sich in den Schnee und versuchte, im Freien zu
schlafen.**
Położył się na śniegu i próbował spać pod gołym niebem.
**Doch die Kälte zwang ihn bald, heftig zitternd wieder
aufzustehen.**
Jednak zimno zmusiło go do wstania, trzęsąc się mocno.
**Er wanderte durch das Lager und versuchte, ein wärmeres
Plätzchen zu finden.**
Wędrował po obozie, próbując znaleźć cieplejsze miejsce.
Aber jede Ecke war genauso kalt wie die vorherige.
Ale każdy kąt był tak samo zimny jak poprzedni.
**Manchmal sprangen ihn wilde Hunde aus der Dunkelheit
an.**
Czasami z ciemności wyskakiwały na niego dzikie psy.
**Buck sträubte sein Fell, fletschte die Zähne und knurrte
warnend.**

Buck nastroszył futro, obnażył zęby i warknął ostrzegawczo.
Er lernte schnell und die anderen Hunde zogen sich schnell zurück.
Uczył się szybko, a pozostałe psy szybko ustępowały.
Trotzdem hatte er keinen Platz zum Schlafen und keine Ahnung, was er tun sollte.
Nadal nie miał gdzie spać i nie miał pojęcia, co robić.
Endlich kam ihm ein Gedanke: Er sollte nach seinen Teamkollegen sehen.
W końcu przyszedł mu do głowy pewien pomysł – sprawdzić, co u jego kolegów z drużyny.
Er kehrte in ihre Gegend zurück und war überrascht, dass sie verschwunden waren.
Wrócił w ich okolice i ze zdziwieniem stwierdził, że ich tam nie ma.
Erneut durchsuchte er das Lager, konnte sie jedoch immer noch nicht finden.
Ponownie przeszukał obóz, lecz nadal nie mógł ich znaleźć.
Er wusste, dass sie nicht im Zelt sein durften, sonst wäre er auch dort gewesen.
Wiedział, że nie mogą być w namiocie, bo on też by się tam znalazł.
Wo also waren all die Hunde in diesem eisigen Lager geblieben?
Gdzie więc podziały się wszystkie psy w tym zamarzniętym obozie?
Buck, kalt und elend, umrundete langsam das Zelt.
Buck, zmarznięty i nieszczęśliwy, powoli krążył wokół namiotu.
Plötzlich sanken seine Vorderbeine in den weichen Schnee und er erschrak.
Nagle jego przednie nogi zapadły się w miękki śnieg, co go przestraszyło.
Etwas zappelte unter seinen Füßen und er sprang ängstlich zurück.
Coś poruszyło się pod jego stopami i ze strachu odskoczył.

Er knurrte und fauchte, ohne zu wissen, was sich unter dem Schnee verbarg.
Warczał i szczekał, nie wiedząc, co kryje się pod śniegiem.
Dann hörte er ein freundliches kleines Bellen, das seine Angst linderte.
Wtedy usłyszał przyjazne szczekanie, które ukoiło jego strach.
Er schnüffelte in der Luft und kam näher, um zu sehen, was verborgen war.
Wciągnął powietrze i podszedł bliżej, żeby zobaczyć, co jest ukryte.
Unter dem Schnee lag, zu einer warmen Kugel zusammengerollt, der kleine Billee.
Pod śniegiem, zwinięta w ciepłą kulkę, leżała mała Billee.
Billee wedelte mit dem Schwanz und leckte Bucks Gesicht zur Begrüßung.
Billee merdał ogonem i polizał Bucka po twarzy, by go powitać.
Buck sah, wie Billee im Schnee einen Schlafplatz gebaut hatte.
Buck zobaczył, że Billee zrobił sobie miejsce do spania na śniegu.
Er hatte sich eingegraben und nutzte seine eigene Wärme, um sich warm zu halten.
Wykopał dół i ogrzał się własnym ciepłem.
Buck hatte eine weitere Lektion gelernt – so schliefen die Hunde.
Buck nauczył się kolejnej lekcji — tak właśnie spały psy.
Er suchte sich eine Stelle aus und begann, sein eigenes Loch in den Schnee zu graben.
Wybrał miejsce i zaczął kopać swoją dziurę w śniegu.
Anfangs bewegte er sich zu viel und verschwendete Energie.
Na początku za dużo się ruszał i marnował energię.
Doch bald erwärmte sein Körper den Raum und er fühlte sich sicher.
Ale wkrótce jego ciało ogrzało przestrzeń i poczuł się bezpiecznie.
Er rollte sich fest zusammen und schlief bald fest.

Skulił się ciasno i wkrótce zasnął.
Der Tag war lang und hart gewesen und Buck war erschöpft.
Dzień był długi i ciężki, a Buck był wyczerpany.
Er schlief tief und fest, obwohl seine Träume wild waren.
Spał głęboko i wygodnie, choć jego sny były szalone.
Er knurrte und bellte im Schlaf und wand sich im Traum.
Warczał i szczekał przez sen, kręcąc się podczas snu.

Buck wachte erst auf, als im Lager bereits Leben erwachte.
Buck obudził się dopiero wtedy, gdy obóz zaczął budzić się do życia.
Zuerst wusste er nicht, wo er war oder was passiert war.
Na początku nie wiedział, gdzie jest ani co się stało.
Über Nacht war Schnee gefallen und hatte seinen Körper vollständig begraben.
W nocy spadł śnieg i całkowicie przykrył jego ciało.
Der Schnee umgab ihn von allen Seiten dicht.
Śnieg był przyciśnięty do niego ze wszystkich stron.
Plötzlich durchfuhr eine Welle der Angst Bucks ganzen Körper.
Nagle fala strachu przebiegła przez całe ciało Bucka.
Es war die Angst, gefangen zu sein, eine Angst aus tiefen Instinkten.
To był strach przed uwięzieniem, strach wynikający z głęboko zakorzenionych instynktów.
Obwohl er noch nie eine Falle gesehen hatte, lebte die Angst in ihm.
Choć nigdy nie widział pułapki, strach wciąż w nim żył.
Er war ein zahmer Hund, aber jetzt erwachten seine alten wilden Instinkte.
Był oswojonym psem, ale teraz obudziły się w nim dawne, dzikie instynkty.
Bucks Muskeln spannten sich an und sein Fell stellte sich auf seinem ganzen Rücken auf.
Mięśnie Bucka napięły się, a sierść stanęła mu dęba na całym grzbiecie.

Er knurrte wild und sprang senkrecht durch den Schnee nach oben.
Warknął dziko i wyskoczył prosto w śnieg.
Als er ins Tageslicht trat, flog Schnee in alle Richtungen.
Gdy wyszedł na światło dzienne, śnieg rozprysł się we wszystkich kierunkach.
Schon vor der Landung sah Buck das Lager vor sich ausgebreitet.
Jeszcze przed lądowaniem Buck zobaczył rozpościerający się przed nim obóz.
Er erinnerte sich auf einmal an alles vom Vortag.
Natychmiast przypomniało mu się wszystko, co wydarzyło się poprzedniego dnia.
Er erinnerte sich daran, wie er mit Manuel spazieren gegangen war und an diesem Ort gelandet war.
Przypomniał sobie spacer z Manuelem i to, jak wylądował w tym miejscu.
Er erinnerte sich daran, wie er das Loch gegraben hatte und in der Kälte eingeschlafen war.
Pamiętał, jak wykopał dół i zasnął na zimnie.
Jetzt war er wach und die wilde Welt um ihn herum war klar.
Teraz się obudził i dziki świat wokół niego stał się wyraźny.
Ein Ruf von François begrüßte Bucks plötzliches Auftauchen.
François krzyknął na powitanie nagłego pojawienia się Bucka.
„Was habe ich gesagt?", rief der Hundeführer Perrault laut zu.
„Co powiedziałem?" – krzyknął głośno poganiacz psów do Perraulta.
„Dieser Buck lernt wirklich sehr schnell", fügte François hinzu.
„Ten Buck na pewno uczy się szybciej niż cokolwiek innego" – dodał François.
Perrault nickte ernst und war offensichtlich mit dem Ergebnis zufrieden.

Perrault skinął głową z powagą, wyraźnie zadowolony z rezultatu.

Als Kurier für die kanadische Regierung beförderte er Depeschen.

Jako kurier rządu kanadyjskiego przewoził depesze.

Er war bestrebt, die besten Hunde für seine wichtige Mission zu finden.

Zależało mu na znalezieniu najlepszych psów do swojej ważnej misji.

Er war besonders erfreut, dass Buck nun Teil des Teams war.

Poczuł się szczególnie zadowolony, że Buck stał się częścią zespołu.

Innerhalb einer Stunde kamen drei weitere Huskies zum Team hinzu.

W ciągu godziny do zespołu dołączyły trzy kolejne husky.

Damit betrug die Gesamtzahl der Hunde im Team neun.

W rezultacie łączna liczba psów w zespole wzrosła do dziewięciu.

Innerhalb von fünfzehn Minuten lagen alle Hunde im Geschirr.

W ciągu piętnastu minut wszystkie psy były już w uprzężach.

Das Schlittenteam schwang sich den Weg hinauf in Richtung Dyea Cañon.

Zespół saneczkowy jechał szlakiem w kierunku Dyea Cañon.

Buck war froh, gehen zu können, auch wenn die Arbeit, die vor ihm lag, hart war.

Buck cieszył się, że odchodzi, nawet jeśli praca, która go czekała, była ciężka.

Er stellte fest, dass er weder die Arbeit noch die Kälte besonders verabscheute.

Odkrył, że nie gardzi szczególnie pracą ani zimnem.

Er war überrascht von der Begeisterung, die das gesamte Team erfüllte.

Zaskoczyła go chęć, jaka ogarnęła cały zespół.

Noch überraschender war die Veränderung, die bei Dave und Solleks vor sich ging.

Jeszcze bardziej zaskakująca była zmiana, jaka zaszła u Dave'a i Solleksa.

Diese beiden Hunde waren völlig unterschiedlich, als sie ein Geschirr trugen.

Te dwa psy były zupełnie inne, gdy je zaprzęgano.

Ihre Passivität und Sorglosigkeit waren völlig verschwunden.

Ich bierność i brak zainteresowania całkowicie zniknęły.

Sie waren aufmerksam und aktiv und bestrebt, ihre Arbeit gut zu machen.

Byli czujni i aktywni, chcieli dobrze wykonać swoją pracę.

Sie reagierten äußerst verärgert über alles, was zu Verzögerungen oder Verwirrung führte.

Denerwowało ich wszystko, co powodowało opóźnienia lub zamieszanie.

Die harte Arbeit an den Zügeln stand im Mittelpunkt ihres gesamten Wesens.

Ciężka praca nad lejcami była istotą ich istoty.

Das Schlittenziehen schien das Einzige zu sein, was ihnen wirklich Spaß machte.

Wydawało się, że ciągnięcie sań było jedyną rzeczą, która sprawiała im prawdziwą przyjemność.

Dave war am Ende der Gruppe und dem Schlitten am nächsten.

Dave był z tyłu grupy, najbliżej sań.

Buck landete vor Dave und Solleks zog an Buck vorbei.

Buck został umieszczony przed Dave'em, a Solleks wyprzedził Bucka.

Die übrigen Hunde liefen in einer Reihe vorn.

Reszta psów ustawiła się przed nami w pojedynczym szeregu.

Die Führungsposition an der Spitze besetzte Spitz.

Na czele stawki znalazł się Spitz.

Buck war zur Einweisung zwischen Dave und Solleks platziert worden.

Buck został umieszczony między Dave'em i Solleksem w celu przeprowadzenia instrukcji.

Er lernte schnell und sie waren strenge und fähige Lehrer.

Uczył się szybko, a ich nauczyciele byli stanowczymi i kompetentnymi ludźmi.
Sie ließen nie zu, dass Buck lange im Irrtum blieb.
Nigdy nie pozwolili, by Buck zbyt długo tkwił w błędzie.
Sie erteilten ihre Lektionen, wenn nötig, mit scharfen Zähnen.
Gdy zachodziła taka potrzeba, nauczali ostro.
Dave war fair und zeigte eine ruhige, ernste Art von Weisheit.
Dave był sprawiedliwy i wykazywał się spokojną, poważną mądrością.
Er hat Buck nie ohne guten Grund gebissen.
Nigdy nie ugryzł Bucka bez ważnego powodu.
Aber er hat es nie versäumt, zuzubeißen, wenn Buck eine Korrektur brauchte.
Ale zawsze potrafił ugryźć Bucka, gdy ten potrzebował skarcenia.
François' Peitsche war immer bereit und untermauerte ihre Autorität.
Bicz François'a był zawsze gotowy do użycia i potwierdzał ich autorytet.
Buck merkte bald, dass es besser war zu gehorchen, als sich zu wehren.
Buck wkrótce doszedł do wniosku, że lepiej jest słuchać, niż stawiać opór.
Einmal verhedderte sich Buck während einer kurzen Pause in den Zügeln.
Pewnego razu, podczas krótkiego odpoczynku, Buck zaplątał się w lejce.
Er verzögerte den Start und brachte die Bewegungen des Teams durcheinander.
Opóźnił start i zakłócił ruchy drużyny.
Dave und Solleks stürzten sich auf ihn und verprügelten ihn brutal.
Dave i Solleks rzucili się na niego i mocno go pobili.
Das Gewirr wurde nur noch schlimmer, aber Buck lernte seine Lektion.

Kłótnia stawała się coraz gorsza, ale Buck wyciągnął wnioski.
Von da an hielt er die Zügel straff und arbeitete vorsichtig.
Od tej pory trzymał lejce mocno i pracował ostrożnie.
Bevor der Tag zu Ende war, hatte Buck einen Großteil seiner Aufgabe gemeistert.
Zanim dzień dobiegł końca, Buckowi udało się wykonać większą część zadania.
Seine Teamkollegen hörten fast auf, ihn zu korrigieren oder zu beißen.
Jego koledzy z drużyny prawie przestali go poprawiać i gryźć.
François' Peitsche knallte immer seltener durch die Luft.
Bicz François'a przecinał powietrze coraz rzadziej.
Perrault hob sogar Bucks Füße an und untersuchte sorgfältig jede Pfote.
Perrault podniósł nawet stopy Bucka i dokładnie obejrzał każdą łapę.
Es war ein harter Tageslauf gewesen, lang und anstrengend für alle.
To był ciężki dzień, długi i wyczerpujący dla nich wszystkich.
Sie reisten den Cañon hinauf, durch Sheep Camp und an den Scales vorbei.
Podróżowali w górę Kanionu, przez Sheep Camp i obok Scales.
Sie überquerten die Baumgrenze, dann Gletscher und meterhohe Schneeverwehungen.
Przekroczyli granicę lasu, potem lodowce i zaspy śnieżne głębokie na wiele stóp.
Sie erklommen die große, kalte und unwirtliche Chilkoot-Wasserscheide.
Wspięli się na zimny i nieprzyjazny Wododział Chilkoot.
Dieser hohe Bergrücken lag zwischen Salzwasser und dem gefrorenen Landesinneren.
Ten wysoki grzbiet oddzielał słoną wodę od zamarzniętego wnętrza.
Die Berge bewachten den traurigen und einsamen Norden mit Eis und steilen Anstiegen.

Góry strzegły smutnej i samotnej Północy lodem i stromymi podejściami.
Sie kamen gut voran und erreichten eine lange Kette von Seen unterhalb der Wasserscheide.
Szybko pokonali długi łańcuch jezior poniżej wododziału.
Diese Seen füllten die alten Krater erloschener Vulkane.
Jeziora te wypełniały starożytne kratery wygasłych wulkanów.
Spät in der Nacht erreichten sie ein großes Lager am Lake Bennett.
Późną nocą dotarli do dużego obozu nad jeziorem Bennett.
Tausende Goldsucher waren dort und bauten Boote für den Frühling.
Zebrały się tam tysiące poszukiwaczy złota, budujących łodzie na wiosnę.
Das Eis würde bald aufbrechen und sie mussten bereit sein.
Lód miał wkrótce pęknąć, więc musieli być gotowi.
Buck grub sein Loch in den Schnee und fiel in einen tiefen Schlaf.
Buck wykopał dziurę w śniegu i zapadł w głęboki sen.
Er schlief wie ein Arbeiter, erschöpft von einem harten Arbeitstag.
Spał jak człowiek pracy, wyczerpany po ciężkim dniu ciężkiej pracy.
Doch zu früh wurde er in der Dunkelheit aus dem Schlaf gerissen.
Jednak zbyt wcześnie, w ciemnościach, został wyrwany ze snu.
Er wurde wieder mit seinen Kumpels angeschirrt und vor den Schlitten gespannt.
Ponownie zaprzężono go do towarzyszy i przymocowano do sań.
An diesem Tag legten sie sechzig Kilometer zurück, weil der Schnee festgetreten war.
Tego dnia przeszli czterdzieści mil, bo śnieg był dobrze ubity.
Am nächsten Tag und noch viele Tage danach war der Schnee weich.

Następnego dnia i przez wiele kolejnych dni śnieg był miękki.
Sie mussten den Weg selbst bahnen, härter arbeiten und langsamer vorankommen.
Musieli sami wytyczyć drogę, wkładając w to więcej wysiłku i poruszając się wolniej.
Normalerweise ging Perrault mit Schwimmhäuten an den Schneeschuhen vor dem Team her.
Zazwyczaj Perrault szedł przed drużyną, mając na nogach płetwiaste rakiety śnieżne.
Seine Schritte verdichteten den Schnee und erleichterten so die Fortbewegung des Schlittens.
Jego kroki ubijały śnieg, co ułatwiało przesuwanie się sań.
François, der vom Steuerstand aus steuerte, übernahm manchmal die Kontrolle.
François, który sterował z pozycji pionowej, czasami przejmował kontrolę.
Aber es kam selten vor, dass François die Führung übernahm
Ale rzadko zdarzało się, aby François objął prowadzenie
weil Perrault es eilig hatte, die Briefe und Pakete auszuliefern.
ponieważ Perrault spieszył się z dostarczeniem listów i paczek.
Perrault war stolz auf sein Wissen über Schnee und insbesondere Eis.
Perrault był dumny ze swojej wiedzy na temat śniegu, a zwłaszcza lodu.
Dieses Wissen war von entscheidender Bedeutung, da das Eis im Herbst gefährlich dünn war.
Wiedza ta była niezbędna, ponieważ lód jesienią był niebezpiecznie cienki.
Wo das Wasser unter der Oberfläche schnell floss, gab es überhaupt kein Eis.
Tam, gdzie woda płynęła szybko pod powierzchnią, nie było w ogóle lodu.

Tag für Tag wiederholte sich endlos die gleiche Routine.

Dzień po dniu ta sama rutyna powtarzała się bez końca.
Buck arbeitete unermüdlich von morgens bis abends in den Zügeln.
Buck nieustannie pracował na lejcach od świtu do nocy.
Sie verließen das Lager im Dunkeln, lange bevor die Sonne aufgegangen war.
Opuścili obóz po ciemku, na długo przed wschodem słońca.
Als es Tag wurde, hatten sie bereits viele Kilometer zurückgelegt.
Gdy nastał dzień, mieli już za sobą wiele mil.
Sie schlugen ihr Lager nach Einbruch der Dunkelheit auf, aßen Fisch und gruben sich in den Schnee ein.
Rozbili obóz po zapadnięciu zmroku, jedli ryby i zakopywali się w śniegu.
Buck war immer hungrig und mit seiner Ration nie wirklich zufrieden.
Buck był zawsze głodny i nigdy nie był w pełni zadowolony ze swojego pożywienia.
Er erhielt jeden Tag anderthalb Pfund getrockneten Lachs.
Otrzymywał półtora funta suszonego łososia dziennie.
Doch das Essen schien in ihm zu verschwinden und ließ den Hunger zurück.
Jednak jedzenie zdawało się zanikać w jego wnętrzu, pozostawiając głód.
Er litt unter ständigem Hunger und träumte von mehr Essen.
Odczuwał nieustanne bóle głodu i marzył o większej ilości jedzenia.
Die anderen Hunde haben nur ein Pfund abgenommen, sind aber stark geblieben.
Pozostałe psy dostały tylko pół kilo jedzenia, ale i tak były silne.
Sie waren kleiner und in das Leben im Norden hineingeboren.
Byli mniejsi i urodzili się w północnym środowisku.
Er verlor rasch die Sorgfalt, die sein früheres Leben geprägt hatte.

Szybko utracił skrupulatność, która charakteryzowała jego dawne życie.

Er war ein gieriger Esser gewesen, aber jetzt war das nicht mehr möglich.

Kiedyś był smakoszem, ale teraz nie było to już możliwe.

Seine Kameraden waren zuerst fertig und raubten ihm seine noch nicht aufgegessene Ration.

Jego koledzy skończyli pierwsi i zabrali mu niedokończoną porcję.

Als sie einmal damit anfingen, gab es keine Möglichkeit mehr, sein Essen vor ihnen zu verteidigen.

Gdy już zaczęli, nie było sposobu, aby obronić przed nimi jego jedzenie.

Während er zwei oder drei Hunde abwehrte, stahlen die anderen den Rest.

Podczas gdy on odpędzał dwa lub trzy psy, pozostali ukradli resztę.

Um dies zu beheben, begann er, so schnell zu essen wie die anderen.

Aby temu zaradzić, zaczął jeść tak szybko, jak inni.

Der Hunger trieb ihn so sehr an, dass er sogar Essen zu sich nahm, das ihm nicht gehörte.

Głód dawał mu się we znaki tak bardzo, że zjadał nawet pożywienie, które nie było jego.

Er beobachtete die anderen und lernte schnell aus ihren Handlungen.

Obserwował innych i szybko wyciągał wnioski z ich działań.

Er sah, wie Pike, ein neuer Hund, Perrault eine Scheibe Speck stahl.

Widział, jak Pike, nowy pies, ukradł Perraultowi kawałek bekonu.

Pike hatte gewartet, bis Perrault sich umdrehte, um den Speck zu stehlen.

Pike czekał, aż Perrault odwróci się, żeby ukraść bekon.

Am nächsten Tag machte Buck es Pike nach und stahl das ganze Stück.

Następnego dnia Buck skopiował Pike'a i ukradł cały kawałek.

Es folgte ein großer Aufruhr, doch Buck wurde nicht verdächtigt.
Wybuchło wielkie poruszenie, ale Bucka nikt nie podejrzewał.
Stattdessen wurde Dub bestraft, ein tollpatschiger Hund, der immer erwischt wurde.
Zamiast tego ukarano Duba, niezdarnego psa, który zawsze dawał się złapać.
Dieser erste Diebstahl machte Buck zu einem Hund, der in der Lage war, im Norden zu überleben.
Ta pierwsza kradzież pokazała, że Buck jest psem gotowym przetrwać na Północy.
Er zeigte, dass er sich an neue Bedingungen anpassen und schnell lernen konnte.
Pokazał, że potrafi przystosować się do nowych warunków i szybko się uczyć.
Ohne diese Anpassungsfähigkeit wäre er schnell und auf schlimme Weise gestorben.
Gdyby nie jego zdolności adaptacyjne, zginąłby szybko i boleśnie.
Es markierte auch den Zusammenbruch seiner moralischen Natur und seiner früheren Werte.
Był to również moment załamania się jego moralności i dawnych wartości.
Im Südland hatte er nach dem Gesetz der Liebe und Güte gelebt.
Na Południu żył według prawa miłości i dobroci.
Dort war es sinnvoll, Eigentum und die Gefühle anderer Hunde zu respektieren.
W tym przypadku sensowne było poszanowanie własności i uczuć innych psów.
Aber das Nordland befolgte das Gesetz der Keule und das Gesetz der Reißzähne.
Ale w Northlandzie obowiązywało prawo maczugi i prawo kła.
Wer hier alte Werte respektierte, war dumm und würde scheitern.

Ktokolwiek szanował stare wartości, był głupi i poniósł porażkę.
Buck hat das alles nicht durchdacht.
Buck nie rozmyślał nad tym wszystkim.
Er war fit und passte sich daher an, ohne darüber nachdenken zu müssen.
Był sprawny, więc przystosował się bez zastanowienia.
Sein ganzes Leben lang war er noch nie vor einem Kampf davongelaufen.
Przez całe życie nigdy nie uciekł przed walką.
Doch die Holzkeule des Mannes im roten Pullover änderte diese Regel.
Ale drewniana pałka mężczyzny w czerwonym swetrze zmieniła tę zasadę.
Jetzt folgte er einem tieferen, älteren Code, der in sein Wesen eingeschrieben war.
Teraz postępował zgodnie ze starszym, głębszym kodem zapisanym w jego istocie.
Er stahl nicht aus Vergnügen, sondern aus Hunger.
Nie kradł z przyjemności, lecz z bólu głodu.
Er raubte nie offen, sondern stahl mit List und Sorgfalt.
Nigdy nie kradł otwarcie, ale kradł chytrze i ostrożnie.
Er handelte aus Respekt vor der Holzkeule und aus Angst vor dem Fangzahn.
Zrobił to z szacunku do drewnianej maczugi i ze strachu przed kłem.
Kurz gesagt, er hat das getan, was einfacher und sicherer war, als es nicht zu tun.
Krótko mówiąc, zrobił to, co było łatwiejsze i bezpieczniejsze, niż gdyby tego nie zrobił.
Seine Entwicklung – oder vielleicht seine Rückkehr zu alten Instinkten – verlief schnell.
Jego rozwój — a może powrót do dawnych instynktów — następował szybko.
Seine Muskeln verhärteten sich, bis sie sich stark wie Eisen anfühlten.
Jego mięśnie stwardniały, aż stały się mocne jak żelazo.

Schmerzen machten ihm nichts mehr aus, es sei denn, sie waren ernst.
Ból nie miał już dla niego znaczenia, chyba że był poważny.
Er wurde durch und durch effizient und verschwendete überhaupt nichts.
Stał się skuteczny, zarówno pod każdym względem, jak i zewnętrznie, nie marnując niczego.
Er konnte Dinge essen, die scheußlich, verdorben oder schwer verdaulich waren.
Potrafił jeść rzeczy obrzydliwe, zgniłe i trudne do strawienia.
Was auch immer er aß, sein Magen verbrauchte das letzte bisschen davon.
Cokolwiek zjadł, jego żołądek wykorzystał każdą odrobinę wartościowego składnika.
Sein Blut transportierte die Nährstoffe weit durch seinen kräftigen Körper.
Jego krew rozprowadzała składniki odżywcze po całym jego potężnym ciele.
Dadurch baute er starkes Gewebe auf, das ihm eine unglaubliche Ausdauer verlieh.
Dzięki temu zbudował silne tkanki, co dało mu niesamowitą wytrzymałość.
Sein Seh- und Geruchssinn wurden viel feiner als zuvor.
Jego wzrok i węch stały się o wiele bardziej wrażliwe niż wcześniej.
Sein Gehör wurde so scharf, dass er im Schlaf leise Geräusche wahrnehmen konnte.
Jego słuch stał się tak wyostrzony, że mógł słyszeć słabe dźwięki we śnie.
In seinen Träumen wusste er, ob die Geräusche Sicherheit oder Gefahr bedeuteten.
W snach wiedział, czy dźwięki oznaczają bezpieczeństwo, czy niebezpieczeństwo.
Er lernte, mit den Zähnen auf das Eis zwischen seinen Zehen zu beißen.
Nauczył się gryźć lód zębami między palcami.

Wenn ein Wasserloch zufror, brach er das Eis mit seinen Beinen.
Jeśli zbiornik wodny zamarzł, rozbijał lód nogami.
Er bäumte sich auf und schlug mit seinen steifen Vorderbeinen hart auf das Eis.
Podniósł się i mocno uderzył w lód sztywnymi przednimi kończynami.
Seine bemerkenswerteste Fähigkeit war die Vorhersage von Windänderungen über Nacht.
Jego najbardziej zadziwiającą umiejętnością było przewidywanie zmian kierunku wiatru w ciągu nocy.
Selbst bei Windstille suchte er sich windgeschützte Stellen aus.
Nawet gdy powietrze było nieruchome, wybierał miejsca osłonięte od wiatru.
Wo auch immer er sein Nest grub, der Wind des nächsten Tages strich an ihm vorbei.
Gdziekolwiek wykopał gniazdo, następnego dnia wiatr go ominął.
Er landete immer gemütlich und geschützt, in Lee der Brise.
Zawsze czuł się przytulnie i bezpiecznie, po zawietrznej stronie wiatru.
Buck hat nicht nur durch Erfahrung gelernt – auch seine Instinkte sind zurückgekehrt.
Buck nie tylko uczył się na błędach, ale także odzyskiwał instynkty.
Die Gewohnheiten der domestizierten Generationen begannen zu verschwinden.
Przyzwyczajenia udomowionych pokoleń zaczęły zanikać.
Er erinnerte sich vage an die alten Zeiten seiner Rasse.
W jakiś mglisty sposób przypominał sobie dawne czasy swojej rasy.
Er dachte an die Zeit zurück, als wilde Hunde in Rudeln durch die Wälder rannten.
Przypomniał sobie czasy, gdy dzikie psy biegały w stadach po lasach.

Sie hatten ihre Beute gejagt und getötet, während sie sie verfolgten.
Gonili i zabijali swoją ofiarę.
Buck lernte leicht, mit Biss und Schnelligkeit zu kämpfen.
Buckowi łatwo było nauczyć się walczyć z użyciem pazura i szybkości.
Er verwendete Schnitte, Hiebe und schnelle Schnappschüsse, genau wie seine Vorfahren.
Stosował cięcia, cięcia i szybkie trzaski tak jak jego przodkowie.
Diese Vorfahren regten sich in ihm und erweckten seine wilde Natur.
Przodkowie poruszyli się w nim i obudzili jego dziką naturę.
Ihre alten Fähigkeiten waren ihm durch die Blutlinie vererbt worden.
Ich stare umiejętności zostały mu przekazane poprzez linię krwi.
Ihre Tricks gehörten ihm nun, ohne dass er üben oder sich anstrengen musste.
Teraz ich sztuczki były jego, bez potrzeby praktyki czy wysiłku.

In stillen, kalten Nächten hob Buck die Nase und heulte.
W spokojne, zimne noce Buck podnosił nos i wył.
Er heulte lang und tief, so wie es die Wölfe vor langer Zeit getan hatten.
Wył długo i głęboko, tak jak wyły wilki dawno temu.
Durch ihn streckten seine toten Vorfahren ihre Nasen und heulten.
Przez niego jego zmarli przodkowie wskazywali nosami i wyli.
Sie heulten durch die Jahrhunderte mit seiner Stimme und Gestalt.
Wyły przez wieki jego głosem i kształtem.
Seine Kadenzen waren ihre, alte Schreie, die von Kummer und Kälte erzählten.

Jego rytm był ich rytmem, starymi krzykami, które mówiły o żalu i zimnie.
Sie sangen von Dunkelheit, Hunger und der Bedeutung des Winters.
Śpiewali o ciemności, głodzie i znaczeniu zimy.
Buck bewies, wie das Leben von Kräften jenseits des eigenen Ichs geprägt wird.
Buck udowodnił, że życie kształtowane jest przez siły wykraczające poza nas samych,
Das uralte Lied stieg durch Buck auf und ergriff seine Seele.
starożytna pieśń przeszyła Bucka i zawładnęła jego duszą.
Er fand sich selbst, weil Menschen im Norden Gold gefunden hatten.
Odnalazł siebie, ponieważ ludzie na Północy znaleźli złoto.
Und er fand sich selbst, weil Manuel, der Gärtnergehilfe, Geld brauchte.
A znalazł się tam, ponieważ Manuel, pomocnik ogrodnika, potrzebował pieniędzy.

Das dominante Urtier
Dominująca pierwotna bestia

In Buck war das dominante Urtier so stark wie eh und je.
Dominująca pierwotna bestia była silna jak zawsze w przypadku Bucka.
Doch das dominante Urtier hatte in ihm geschlummert.
Jednakże dominująca pierwotna bestia w nim pozostawała uśpiona.
Das Leben auf dem Trail war hart, aber es stärkte das Tier in Buck.
Życie na szlaku było trudne, ale dzięki niemu w Bucku zagościła silniejsza bestia.
Insgeheim wurde das Biest von Tag zu Tag stärker.
W tajemnicy bestia stawała się z dnia na dzień silniejsza.
Doch dieses innere Wachstum blieb der Außenwelt verborgen.
Jednak ten wewnętrzny rozwój pozostał ukryty przed światem zewnętrznym.
In Buck baute sich eine stille und ruhige Urkraft auf.
W Bucku narastała cicha i spokojna pierwotna siła.
Neue Gerissenheit verlieh Buck Gleichgewicht, Ruhe und Selbstbeherrschung.
Nowa przebiegłość dała Buckowi równowagę, spokój i opanowanie.
Buck konzentrierte sich sehr auf die Anpassung und fühlte sich nie völlig entspannt.
Buck koncentrował się na przystosowaniu, nigdy nie czując się w pełni zrelaksowany.
Er ging Konflikten aus dem Weg, fing nie Streit an und suchte auch nie Ärger.
Unikał konfliktów, nigdy nie wszczynał bójek i nie szukał kłopotów.
Jede Bewegung von Buck war von langsamer, stetiger Nachdenklichkeit geprägt.
Każdy ruch Bucka był przepełniony powolnością i rozwagą.

Er vermied überstürzte Entscheidungen und plötzliche, rücksichtslose Entschlüsse.
Unikał pochopnych wyborów i nagłych, lekkomyślnych decyzji.
Obwohl Buck Spitz zutiefst hasste, zeigte er ihm gegenüber keine Aggression.
Mimo że Buck bardzo nienawidził Spitz'a, nie okazywał mu agresji.
Buck hat Spitz nie provoziert und sein Verhalten zurückhaltend gehalten.
Buck nigdy nie prowokował Spitza i zachował umiar w swoich działaniach.
Spitz hingegen spürte die wachsende Gefahr, die von Buck ausging.
Spitz z kolei wyczuł narastające zagrożenie w Bucku.
Er sah in Buck eine Bedrohung und eine ernsthafte Herausforderung seiner Macht.
Uważał Bucka za zagrożenie i poważne wyzwanie dla swojej władzy.
Er nutzte jede Gelegenheit, um zu knurren und seine scharfen Zähne zu zeigen.
Przy każdej okazji warczał i pokazywał ostre zęby.
Er versuchte, den tödlichen Kampf zu beginnen, der bevorstand.
Próbował rozpocząć śmiertelną walkę, która musiała nastąpić.
Schon zu Beginn der Reise wäre es beinahe zu einem Streit zwischen ihnen gekommen.
Już na początku podróży niemal doszło między nimi do bójki.
Doch ein unerwarteter Unfall verhinderte den Kampf.
Jednak nieoczekiwany wypadek uniemożliwił dojście do walki.
An diesem Abend schlugen sie ihr Lager am bitterkalten Lake Le Barge auf.
Tego wieczoru rozbili obóz nad lodowatym jeziorem Le Barge.
Es schneite heftig und der Wind war schneidend wie ein Messer.
Śnieg padał mocno, a wiatr wiał ostro.

Die Nacht war zu schnell hereingebrochen und Dunkelheit umgab sie.
Noc nadeszła zbyt szybko i otoczyła ich ciemność.
Sie hätten sich kaum einen schlechteren Ort zum Ausruhen aussuchen können.
Trudno było wybrać gorsze miejsce na odpoczynek.
Die Hunde suchten verzweifelt nach einem Platz zum Hinlegen.
Psy rozpaczliwie szukały miejsca, gdzie mogłyby się położyć.
Hinter der kleinen Gruppe erhob sich steil eine hohe Felswand.
Za małą grupą wznosiła się wysoka, skalista ściana.
Das Zelt wurde in Dyea zurückgelassen, um die Last zu erleichtern.
Namiot pozostawiono w Dyea, aby zmniejszyć ładunek.
Ihnen blieb nichts anderes übrig, als das Feuer auf dem Eis selbst zu machen.
Nie mieli innego wyjścia, jak rozpalić ogień na samym lodzie.
Sie breiten ihre Schlafmäntel direkt auf dem zugefrorenen See aus.
Rozłożyli swoje szaty do spania bezpośrednio na zamarzniętym jeziorze.
Ein paar Stücke Treibholz gaben ihnen ein wenig Feuer.
Kilka kawałków drewna dało im odrobinę ognia.
Doch das Feuer wurde auf dem Eis entfacht und taute hindurch.
Ale ogień rozpalił się na lodzie i rozmroził się przez niego.
Schließlich aßen sie ihr Abendessen im Dunkeln.
W końcu jedli kolację w ciemnościach.
Buck rollte sich neben dem Felsen zusammen, geschützt vor dem kalten Wind.
Buck zwinął się obok skały, chroniąc się przed zimnym wiatrem.
Der Platz war so warm und sicher, dass Buck es hasste, wegzugehen.
Było tam tak ciepło i bezpiecznie, że Buckowi nie chciało się stąd ruszać.

Aber François hatte den Fisch aufgewärmt und verteilte die Rationen.
Ale François podgrzał rybę i rozdawał racje żywnościowe.
Buck aß schnell fertig und ging zurück in sein Bett.
Buck szybko skończył jeść i wrócił do łóżka.
Aber Spitz lag jetzt dort, wo Buck sein Bett gemacht hatte.
Ale Spitz leżał teraz tam, gdzie Buck zrobił sobie łóżko.
Ein leises Knurren warnte Buck, dass Spitz sich weigerte, sich zu bewegen.
Niskie warknięcie ostrzegło Bucka, że Spitz nie zamierza się ruszyć.
Bisher hatte Buck diesen Kampf mit Spitz vermieden.
Aż do tej pory Buck unikał walki ze Spitzem.
Doch tief in Bucks Innerem brach das Biest schließlich aus.
Lecz głęboko w sercu Bucka bestia w końcu się uwolniła.
Der Diebstahl seines Schlafplatzes war zu viel für ihn.
Kradzież miejsca do spania była dla niego nie do zniesienia.
Buck stürzte sich voller Wut und Zorn auf Spitz.
Buck rzucił się na Spitza, pełen gniewu i wściekłości.
Bis jetzt hatte Spitz gedacht, Buck sei bloß ein großer Hund.
Aż do teraz Spitz myślał, że Buck to po prostu duży pies.
Er glaubte nicht, dass Buck durch seinen Geist überlebt hatte.
Nie wierzył, że Buck przeżył dzięki swojemu duchowi.
Er erwartete Angst und Feigheit, nicht Wut und Rache.
Spodziewał się strachu i tchórzostwa, a nie wściekłości i zemsty.
François starrte die beiden Hunde an, als sie aus dem zerstörten Nest stürmten.
François patrzył, jak oba psy wyskakują ze zniszczonego gniazda.
Er verstand sofort, was den wilden Kampf ausgelöst hatte.
Od razu zrozumiał, co było przyczyną tej zaciekłej walki.
„Aa-ah!", rief François, um dem braunen Hund zuzujubeln.
„Aa-ah!" – krzyknął François, wspierając brązowego psa.
„Verprügelt ihn! Bei Gott, bestraft diesen hinterhältigen Dieb!"

„Dajcie mu lanie! Na Boga, ukarzcie tego podstępnego złodzieja!"
Spitz zeigte gleichermaßen Bereitschaft und wilden Kampfeswillen.
Spitz wykazywał równą gotowość i ogromną chęć walki.
Er schrie wütend auf, während er schnell im Kreis kreiste und nach einer Öffnung suchte.
Krzyknął ze złości i zaczął szybko krążyć, szukając otwarcia.
Buck zeigte den gleichen Kampfeshunger und die gleiche Vorsicht.
Buck wykazywał tę samą chęć walki i tę samą ostrożność.
Auch er umkreiste seinen Gegner und versuchte, im Kampf die Oberhand zu gewinnen.
Okrążył również swojego przeciwnika, próbując zyskać przewagę w walce.
Dann geschah etwas Unerwartetes und veränderte alles.
A potem wydarzyło się coś nieoczekiwanego i wszystko się zmieniło.
Dieser Moment verzögerte den letztendlichen Kampf um die Führung.
Ten moment opóźnił ostateczną walkę o przywództwo.
Bis zum Ende warteten noch viele Meilen voller Mühe und Anstrengung.
Do końca pozostało jeszcze wiele mil szlaku i zmagań.
Perrault stieß einen Fluch aus, als eine Keule auf Knochen schlug.
Perrault krzyknął przekleństwo, gdy pałka uderzyła w kość.
Es folgte ein scharfer Schmerzensschrei, dann brach überall Chaos aus.
Potem rozległ się ostry krzyk bólu, a potem wokół wybuchł chaos.
Dunkle Gestalten bewegten sich im Lager; wilde Huskys, ausgehungert und wild.
Po obozie poruszały się ciemne sylwetki: dzikie husky, wygłodzone i dzikie.
Vier oder fünf Dutzend Huskys hatten das Lager von weitem erschnüffelt.

Cztery lub pięć tuzinów husky wywąchało obóz z daleka.
Sie hatten sich leise hineingeschlichen, während die beiden Hunde in der Nähe kämpften.
Podkradli się cicho, podczas gdy dwa psy walczyły w pobliżu.
François und Perrault griffen an und schwangen Knüppel auf die Eindringlinge.
François i Perrault rzucili się do ataku, wymachując pałkami w stronę najeźdźców.
Die ausgehungerten Huskies zeigten ihre Zähne und wehrten sich rasend.
Wygłodzone husky pokazały zęby i walczyły zaciekle.
Der Geruch von Fleisch und Brot hatte sie alle Angst vertreiben lassen.
Zapach mięsa i chleba przegoniły ich wszelki strach.
Perrault schlug einen Hund, der seinen Kopf in der Fresskiste vergraben hatte.
Perrault bił psa, który schował głowę w kuwecie.
Der Schlag war hart, die Schachtel kippte um und das Essen quoll heraus.
Uderzenie było tak silne, że pudełko się przewróciło, a jedzenie wysypało się z niego.
Innerhalb von Sekunden rissen sich zwanzig wilde Tiere über das Brot und das Fleisch her.
W ciągu kilku sekund chmara dzikich zwierząt rzuciła się na chleb i mięso.
Die Keulen der Männer landeten Schlag auf Schlag, doch kein Hund ließ nach.
Mężczyźni zadawali cios za ciosem, ale żaden pies nie odwracał wzroku.
Sie schrien vor Schmerz, kämpften aber, bis kein Futter mehr übrig war.
Wyli z bólu, ale walczyli, dopóki nie zabrakło im pożywienia.
Inzwischen waren die Schlittenhunde aus ihren verschneiten Betten gesprungen.
Tymczasem psy zaprzęgowe wyskoczyły ze swoich zaśnieżonych legowisk.

Sie wurden sofort von den bösartigen, hungrigen Huskys angegriffen.
Natychmiast zaatakowały ich dzikie i głodne psy husky.
Buck hatte noch nie zuvor so wilde und ausgehungerte Tiere gesehen.
Buck nigdy wcześniej nie widział tak dzikich i wygłodniałych stworzeń.
Ihre Haut hing lose und verbarg kaum ihr Skelett.
Ich skóra zwisała luźno, ledwie zakrywając szkielety.
In ihren Augen brannte ein Feuer aus Hunger und Wahnsinn
W ich oczach płonął ogień, od głodu i szaleństwa
Sie waren nicht aufzuhalten, ihrem wilden Ansturm war kein Widerstand zu leisten.
Nie było możliwości ich zatrzymania, nie można było oprzeć się ich dzikiemu natarciu.
Die Schlittenhunde wurden zurückgedrängt und gegen die Felswand gedrückt.
Psy zaprzęgowe zostały odepchnięte i przyciśnięte do ściany klifu.
Drei Huskies griffen Buck gleichzeitig an und rissen ihm das Fleisch auf.
Trzy husky rzuciły się na Bucka jednocześnie, rozrywając mu ciało.
Aus den Schnittwunden an seinem Kopf und seinen Schultern strömte Blut.
Krew lała się z jego głowy i ramion, gdzie został rozcięty.
Der Lärm erfüllte das Lager: Knurren, Jaulen und Schmerzensschreie.
Hałas wypełnił obóz: warczenie, wycie i krzyki bólu.
Billee weinte wie immer laut, gefangen im Kampf und in der Panik.
Billee, jak zwykle, krzyknęła głośno, pochłonięta kłótnią i paniką.
Dave und Solleks standen Seite an Seite, blutend, aber trotzig.
Dave i Solleks stali obok siebie, krwawiąc, ale stawiając opór.

Joe kämpfte wie ein Dämon und biss alles, was ihm zu nahe kam.
Joe walczył jak demon, gryząc każdego, kto się do niego zbliżył.
Mit einem brutalen Schnappen seines Kiefers zerquetschte er das Bein eines Huskys.
Jednym brutalnym trzaśnięciem szczęk zmiażdżył nogę husky'ego.
Pike sprang auf den verletzten Husky und brach ihm sofort das Genick.
Pike rzucił się na rannego husky'ego i na miejscu złamał mu kark.
Buck packte einen Husky an der Kehle und riss ihm die Ader auf.
Buck złapał husky'ego za gardło i przeciął mu żyłę.
Blut spritzte und der warme Geschmack trieb Buck in Raserei.
Trysnęła krew, a jej ciepły smak wprawił Bucka w szał.
Ohne zu zögern stürzte er sich auf einen anderen Angreifer.
Bez wahania rzucił się na kolejnego napastnika.
Im selben Moment gruben sich scharfe Zähne in Bucks Kehle.
W tym samym momencie ostre zęby wbiły się w gardło Bucka.
Spitz hatte von der Seite zugeschlagen und ohne Vorwarnung angegriffen.
Spitz zaatakował z boku, niespodziewanie.
Perrault und François hatten die Hunde besiegt, die das Futter stahlen.
Perrault i François pokonali psy kradnące jedzenie.
Nun eilten sie ihren Hunden zu Hilfe, um die Angreifer abzuwehren.
Teraz rzucili się, by pomóc swoim psom odeprzeć napastników.
Die ausgehungerten Hunde zogen sich zurück, als die Männer ihre Keulen schwangen.
Głodne psy cofnęły się, gdy mężczyźni wymachiwali pałkami.

Buck konnte sich dem Angriff befreien, doch die Flucht war nur von kurzer Dauer.
Buckowi udało się uwolnić od ataku, ale ucieczka nie trwała długo.
Die Männer rannten los, um ihre Hunde zu retten, und die Huskies kamen erneut zum Vorschein.
Mężczyźni pobiegli ratować swoje psy, ale husky znów się rzuciły.
Billee, der aus Angst Mut fasste, sprang in die Hundemeute.
Billee, przestraszony i odważny, rzucił się w sforę psów.
Doch dann floh er in blanker Angst und Panik über das Eis.
Ale potem uciekł przez lód, w panice i przerażeniu.
Pike und Dub folgten dicht dahinter und rannten um ihr Leben.
Pike i Dub podążali tuż za nimi, uciekając, by ratować życie.
Der Rest des Teams löste sich auf, zerstreute sich und folgte ihnen.
Reszta drużyny rozproszyła się i podążyła za nimi.
Buck nahm all seine Kräfte zusammen, um loszurennen, doch dann sah er einen Blitz.
Buck zebrał siły, żeby uciekać, ale wtedy zobaczył błysk.
Spitz stürzte sich auf Buck und versuchte, ihn zu Boden zu schlagen.
Spitz rzucił się na Bucka, próbując powalić go na ziemię.
Unter dieser Meute von Huskys hätte Buck nicht entkommen können.
Pod osłoną tej gromady husky Buck nie miałby szans na ucieczkę.
Aber Buck blieb standhaft und wappnete sich für den Schlag von Spitz.
Jednak Buck pozostał nieugięty i przygotował się na cios Spitza.
Dann drehte er sich um und rannte mit dem fliehenden Team auf das Eis hinaus.
Następnie odwrócił się i wybiegł na lód wraz z uciekającą drużyną.

Später versammelten sich die neun Schlittenhunde im Schutz des Waldes.
Później dziewięć psów zaprzęgowych zebrało się pod osłoną lasu.

Niemand verfolgte sie mehr, aber sie waren geschlagen und verwundet.
Nikt ich już nie gonił, ale byli pobici i ranni.

Jeder Hund hatte Wunden; vier oder fünf tiefe Schnitte an jedem Körper.
Każdy pies miał rany: cztery lub pięć głębokich cięć na ciele każdego.

Dub hatte ein verletztes Hinterbein und konnte kaum noch laufen.
Dub miał uszkodzoną tylną nogę i teraz miał problemy z chodzeniem.

Dolly, der neueste Hund aus Dyea, hatte eine aufgeschlitzte Kehle.
Dolly, najnowszy pies z Dyea, miał poderżnięte gardło.

Joe hatte ein Auge verloren und Billees Ohr war in Stücke geschnitten
Joe stracił oko, a ucho Billee zostało pocięte na kawałki

Alle Hunde schrien die ganze Nacht vor Schmerz und Niederlage.
Wszystkie psy wyły z bólu i porażki przez całą noc.

Im Morgengrauen krochen sie wund und gebrochen zurück ins Lager.
O świcie wrócili do obozu, obolali i połamani.

Die Huskies waren verschwunden, aber der Schaden war angerichtet.
Husky zniknęły, ale szkody zostały wyrządzone.

Perrault und François standen schlecht gelaunt vor der Ruine.
Perrault i François byli w kiepskim nastroju z powodu ruiny.

Die Hälfte der Lebensmittel war verschwunden und von den hungrigen Dieben geschnappt worden.
Połowa jedzenia zniknęła, rozkradziona przez głodnych złodziei.

Die Huskies hatten Schlittenbindungen und Planen zerrissen.
Husky rozerwały wiązania i płótno sań.
Alles, was nach Essen roch, wurde vollständig verschlungen.
Wszystko co pachniało jedzeniem zostało całkowicie pożarte.
Sie aßen ein Paar von Perraults Reisestiefeln aus Elchleder.
Zjedli parę podróżnych butów Perraulta wykonanych z łosiej skóry.
Sie zerkauten Lederreis und ruinierten Riemen, sodass sie nicht mehr verwendet werden konnten.
Przeżuwali skórzane reisy i niszczyli paski do tego stopnia, że nie nadawały się do użytku.
François hörte auf, auf die zerrissene Peitsche zu starren, um nach den Hunden zu sehen.
François przestał patrzeć na podartą rzęsę, aby sprawdzić psy.
„Ah, meine Freunde", sagte er mit leiser, besorgter Stimme.
„Ach, moi przyjaciele" – powiedział cichym, pełnym troski głosem.
„Vielleicht verwandeln euch all diese Bisse in tollwütige Tiere."
„Może wszystkie te ugryzienia zamienią was w szalone bestie".
„Vielleicht alles tollwütige Hunde, heiliger Scheiß! Was meinst du, Perrault?"
„Może wszystkie wściekłe psy, sacredam! Co o tym myślisz, Perrault?"
Perrault schüttelte den Kopf, seine Augen waren dunkel vor Sorge und Angst.
Perrault pokręcił głową, jego oczy pociemniały z troski i strachu.
Zwischen ihnen und Dawson lagen noch sechshundertvierzig Kilometer.
Między nimi a Dawsonem było jeszcze czterysta mil.
Der Hundewahnsinn könnte nun jede Überlebenschance zerstören.
Szaleństwo psów może teraz zniszczyć wszelkie szanse na przetrwanie.

Sie verbrachten zwei Stunden damit, zu fluchen und zu versuchen, die Ausrüstung zu reparieren.
Przez dwie godziny przeklinali i próbowali naprawić sprzęt.
Das verwundete Team verließ schließlich gebrochen und besiegt das Lager.
Ranna drużyna w końcu opuściła obóz, złamana i pokonana.
Dies war der bisher schwierigste Weg und jeder Schritt war schmerzhaft.
To był najtrudniejszy ze wszystkich szlaków i każdy krok sprawiał ból.
Der Thirty Mile River war nicht zugefroren und rauschte wild.
Rzeka Thirty Mile nie zamarzła i płynęła gwałtownie.
Nur an ruhigen Stellen und in wirbelnden Wirbeln konnte das Eis halten.
Tylko w spokojnych miejscach i wirujących zawirowaniach lód udawało się utrzymać.
Sechs Tage harter Arbeit vergingen, bis die dreißig Meilen geschafft waren.
Po sześciu dniach ciężkiej pracy pokonaliśmy trzydzieści mil.
Jeder Kilometer des Weges barg Gefahren und Todesgefahr.
Każdy kilometr szlaku niósł ze sobą niebezpieczeństwo i groźbę śmierci.
Die Männer und Hunde riskierten mit jedem schmerzhaften Schritt ihr Leben.
Mężczyźni i psy ryzykowali życie przy każdym bolesnym kroku.
Perrault durchbrach ein Dutzend Mal dünne Eisbrücken.
Perraultowi udało się przebić przez cienkie mosty lodowe dziesiątki razy.
Er trug eine Stange und ließ sie über das Loch fallen, das sein Körper hinterlassen hatte.
Wziął do ręki drąg i rzucił go w dół, w dół otworu, który zrobił jego ciało.
Mehr als einmal rettete diese Stange Perrault vor dem Ertrinken.
Niejednokrotnie ten kij uratował Perraulta przed utonięciem.

Die Kältewelle hielt an, die Lufttemperatur lag bei minus fünfzig Grad.
Fala mrozu utrzymywała się, temperatura powietrza wynosiła pięćdziesiąt stopni poniżej zera.
Jedes Mal, wenn er hineinfiel, musste Perrault ein Feuer anzünden, um zu überleben.
Za każdym razem, gdy wpadł do wody, Perrault musiał rozpalić ogień, aby przeżyć.
Nasse Kleidung gefror schnell, also trocknete er sie in der Nähe der sengenden Hitze.
Mokre ubrania szybko zamarzały, więc suszył je w pobliżu gorącego powietrza.
Perrault hatte nie Angst und das machte ihn zu einem Kurier.
Perrault nigdy nie znał strachu i to uczyniło go kurierem.
Er wurde für die Gefahr auserwählt und begegnete ihr mit stiller Entschlossenheit.
Wybrano go na niebezpieczeństwo i stawił mu czoła z cichą determinacją.
Er drängte sich gegen den Wind vorwärts, sein runzliges Gesicht war erfroren.
Napierał na wiatr, a jego pomarszczona twarz była odmrożona.
Von der Morgendämmerung bis zum Einbruch der Nacht führte Perrault sie weiter.
Perrault prowadził ich dalej od bladego świtu do zapadnięcia zmroku.
Er ging auf einer schmalen Eiskante, die bei jedem Schritt knackte.
Szedł po wąskiej krawędzi lodu, która pękała przy każdym kroku.
Sie wagten nicht, anzuhalten – jede Pause hätte das Risiko eines tödlichen Zusammenbruchs bedeutet.
Nie odważyli się zatrzymać, gdyż każda przerwa groziła śmiertelnym upadkiem.
Einmal brach der Schlitten durch und zog Dave und Buck hinein.

Pewnego razu sanie przebiły się i wciągnęły Dave'a i Bucka.
Als sie freigezogen wurden, waren beide fast erfroren.
Kiedy ich uwolniono, oboje byli prawie zamarznięci.
Die Männer machten schnell ein Feuer, um Buck und Dave am Leben zu halten.
Mężczyźni szybko rozpalili ognisko, aby ocalić Bucka i Dave'a.
Die Hunde waren von der Nase bis zum Schwanz mit Eis bedeckt und steif wie geschnitztes Holz.
Psy były pokryte lodem od nosa aż po ogon, sztywne jak rzeźbione drewno.
Die Männer ließen sie in der Nähe des Feuers im Kreis laufen, um ihre Körper aufzutauen.
Mężczyźni krążyli wokół ognia, żeby rozmrozić ciała.
Sie kamen den Flammen so nahe, dass ihr Fell versengt wurde.
Podeszli tak blisko płomieni, że ich futro się przypaliło.
Als nächster durchbrach Spitz das Eis und zog das Team hinter sich her.
Następnie Spitz przebił się przez lód, ciągnąc za sobą drużynę.
Der Bruch reichte bis zu der Stelle, an der Buck zog.
Przerwa sięgała aż do miejsca, w którym ciągnął Buck.
Buck lehnte sich weit zurück, seine Pfoten rutschten und zitterten auf der Kante.
Buck odchylił się mocno do tyłu, jego łapy ześlizgnęły się i zadrżały na krawędzi.
Dave streckte sich ebenfalls nach hinten, direkt hinter Buck auf der Leine.
Dave również naprężył się do tyłu, tuż za Buckiem na linii.
François zog den Schlitten, seine Muskeln knackten vor Anstrengung.
François ciągnął sanie, jego mięśnie trzeszczały z wysiłku.
Ein anderes Mal brach das Randeis vor und hinter dem Schlitten.
Innym razem lód na krawędzi sań popękał przed i za nimi.

Sie hatten keinen anderen Ausweg, als eine gefrorene Felswand zu erklimmen.
Nie mieli innego wyjścia, jak wspiąć się na zamarzniętą ścianę klifu.
Perrault schaffte es irgendwie, die Mauer zu erklimmen; wie durch ein Wunder blieb er am Leben.
Perraultowi jakimś cudem udało się wspiąć na mur; cud pozwolił mu przeżyć.
François blieb unten und betete um dasselbe Glück.
François pozostał na dole, modląc się o podobne szczęście.
Sie banden jeden Riemen, jede Zurrschnur und jede Leine zu einem langen Seil zusammen.
Związali wszystkie paski, wiązania i linki w jedną długą linę.
Die Männer zogen jeden Hund einzeln nach oben.
Mężczyźni wciągnęli po kolei wszystkie psy na górę.
François kletterte als Letzter, nach dem Schlitten und der gesamten Ladung.
François wspiął się ostatni, za saniami i całym ładunkiem.
Dann begann eine lange Suche nach einem Weg von den Klippen hinunter.
Następnie rozpoczęły się długie poszukiwania ścieżki prowadzącej w dół z klifu.
Schließlich stiegen sie mit demselben Seil ab, das sie selbst hergestellt hatten.
W końcu zeszli na dół, korzystając z tej samej liny, którą sami zrobili.
Es wurde Nacht, als sie erschöpft und wund zum Flussbett zurückkehrten.
Noc zapadła, gdy wrócili do koryta rzeki, wyczerpani i obolali.
Der ganze Tag hatte ihnen nur eine Viertelmeile Gewinn eingebracht.
Cały dzień pozwolił im przebyć zaledwie ćwierć mili.
Als sie das Hootalinqua erreichten, war Buck erschöpft.
Gdy dotarli do Hootalinqua, Buck był już wyczerpany.
Die anderen Hunde litten ebenso sehr unter den Bedingungen auf dem Trail.

Pozostałe psy cierpiały równie mocno z powodu warunków panujących na szlaku.
Aber Perrault musste Zeit gutmachen und trieb sie jeden Tag weiter an.
Ale Perrault potrzebował czasu, żeby odzyskać siły, i każdego dnia wywierał na nich presję.
Am ersten Tag reisten sie dreißig Meilen nach Big Salmon.
Pierwszego dnia przejechali trzydzieści mil do Big Salmon.
Am nächsten Tag reisten sie fünfunddreißig Meilen nach Little Salmon.
Następnego dnia przebyli trzydzieści pięć mil, aby dotrzeć do Little Salmon.
Am dritten Tag kämpften sie sich durch sechzig Kilometer lange, eisige Strecken.
Trzeciego dnia przebyli czterdzieści długich, zamarzniętych mil.
Zu diesem Zeitpunkt näherten sie sich der Siedlung Five Fingers.
Wówczas zbliżali się do osady Five Fingers.

Bucks Füße waren weicher als die harten Füße der einheimischen Huskys.
Stopy Bucka były bardziej miękkie niż twarde stopy rodzimych husky.
Seine Pfoten waren im Laufe vieler zivilisierter Generationen zart geworden.
Jego łapy stały się wrażliwsze na przestrzeni wielu cywilizowanych pokoleń.
Vor langer Zeit wurden seine Vorfahren von Flussmännern oder Jägern gezähmt.
Dawno temu jego przodkowie zostali oswojeni przez ludzi żyjących nad rzekami lub myśliwych.
Jeden Tag humpelte Buck unter Schmerzen und ging auf wunden, schmerzenden Pfoten.
Buck każdego dnia utykał z bólu, chodząc na poranionych, bolących łapach.
Im Lager fiel Buck wie eine leblose Gestalt in den Schnee.

W obozie Buck padł bez życia na śnieg.
Obwohl Buck am Verhungern war, stand er nicht auf, um sein Abendessen einzunehmen.
Chociaż Buck był głodny, nie wstał, aby zjeść kolację.
François brachte Buck seine Ration und legte ihm Fisch neben die Schnauze.
François przyniósł Buckowi jego porcję, kładąc rybę za pysk.
Jeden Abend massierte der Fahrer Bucks Füße eine halbe Stunde lang.
Każdej nocy kierowca masował stopy Bucka przez pół godziny.
François hat sogar seine eigenen Mokassins zerschnitten, um daraus Hundeschuhe zu machen.
François nawet pociął własne mokasyny na kawałki, aby zrobić z nich obuwie dla psów.
Vier warme Schuhe waren für Buck eine große und willkommene Erleichterung.
Cztery ciepłe buty dały Buckowi wielką i mile widzianą ulgę.
Eines Morgens vergaß François die Schuhe und Buck weigerte sich aufzustehen.
Pewnego ranka François zapomniał o butach, a Buck nie chciał wstać.
Buck lag auf dem Rücken, die Füße in der Luft, und wedelte mitleiderregend damit herum.
Buck leżał na plecach, machając stopami w powietrzu i żałośnie nimi machając.
Sogar Perrault grinste beim Anblick von Bucks dramatischer Bitte.
Nawet Perrault uśmiechnął się na widok dramatycznej prośby Bucka.
Bald wurden Bucks Füße hart und die Schuhe konnten weggeworfen werden.
Wkrótce stopy Bucka stwardniały i buty można było wyrzucić.
In Pelly stieß Dolly beim Angeschirrtwerden ein schreckliches Heulen aus.

W czasie zaprzęgu Pelly Dolly wydała z siebie przeraźliwy wycie.
Der Schrei war lang und voller Wahnsinn und erschütterte jeden Hund.
Krzyk był długi i pełen szaleństwa, wstrząsnął każdym psem.
Jeder Hund zuckte vor Angst zusammen, ohne den Grund zu kennen.
Każdy pies zjeżył się ze strachu, nie wiedząc dlaczego.
Dolly war verrückt geworden und stürzte sich direkt auf Buck.
Dolly wpadła w szał i rzuciła się prosto na Bucka.
Buck hatte noch nie Wahnsinn gesehen, aber sein Herz war von Entsetzen erfüllt.
Buck nigdy nie widział szaleństwa, ale jego serce przepełniało przerażenie.
Ohne nachzudenken, drehte er sich um und floh in absoluter Panik.
Nie zastanawiając się długo, odwrócił się i uciekł w kompletnej panice.
Dolly jagte ihm hinterher, ihre Augen waren wild, Speichel spritzte aus ihrem Maul.
Dolly goniła go, jej oczy były dzikie, a z pyska ciekła ślina.
Sie blieb direkt hinter Buck, holte nie auf und fiel nie zurück.
Trzymała się tuż za Buckiem, ani go nie wyprzedzała, ani nie zwalniała.
Buck rannte durch den Wald, die Insel hinunter und über zerklüftetes Eis.
Buck pobiegł przez lasy, w dół wyspy, po nierównym lodzie.
Er überquerte die Insel und erreichte eine weitere, bevor er im Kreis zurück zum Fluss ging.
Przepłynął na jedną wyspę, potem na drugą, wracając w stronę rzeki.
Dolly jagte ihn immer noch und knurrte ihn bei jedem Schritt an.
Dolly nadal go goniła, warcząc przy każdym kroku.

Buck konnte ihren Atem und ihre Wut hören, obwohl er es nicht wagte, zurückzublicken.
Buck słyszał jej oddech i wściekłość, choć nie odważył się obejrzeć.

François rief aus der Ferne und Buck drehte sich in die Richtung der Stimme um.
François krzyknął z daleka i Buck odwrócił się w kierunku głosu.

Immer noch nach Luft schnappend rannte Buck vorbei und setzte seine ganze Hoffnung auf François.
Buck, wciąż łapczywie łapiąc powietrze, przebiegł obok, pokładając całą nadzieję w François.

Der Hundeführer hob eine Axt und wartete, während Buck vorbeiflog.
Poganiacz psa podniósł siekierę i czekał, aż Buck przeleci obok.

Die Axt kam schnell herunter und traf Dollys Kopf mit tödlicher Wucht.
Topór opadł szybko i uderzył Dolly w głowę ze śmiertelną siłą.

Buck brach neben dem Schlitten zusammen, keuchte und konnte sich nicht bewegen.
Buck upadł obok sań, dysząc i nie mogąc się ruszyć.

In diesem Moment hatte Spitz die Chance, einen erschöpften Gegner zu schlagen.
Ten moment dał Spitzowi szansę na zaatakowanie wyczerpanego przeciwnika.

Zweimal biss er Buck und riss das Fleisch bis auf den weißen Knochen auf.
Dwa razy ugryzł Bucka, rozrywając jego ciało aż do białej kości.

François' Peitsche knallte und traf Spitz mit voller, wütender Wucht.
Bicz François'a trzasnął, uderzając Spitza z pełną, wściekłą siłą.

Buck sah mit Freude zu, wie Spitz seine bisher härteste Tracht Prügel bekam.

Buck z radością patrzył, jak Spitz otrzymał najmocniejsze lanie w swojej karierze.

„Er ist ein Teufel, dieser Spitz", murmelte Perrault düster vor sich hin.

„Ten Szpic to prawdziwy diabeł" – mruknął ponuro Perrault do siebie.

„Eines Tages wird dieser verfluchte Hund Buck töten – das schwöre ich."

„Pewnego dnia, niedługo, ten przeklęty pies zabije Bucka, przysięgam."

„Dieser Buck hat zwei Teufel in sich", antwortete François mit einem Nicken.

„W tym Bucku kryją się dwa diabły" – odpowiedział François, kiwając głową.

„Wenn ich Buck beobachte, weiß ich, dass etwas Wildes in ihm lauert."

„Kiedy patrzę na Bucka, wiem, że kryje się w nim coś groźnego".

„Eines Tages wird er rasend vor Wut werden und Spitz in Stücke reißen."

„Pewnego dnia wpadnie we wściekłość i rozszarpie Spitza na strzępy."

„Er wird den Hund zerkauen und ihn auf den gefrorenen Schnee spucken."

„On pogryzie tego psa i wypluje go na zamarznięty śnieg".

„Das weiß ich ganz sicher tief in meinem Innern."

„Na pewno, czuję to głęboko w kościach."

Von diesem Moment an befanden sich die beiden Hunde im Krieg.

Od tego momentu pomiędzy dwoma psami trwała wojna.

Spitz führte das Team an und hatte die Macht, aber Buck stellte das in Frage.

Spitz przewodził drużynie i miał władzę, ale Buck temu zakwestionował.

Spitz sah seinen Rang durch diesen seltsamen Fremden aus dem Süden bedroht.

Spitz uznał, że jego ranga jest zagrożona przez tego dziwnego przybysza z Południa.

Buck war anders als alle Südstaatenhunde, die Spitz zuvor gekannt hatte.

Buck nie przypominał żadnego południowego psa, jakiego szpice kiedykolwiek znali.

Die meisten von ihnen scheiterten – sie waren zu schwach, um Kälte und Hunger zu überleben.

Większość z nich poniosła porażkę — byli zbyt słabi, by przetrwać zimno i głód.

Sie starben schnell unter der harten Arbeit, dem Frost und der langsamen Hungersnot.

Umierali szybko z powodu pracy, mrozu i powolnego głodu.

Buck stand abseits – mit jedem Tag stärker, klüger und wilder.

Buck wyróżniał się — z każdym dniem silniejszy, mądrzejszy i bardziej dziki.

Er gedieh trotz aller Härte und wuchs heran, bis er den nördlichen Huskies ebenbürtig war.

Dobrze znosił trudności i dorósł dorównując północnym husky.

Buck hatte Kraft, wilde Geschicklichkeit und einen geduldigen, tödlichen Instinkt.

Buck miał siłę, niezwykłe umiejętności oraz cierpliwy i śmiercionośny instynkt.

Der Mann mit der Keule hatte Buck die Unbesonnenheit ausgetrieben.

Człowiek z pałką wybił Bucka z rytmu.

Die blinde Wut war verschwunden und durch stille Gerissenheit und Kontrolle ersetzt worden.

Ślepa furia zniknęła, zastąpiona cichą przebiegłością i kontrolą.

Er wartete ruhig und ursprünglich und wartete auf den richtigen Moment.

Czekał spokojnie i pierwotnie, wypatrując właściwego momentu.

Ihr Kampf um die Vorherrschaft wurde unvermeidlich und deutlich.
Ich walka o dowództwo stała się nieunikniona i oczywista.
Buck strebte nach einer Führungsposition, weil sein Geist es verlangte.
Buck pragnął przywództwa, ponieważ wymagał tego jego duch.
Er wurde von dem seltsamen Stolz getrieben, der aus der Jagd und dem Geschirr entstand.
Napędzała go dziwna duma zrodzona z wypraw szlakowych i uprzęży.
Dieser Stolz ließ die Hunde ziehen, bis sie im Schnee zusammenbrachen.
Ta duma sprawiała, że psy ciągnęły, aż padły na śnieg.
Der Stolz verleitete sie dazu, all ihre Kraft einzusetzen.
Duma kazała im dać z siebie wszystko.
Stolz kann einen Schlittenhund sogar in den Tod treiben.
Pycha może doprowadzić psa zaprzęgowego nawet do śmierci.
Der Verlust des Geschirrs ließ die Hunde gebrochen und ziellos zurück.
Utrata uprzęży powodowała, że psy były wyniszczone i pozbawione celu.
Das Herz eines Schlittenhundes kann vor Scham brechen, wenn er in den Ruhestand geht.
Serce psa zaprzęgowego może zostać złamane przez wstyd, gdy przejdzie na emeryturę.
Dave lebte von diesem Stolz, während er den Schlitten hinter sich herzog.
Dave kierował się tą dumą, ciągnąc sanie od tyłu.
Auch Solleks gab mit grimmiger Stärke und Loyalität alles.
Solleks także dał z siebie wszystko, wykazał się ponurą siłą i lojalnością.
Jeden Morgen verwandelte der Stolz ihre Verbitterung in Entschlossenheit.
Każdego ranka duma zmieniała ich z rozgoryczonych w zdeterminowanych.

Sie drängten den ganzen Tag und verstummten dann am Ende des Lagers.
Naciskali cały dzień, a potem ucichli na końcu obozu.
Dieser Stolz gab Spitz die Kraft, Drückeberger zur Räson zu bringen.
Ta duma dała Spitzowi siłę, by zmusić uchylających się od służby do stania w szeregu.
Spitz fürchtete Buck, weil Buck denselben tiefen Stolz in sich trug.
Spitz bał się Bucka, ponieważ Buck był dumny z siebie i innych.
Bucks Stolz wandte sich nun gegen Spitz, und er ließ nicht locker.
Duma Bucka w tej chwili obudziła Spitza i nie przestawał.
Buck widersetzte sich Spitz' Macht und hinderte ihn daran, Hunde zu bestrafen.
Buck sprzeciwił się Spitzowi i uniemożliwił mu karanie psów.
Als andere versagten, stellte sich Buck zwischen sie und ihren Anführer.
Kiedy inni zawiedli, Buck stanął między nimi a ich przywódcą.
Er tat dies mit Absicht und brachte seine Herausforderung offen und deutlich zum Ausdruck.
Uczynił to celowo, czyniąc swoje wyzwanie otwartym i jasnym.
In einer Nacht hüllte schwerer Schnee die Welt in tiefe Stille.
Pewnej nocy gęsty śnieg pokrył świat głęboką ciszą.
Am nächsten Morgen stand Pike, faul wie immer, nicht zur Arbeit auf.
Następnego ranka Pike, leniwy jak zwykle, nie wstał do pracy.
Er blieb in seinem Nest unter einer dicken Schneeschicht verborgen.
Pozostał ukryty w gnieździe pod grubą warstwą śniegu.
François rief und suchte, konnte den Hund jedoch nicht finden.
François wołał i szukał psa, ale nie mógł go znaleźć.

Spitz wurde wütend und stürmte durch das schneebedeckte Lager.
Spitz wpadł we wściekłość i pobiegł przez pokryty śniegiem obóz.
Er knurrte und schnüffelte und grub wie verrückt mit flammenden Augen.
Warczał i węszył, kopiąc jak szalony, a jego oczy płonęły.
Seine Wut war so heftig, dass Pike vor Angst unter dem Schnee zitterte.
Jego wściekłość była tak wielka, że Pike trząsł się pod śniegiem ze strachu.
Als Pike schließlich gefunden wurde, stürzte sich Spitz auf den versteckten Hund, um ihn zu bestrafen.
Kiedy w końcu odnaleziono Pike'a, Spitz rzucił się, by ukarać ukrywającego się psa.
Doch Buck sprang mit einer Wut zwischen sie, die Spitz' eigener ebenbürtig war.
Jednakże Buck rzucił się między nich z wściekłością równą wściekłości Spitz'a.
Der Angriff erfolgte so plötzlich und geschickt, dass Spitz umfiel.
Atak był tak nagły i sprytny, że Spitz stracił równowagę.
Pike, der gezittert hatte, schöpfte aus diesem Trotz neuen Mut.
Pike, który cały się trząsł, nabrał odwagi dzięki temu buntowi.
Er sprang auf den gefallenen Spitz und folgte Bucks mutigem Beispiel.
Skoczył na leżącego Szpica, idąc za śmiałym przykładem Bucka.
Buck, der nicht länger an Fairness gebunden war, beteiligte sich am Angriff auf Spitz.
Buck, nie kierując się już zasadami uczciwości, przyłączył się do strajku na Spitz.
François, amüsiert, aber dennoch diszipliniert, schwang seine schwere Peitsche.
François, rozbawiony, lecz stanowczy w dyscyplinie, zamachnął się ciężkim batem.

Er schlug Buck mit aller Kraft, um den Kampf zu beenden.
Uderzył Bucka z całej siły, aby przerwać walkę.
Buck weigerte sich, sich zu bewegen und blieb auf dem gefallenen Anführer sitzen.
Buck odmówił ruchu i pozostał na leżącym przywódcy.
Dann benutzte François den Griff der Peitsche und schlug Buck damit heftig.
Następnie François użył rękojeści bata i uderzył Bucka mocno.
Buck taumelte unter dem Schlag und fiel zurück.
Buck zatoczył się od ciosu i upadł pod naporem ataku.
François schlug immer wieder zu, während Spitz Pike bestrafte.
François uderzał raz po raz, podczas gdy Spitz karał Pike'a.

Die Tage vergingen und Dawson City kam immer näher.
Dni mijały, a Dawson City było coraz bliżej.
Buck mischte sich immer wieder ein und schlüpfte zwischen Spitz und andere Hunde.
Buck ciągle wtrącał się, wślizgując się między Spitz i inne psy.
Er wählte seine Momente gut und wartete immer darauf, dass François ging.
Dobrze wybierał momenty, zawsze czekając, aż François odejdzie.
Bucks stille Rebellion breitete sich aus und im Team breitete sich Unordnung aus.
Cichy bunt Bucka rozprzestrzenił się, a w drużynie zapanował nieporządek.
Dave und Solleks blieben loyal, andere jedoch wurden widerspenstig.
Dave i Solleks pozostali lojalni, ale inni stali się nieposłuszni.
Die Situation im Team wurde immer schlimmer – es wurde unruhig, streitsüchtig und geriet aus der Reihe.
W zespole działo się coraz gorzej — byli niespokojni, kłótliwi i wykraczali poza swoje granice.
Nichts lief mehr reibungslos und es kam immer wieder zu Streit.

Nic już nie działało tak, jak powinno, a walki stały się codziennością.

Buck blieb im Zentrum des Chaos und provozierte ständig Unruhe.

Buck pozostawał w centrum problemów i stale prowokował niepokoje.

François blieb wachsam, aus Angst vor dem Kampf zwischen Buck und Spitz.

François pozostał czujny, bojąc się walki między Buckiem i Spitzem.

Jede Nacht wurde er durch Rangeleien geweckt, aus Angst, dass es endlich losgehen würde.

Każdej nocy budziły go bójki, obawiał się, że w końcu nadszedł początek.

Er sprang aus seiner Robe, bereit, den Kampf zu beenden.

Zerwał się z szaty, gotowy przerwać walkę.

Aber der Moment kam nie und sie erreichten schließlich Dawson.

Ale ten moment nie nadszedł i w końcu dotarli do Dawson.

Das Team betrat die Stadt an einem trüben Nachmittag, angespannt und still.

Zespół wkroczył do miasta pewnego ponurego popołudnia, pełnego napięcia i ciszy.

Der große Kampf um die Führung hing noch immer in der eisigen Luft.

Wielka bitwa o przywództwo wciąż wisiała w mroźnym powietrzu.

Dawson war voller Männer und Schlittenhunde, die alle mit der Arbeit beschäftigt waren.

W Dawson było pełno mężczyzn i psów zaprzęgowych, wszyscy zajęci pracą.

Buck beobachtete die Hunde von morgens bis abends beim Lastenziehen.

Buck obserwował psy ciągnące ładunki od rana do wieczora.

Sie transportierten Baumstämme und Brennholz und lieferten Vorräte an die Minen.

Przewozili kłody i drewno opałowe, dostarczali zaopatrzenie do kopalni.
Wo früher im Süden Pferde arbeiteten, schufteten heute Hunde.
Tam, gdzie kiedyś na Południu pracowały konie, teraz pracowały psy.
Buck sah einige Hunde aus dem Süden, aber die meisten waren wolfsähnliche Huskys.
Buck widział kilka psów z Południa, ale większość z nich to były husky przypominające wilki.
Nachts erhoben die Hunde pünktlich zum ersten Mal ihre Stimmen zum Singen.
Nocą, jak w zegarku, psy podnosiły głosy, śpiewając.
Um neun, um Mitternacht und erneut um drei begann der Gesang.
O dziewiątej, o północy i ponownie o trzeciej rozpoczynało się śpiewanie.
Buck liebte es, in ihren unheimlichen Gesang einzustimmen, der wild und uralt klang.
Buck uwielbiał przyłączać się do ich niesamowitego śpiewu, dzikiego i pradawnego w brzmieniu.
Das Polarlicht flammte, die Sterne tanzten und das Land war mit Schnee bedeckt.
Zorza polarna płonęła, gwiazdy tańczyły, a ziemia pokryła się śniegiem.
Der Gesang der Hunde erhob sich als Aufschrei gegen die Stille und die bittere Kälte.
Pieśń psów była krzykiem przeciw ciszy i przenikliwemu zimnu.
Doch in jedem langen Ton ihres Heulens war Trauer und nicht Trotz zu hören.
Jednakże w ich wyciu każda długa nuta wyrażała smutek, a nie bunt.
Jeder Klageschrei war voller Flehen; die Last des Lebens selbst.
Każdy płaczliwy krzyk brzmiał w nim jak błaganie, ciężar samego życia.

Dieses Lied war alt – älter als Städte und älter als Feuer
Ta piosenka była stara – starsza niż miasta i starsza niż pożary
Dieses Lied war sogar älter als die Stimmen der Menschen.
Pieśń ta była starsza niż głosy ludzkie.
Es war ein Lied aus der jungen Welt, als alle Lieder traurig waren.
To była piosenka z młodości, kiedy wszystkie piosenki były smutne.
Das Lied trug den Kummer unzähliger Hundegenerationen in sich.
Piosenka ta wyrażała smutek niezliczonych pokoleń psów.
Buck spürte die Melodie tief und stöhnte vor jahrhundertealtem Schmerz.
Buck głęboko odczuł melodię, jęcząc z bólu zakorzenionego w wiekach.
Er schluchzte aus einem Kummer, der so alt war wie das wilde Blut in seinen Adern.
Płakał z żalu tak starego, jak krew krążąca w jego żyłach.
Die Kälte, die Dunkelheit und das Geheimnisvolle berührten Bucks Seele.
Zimno, mrok i tajemnica poruszyły duszę Bucka.
Dieses Lied bewies, wie weit Buck zu seinen Ursprüngen zurückgekehrt war.
Piosenka ta pokazała, jak daleko Buck powrócił do swoich korzeni.
Durch Schnee und Heulen hatte er den Anfang seines eigenen Lebens gefunden.
Poprzez śnieg i wycie odnalazł początek własnego życia.

Sieben Tage nach ihrer Ankunft in Dawson brachen sie erneut auf.
Siedem dni po przybyciu do Dawson wyruszyli ponownie.
Das Team verließ die Kaserne und fuhr hinunter zum Yukon Trail.
Zespół wyruszył z koszar w stronę szlaku Yukon.
Sie begannen die Rückreise nach Dyea und Salt Water.
Rozpoczęli podróż powrotną w kierunku Dyea i Salt Water.

Perrault überbrachte noch dringlichere Depeschen als zuvor.
Perrault wysyłał meldunki jeszcze pilniejsze niż wcześniej.
Auch ihn packte der Trail-Stolz, und er wollte einen Rekord aufstellen.
On również był przejęty dumą ze szlaku i miał zamiar pobić rekord.
Diesmal hatte Perrault mehrere Vorteile.
Tym razem Perrault miał kilka przewag.
Die Hunde hatten eine ganze Woche lang geruht und ihre Kräfte wiedererlangt.
Psy odpoczywały przez cały tydzień i odzyskały siły.
Die Spur, die sie gebahnt hatten, wurde nun von anderen festgestampft.
Szlak, który przetarli, został teraz utwardzony przez innych.
An manchen Stellen hatte die Polizei Futter für Hunde und Menschen gelagert.
W niektórych miejscach policja gromadziła żywność dla psów i mężczyzn.
Perrault reiste mit leichtem Gepäck und bewegte sich schnell, ohne dass ihn etwas belastete.
Perrault podróżował lekko, poruszał się szybko i nie obciążał się niczym.
Sie erreichten Sixty-Mile, eine Strecke von achtzig Kilometern, noch in der ersten Nacht.
Pierwszej nocy dotarli do Sixty-Mile, biegu na dystansie pięćdziesięciu mil.
Am zweiten Tag eilten sie den Yukon hinauf nach Pelly.
Drugiego dnia ruszyli w górę Jukonu w kierunku Pelly.
Doch dieser tolle Fortschritt war für François mit vielen Strapazen verbunden.
Ale takie duże postępy wiązały się dla François z dużym wysiłkiem.
Bucks stille Rebellion hatte die Disziplin des Teams zerstört.
Cichy bunt Bucka zniszczył dyscyplinę w drużynie.
Sie zogen nicht mehr wie ein Tier an den Zügeln.
Już nie trzymali się razem jak jedno zwierzę w lejcach.

Buck hatte durch sein mutiges Beispiel andere zum Trotz verleitet.
Buck swoim odważnym przykładem zmusił innych do buntu.
Spitz' Befehl stieß weder auf Furcht noch auf Respekt.
Rozkaz Spitza nie spotykał się już ze strachem ani szacunkiem.
Die anderen verloren ihre Ehrfurcht vor ihm und wagten es, sich seiner Herrschaft zu widersetzen.
Pozostali stracili dla niego szacunek i odważyli się sprzeciwić jego rządom.
Eines Nachts stahl Pike einen halben Fisch und aß ihn vor Bucks Augen.
Pewnej nocy Pike ukradł połowę ryby i zjadł ją na oczach Bucka.
In einer anderen Nacht kämpften Dub und Joe gegen Spitz und blieben ungestraft.
Pewnej nocy Dub i Joe walczyli ze Spitzem i pozostali bezkarni.
Sogar Billee jammerte weniger süß und zeigte eine neue Schärfe.
Nawet Billee jęczał mniej słodko i okazywał nową ostrość.
Buck knurrte Spitz jedes Mal an, wenn sich ihre Wege kreuzten.
Buck warczał na Spitza za każdym razem, gdy mijali się na swojej drodze.
Bucks Haltung wurde dreist und bedrohlich, fast wie die eines Tyrannen.
Postawa Bucka stała się śmiała i groźna, niemal jak u łobuza.
Mit stolzgeschwellter Brust und voller spöttischer Bedrohung schritt er vor Spitz auf und ab.
Kroczył przed Spitzem pewnym krokiem, pełnym szyderczej groźby.
Dieser Zusammenbruch der Ordnung breitete sich auch unter den Schlittenhunden aus.
Ten upadek porządku rozprzestrzenił się także wśród psów zaprzęgowych.

Sie stritten und stritten mehr denn je und erfüllten das Lager mit Lärm.
Kłócili się i kłócili bardziej niż kiedykolwiek, wypełniając obóz hałasem.
Das Lagerleben verwandelte sich jede Nacht in ein wildes, heulendes Chaos.
Życie obozowe przeradzało się każdej nocy w dziki, wyjący chaos.
Nur Dave und Solleks blieben ruhig und konzentriert.
Tylko Dave i Solleks pozostali opanowani i skoncentrowani.
Doch selbst sie wurden durch die ständigen Schlägereien ungehalten.
Ale nawet oni stali się nerwowi z powodu ciągłych bójek.
François fluchte in fremden Sprachen und stampfte frustriert auf.
François przeklinał w dziwnych językach i tupał z frustracji.
Er riss sich die Haare aus und schrie, während der Schnee unter seinen Füßen wirbelte.
Rwał się za włosy i krzyczał, podczas gdy pod nogami fruwał śnieg.
Seine Peitsche knallte über das Rudel, konnte es aber kaum in Schach halten.
Jego bat przecinał sforę, ale ledwo utrzymywał ją w ryzach.
Immer wenn er sich umdrehte, brachen die Kämpfe erneut aus.
Za każdym razem, gdy odwracał się, bójka wybuchała na nowo.
François setzte die Peitsche für Spitz ein, während Buck die Rebellen anführte.
François użył bata wobec Spitza, podczas gdy Buck poprowadził rebeliantów.
Jeder kannte die Rolle des anderen, aber Buck vermied jegliche Schuldzuweisungen.
Każdy z nich znał rolę drugiego, ale Buck unikał obarczania się winą.
François hat Buck nie dabei erwischt, wie er eine Schlägerei anfing oder sich vor seiner Arbeit drückte.

François nigdy nie przyłapał Bucka na wszczynaniu bójek lub uchylaniu się od pracy.
Buck arbeitete hart im Geschirr – die Mühe erfüllte ihn jetzt mit Begeisterung.
Buck ciężko pracował — teraz trud ten napełniał jego ducha radością.
Doch noch mehr Freude bereitete ihm das Anzetteln von Kämpfen und Chaos im Lager.
Ale jeszcze większą radość odnajdywał w wywoływaniu bójek i sianiu chaosu w obozie.

Eines Abends schreckte Dub an der Mündung des Tahkeena ein Kaninchen auf.
Pewnego wieczoru, będąc u ujścia Tahkeeny, Dub wystraszył królika.
Er verpasste den Fang und das Schneeschuhkaninchen sprang davon.
Nie udało mu się złapać królika, a ten odskoczył.
Innerhalb von Sekunden nahm das gesamte Schlittenteam unter wildem Geschrei die Verfolgung auf.
W ciągu kilku sekund cały zespół zaprzęgów rzucił się w pogoń, wydając dzikie okrzyki.
In der Nähe beherbergte ein Lager der Northwest Police fünfzig Huskys.
Niedaleko znajdował się obóz policji Northwest, w którym stacjonowało pięćdziesiąt psów rasy husky.
Sie schlossen sich der Jagd an und stürmten gemeinsam den zugefrorenen Fluss hinunter.
Dołączyli do polowania, wspólnie spływając w dół zamarzniętej rzeki.
Das Kaninchen verließ den Fluss und floh in ein gefrorenes Bachbett.
Królik uciekł z rzeki i pobiegł w górę zamarzniętego koryta potoku.
Das Kaninchen hüpfte leichtfüßig über den Schnee, während die Hunde sich durchkämpften.

Królik lekko przeskakiwał po śniegu, podczas gdy psy z trudem przedzierały się przez niego.
Buck führte das riesige Rudel von sechzig Hunden um jede Kurve.
Buck prowadził ogromną sforę składającą się z sześćdziesięciu psów po każdym zakręcie.
Er drängte tief und eifrig vorwärts, konnte jedoch keinen Boden gutmachen.
Parł naprzód, nisko i chętnie, lecz nie mógł zyskać przewagi.
Bei jedem kraftvollen Sprung blitzte sein Körper im blassen Mondlicht auf.
Jego ciało migotało w blasku bladego księżyca przy każdym potężnym skoku.
Vor uns bewegte sich das Kaninchen wie ein Geist, lautlos und zu schnell, um es einzufangen.
Królik poruszał się przed nami jak duch, bezgłośnie i zbyt szybko, by go złapać.
All diese alten Instinkte – der Hunger, der Nervenkitzel – durchströmten Buck.
Wszystkie te stare instynkty – głód i dreszczyk emocji – ogarnęły Bucka.
Manchmal verspüren Menschen diesen Instinkt und werden dazu getrieben, mit Gewehr und Kugel zu jagen.
Ludzie czasami odczuwają ten instynkt, zmuszając się do polowania z bronią i kulami.
Aber Buck empfand dieses Gefühl auf einer tieferen und persönlicheren Ebene.
Ale Buck odczuwał to uczucie na głębszym i bardziej osobistym poziomie.
Sie konnten die Wildnis nicht in ihrem Blut spüren, so wie Buck sie spüren konnte.
Nie czuli dzikości we krwi w taki sposób, w jaki czuł ją Buck.
Er jagte lebendes Fleisch, bereit, mit seinen Zähnen zu töten und Blut zu schmecken.
Gonił za żywym mięsem, gotowy zabić zębami i poczuć smak krwi.

Sein Körper spannte sich vor Freude, er wollte in warmem, rotem Leben baden.
Jego ciało napinało się z radości, pragnąc wykąpać się w ciepłym, czerwonym życiu.

Eine seltsame Freude markiert den höchsten Punkt, den das Leben jemals erreichen kann.
Dziwna radość oznacza najwyższy punkt, jaki życie może osiągnąć.

Das Gefühl eines Gipfels, bei dem die Lebenden vergessen, dass sie überhaupt am Leben sind.
Uczucie szczytu, w którym żywi zapominają, że w ogóle żyją.

Diese tiefe Freude berührt den Künstler, der sich in glühender Inspiration verliert.
Ta głęboka radość dotyka artystę, który gubi się w płonącym natchnieniu.

Diese Freude ergreift den Soldaten, der wild kämpft und keinen Feind verschont.
Ta radość ogarnia żołnierza, który walczy zaciekle i nie oszczędza żadnego wroga.

Diese Freude erfasste nun Buck, der das Rudel mit seinem Urhunger anführte.
Ta radość ogarnęła teraz Bucka, który przewodził stadu w pierwotnym głodzie.

Er heulte mit dem uralten Wolfsschrei, aufgeregt durch die lebendige Jagd.
Wył starożytnym wilczym głosem, podekscytowany żywą pogonią.

Buck hat den ältesten Teil seiner selbst angezapft, der in der Wildnis verloren war.
Buck dotarł do najstarszej części swojej istoty, zagubionej na wolności.

Er griff tief in sein Inneres, in die Vergangenheit, in die raue, uralte Zeit.
Sięgnął głęboko w głąb przeszłości, do przeszłości pamięci, do surowego, starożytnego czasu.

Eine Welle puren Lebens durchströmte jeden Muskel und jede Sehne.

Fala czystego życia przepłynęła przez każdy mięsień i ścięgno.
Jeder Sprung schrie, dass er lebte, dass er durch den Tod ging.
Każdy jego skok dawał znać, że żyje, że przeszedł przez śmierć.
Sein Körper schwebte freudig über stilles, kaltes Land, das sich nie regte.
Jego ciało radośnie szybowało nad nieruchomą, zimną ziemią, która się nie poruszała.
Spitz blieb selbst in seinen wildesten Momenten kalt und listig.
Spitz pozostał zimny i przebiegły nawet w najbardziej szalonych momentach.
Er verließ den Pfad und überquerte das Land, wo der Bach eine weite Biegung machte.
Opuścił szlak i przeszedł przez ląd, w miejscu, gdzie strumień zakręcał szeroko.
Buck, der davon nichts wusste, blieb auf dem gewundenen Pfad des Kaninchens.
Buck, nieświadomy tego, pozostał na krętej ścieżce królika.
Dann, als Buck um eine Kurve bog, stand das geisterhafte Kaninchen vor ihm.
Gdy Buck minął zakręt, zobaczył przed sobą ducha królika.
Er sah, wie eine zweite Gestalt vor der Beute vom Ufer sprang.
Zobaczył drugą postać wyskakującą z brzegu przed ofiarą.
Bei der Gestalt handelte es sich um Spitz, der direkt auf dem Weg des fliehenden Kaninchens landete.
Ta postać to Spitz, który wylądował dokładnie na drodze uciekającego królika.
Das Kaninchen konnte sich nicht umdrehen und traf mitten in der Luft auf Spitz' Kiefer.
Królik nie mógł się odwrócić i w locie spotkał szczęki Spitz'a.
Das Rückgrat des Kaninchens brach mit einem Schrei, der so scharf war wie der Schrei eines sterbenden Menschen.
Kręgosłup królika złamał się z krzykiem tak ostrym, jak krzyk umierającego człowieka.

Bei diesem Geräusch – dem Sturz vom Leben in den Tod – heulte das Rudel laut auf.
Na ten dźwięk – upadek z życia na śmierć – stado zawyło głośno.
Hinter Buck erhob sich ein wilder Chor voller dunkler Freude.
Za Buckiem rozległ się dziki chóralny okrzyk, pełen mrocznej radości.
Buck gab keinen Schrei von sich, keinen Laut, und stürmte direkt auf Spitz zu.
Buck nie krzyknął, nie wydał żadnego dźwięku i rzucił się prosto na Spitza.
Er zielte auf die Kehle, traf aber stattdessen die Schulter.
Celował w gardło, ale trafił w ramię.
Sie stürzten durch den weichen Schnee, ihre Körper waren in einen Kampf verstrickt.
Przetaczali się przez miękki śnieg; ich ciała zwarte były w walce.
Spitz sprang schnell auf, als wäre er nie niedergeschlagen worden.
Spitz podskoczył błyskawicznie, jakby w ogóle nie został powalony.
Er schlug auf Bucks Schulter und sprang dann aus dem Kampf.
Rozciął ramię Bucka, po czym odskoczył od walczącego.
Zweimal schnappten seine Zähne wie Stahlfallen, seine Lippen waren grimmig gekräuselt.
Dwa razy jego zęby trzasnęły niczym stalowe pułapki, usta wykrzywiły się i zacięły.
Er wich langsam zurück und suchte festen Boden unter seinen Füßen.
Powoli się wycofał, szukając pewnego gruntu pod nogami.
Buck verstand den Moment sofort und vollkommen.
Buck natychmiast i w pełni zrozumiał moment.
Die Zeit war gekommen; der Kampf würde ein Kampf auf Leben und Tod werden.
Nadszedł czas. Walka miała być walką na śmierć i życie.

Die beiden Hunde umkreisten knurrend den Raum, legten die Ohren an und kniffen die Augen zusammen.
Dwa psy krążyły, warcząc, z położonymi po sobie uszami i przymrużonymi oczami.
Jeder Hund wartete darauf, dass der andere Schwäche zeigte oder einen Fehltritt machte.
Każdy pies czekał, aż drugi okaże słabość lub popełni błąd.
Buck hatte ein unheimliches Gefühl, die Szene zu kennen und tief in Erinnerung zu behalten.
Dla Bucka scena ta wydała się dziwnie znajoma i głęboko zapamiętana.
Die weißen Wälder, die kalte Erde, die Schlacht im Mondlicht.
Białe lasy, zimna ziemia, bitwa w blasku księżyca.
Eine schwere Stille erfüllte das Land, tief und unnatürlich.
Ciężka cisza wypełniła ziemię, głęboka i nienaturalna.
Kein Wind regte sich, kein Blatt bewegte sich, kein Geräusch unterbrach die Stille.
Żaden wiatr nie poruszył się, żaden liść nie poruszył się, żaden dźwięk nie zakłócił ciszy.
Der Atem der Hunde stieg wie Rauch in die eiskalte, stille Luft.
Oddechy psów unosiły się niczym dym w mroźnym, cichym powietrzu.
Das Kaninchen war von der Meute der wilden Tiere längst vergessen.
Stado dzikich zwierząt dawno zapomniało o króliku.
Diese halb gezähmten Wölfe standen nun still in einem weiten Kreis.
Te na wpół oswojone wilki stały teraz nieruchomo w szerokim kręgu.
Sie waren still, nur ihre leuchtenden Augen verrieten ihren Hunger.
Byli cicho, tylko ich świecące oczy zdradzały ich głód.
Ihr Atem stieg auf, als sie den Beginn des Endkampfes beobachteten.

Ich oddech unosił się w górę, gdy obserwowali początek ostatecznej walki.

Für Buck war dieser Kampf alt und erwartet, überhaupt nicht ungewöhnlich.

Dla Bucka ta bitwa była czymś starym i oczekiwanym, wcale nie dziwnym.

Es fühlte sich an wie die Erinnerung an etwas, das schon immer passieren sollte.

Miałem wrażenie, że to wspomnienie czegoś, co zawsze miało się wydarzyć.

Spitz war ein ausgebildeter Kampfhund, gestählt durch zahllose wilde Schlägereien.

Spitz był wyszkolonym psem bojowym, wyćwiczonym w niezliczonych dzikich bójkach.

Von Spitzbergen bis Kanada hatte er viele Feinde besiegt.

Od Spitsbergenu po Kanadę pokonał wielu wrogów.

Er war voller Wut, ließ seiner Wut jedoch nie freien Lauf.

Był pełen wściekłości, lecz nigdy nie potrafił nad nią zapanować.

Seine Leidenschaft war scharf, aber immer durch einen harten Instinkt gemildert.

Jego namiętność była wielka, ale zawsze łagodzona twardym instynktem.

Er griff nie an, bis seine eigene Verteidigung stand.

Nigdy nie atakował, dopóki nie był gotowy do obrony.

Buck versuchte immer wieder, Spitz' verwundbaren Hals zu erreichen.

Buck wielokrotnie próbował dosięgnąć wrażliwej szyi Spitza.

Doch jeder Schlag wurde von Spitz' scharfen Zähnen mit einem Hieb beantwortet.

Jednak każdy cios spotykał się z cięciem ostrych zębów Spitza.

Ihre Reißzähne prallten aufeinander und beide Hunde bluteten aus den aufgerissenen Lippen.

Ich kły zderzyły się, a oba psy krwawiły z rozciętych warg.

Egal, wie sehr Buck sich auch wehrte, er konnte die Verteidigung nicht durchbrechen.

Bez względu na to, jak bardzo Buck się rzucił, nie był w stanie przełamać obrony.

Er wurde immer wütender und stürmte mit wilden Kraftausbrüchen hinein.

Wpadał w coraz większą wściekłość, rzucił się na niego z dzikimi wybuchami mocy.

Immer wieder schlug Buck nach der weißen Kehle von Spitz.

Buck raz po raz atakował białe gardło Spitza.

Jedes Mal wich Spitz aus und schlug mit einem schneidenden Biss zurück.

Za każdym razem Spitz unikał ciosów i odpowiadał tnącym ugryzieniem.

Dann änderte Buck seine Taktik und stürzte sich erneut darauf, als wolle er ihm die Kehle zu Leibe rücken.

Wtedy Buck zmienił taktykę, znów rzucając się do gardła.

Doch er zog sich mitten im Angriff zurück und drehte sich um, um von der Seite zuzuschlagen.

Jednak w połowie ataku cofnął się i wykonał ruch, by uderzyć z boku.

Er warf Spitz seine Schulter entgegen, um ihn niederzuschlagen.

Uderzył Spitz'a ramieniem, chcąc go powalić.

Bei jedem Versuch wich Spitz aus und konterte mit einem Hieb.

Za każdym razem gdy próbował, Spitz unikał ciosów i odpowiadał cięciem.

Bucks Schulter wurde wund, als Spitz nach jedem Schlag davonsprang.

Ramię Bucka stawało się coraz bardziej obolałe, gdy Spitz wyskakiwał po każdym ciosie.

Spitz war nicht berührt worden, während Buck aus vielen Wunden blutete.

Spitz nie został tknięty, natomiast Buck krwawił z wielu ran.

Bucks Atem ging schnell und schwer, sein Körper war blutverschmiert.

Oddech Bucka stał się szybki i ciężki, jego ciało było śliskie od krwi.
Mit jedem Biss und Angriff wurde der Kampf brutaler.
Walka stawała się coraz brutalniejsza z każdym ugryzieniem i szarżą.
Um sie herum warteten sechzig stille Hunde darauf, dass der erste fiel.
Wokół nich sześćdziesiąt milczących psów czekało, aż pierwszy padnie.
Wenn ein Hund zu Boden ging, würde das Rudel den Kampf beenden.
Gdyby jeden pies odpadł, cała wataha zakończyłaby walkę.
Spitz sah, dass Buck schwächer wurde, und begann, den Angriff voranzutreiben.
Spitz zauważył, że Buck słabnie i zaczął kontynuować atak.
Er brachte Buck aus dem Gleichgewicht und zwang ihn, um Halt zu kämpfen.
Zmusił Bucka do utraty równowagi, zmuszając go do walki o utrzymanie równowagi.
Einmal stolperte Buck und fiel, und alle Hunde standen auf.
Pewnego razu Buck potknął się i upadł, a wszystkie psy natychmiast się podniosły.
Doch Buck richtete sich mitten im Fall auf und alle sanken wieder zu Boden.
Jednak Buck odzyskał równowagę w połowie upadku i wszyscy opadli z powrotem na ziemię.
Buck hatte etwas Seltenes – eine Vorstellungskraft, die aus tiefem Instinkt geboren war.
Buck miał coś rzadkiego — wyobraźnię zrodzoną z głębokiego instynktu.
Er kämpfte mit natürlichem Antrieb, aber auch mit List.
Walczył kierując się naturalnym popędem, ale potrafił też walczyć przebiegle.
Er griff erneut an, als würde er seinen Schulterangriffstrick wiederholen.
Ponownie rzucił się do ataku, jakby powtarzając sztuczkę z atakiem ramieniem.

Doch in der letzten Sekunde ließ er sich fallen und flog unter Spitz hindurch.
Jednak w ostatniej chwili zanurkował nisko i przeleciał pod Spitzem.
Seine Zähne schnappten um Spitz' linkes Vorderbein.
Jego zęby zacisnęły się na przedniej lewej nodze Spitz'a z trzaskiem.
Spitz stand nun unsicher da, sein Gewicht ruhte nur noch auf drei Beinen.
Spitz stał teraz niepewnie, opierając ciężar ciała jedynie na trzech nogach.
Buck schlug erneut zu und versuchte dreimal, ihn zu Fall zu bringen.
Buck zaatakował ponownie, trzykrotnie próbował go powalić.
Beim vierten Versuch nutzte er denselben Zug mit Erfolg
Za czwartym razem zastosował ten sam ruch i odniósł sukces
Diesmal gelang es Buck, Spitz in das rechte Bein zu beißen.
Tym razem Buckowi udało się ugryźć prawą nogę Spitz'a.
Obwohl Spitz verkrüppelt war und große Schmerzen litt, kämpfte er weiter ums Überleben.
Spitz, mimo że był kaleki i cierpiał, nadal walczył o przetrwanie.
Er sah, wie der Kreis der Huskys enger wurde, die Zungen herausstreckten und deren Augen leuchteten.
Widział, jak krąg husky zacieśnia się, wysuwa języki i świeci oczami.
Sie warteten darauf, ihn zu verschlingen, so wie sie es mit anderen getan hatten.
Czekali tylko, żeby go pożreć, tak jak robili to z innymi.
Dieses Mal stand er im Mittelpunkt: besiegt und verdammt.
Tym razem stanął w centrum; pokonany i skazany na zagładę.
Für den weißen Hund gab es jetzt keine Möglichkeit mehr zu entkommen.
Biały pies nie miał już możliwości ucieczki.
Buck kannte keine Gnade, denn Gnade hatte in der Wildnis nichts zu suchen.

Buck nie okazywał litości, gdyż na wolności litość nie była czymś powszechnym.

Buck bewegte sich vorsichtig und bereitete sich auf den letzten Angriff vor.

Buck poruszał się ostrożnie, przygotowując się do ostatecznego ataku.

Der Kreis der Huskys schloss sich, er spürte ihren warmen Atem.

Krąg husky'ego zamknął się; poczuł ich ciepły oddech.

Sie duckten sich und waren bereit, im richtigen Moment zu springen.

Przycupnęli nisko, gotowi do skoku, gdy nadejdzie odpowiedni moment.

Spitz zitterte im Schnee, knurrte und veränderte seine Haltung.

Spitz zadrżał na śniegu, warcząc i zmieniając pozycję.

Seine Augen funkelten, seine Lippen waren gekräuselt und seine Zähne blitzten in verzweifelter Drohung.

Jego oczy błyszczały, usta się wykrzywiały, a zęby błyskały w desperackim geście groźby.

Er taumelte und versuchte immer noch, dem kalten Biss des Todes standzuhalten.

Zatoczył się, wciąż próbując odeprzeć zimne ukąszenie śmierci.

Er hatte das schon früher erlebt, aber immer von der Gewinnerseite.

Widział to już wcześniej, ale zawsze z perspektywy zwycięskiej strony.

Jetzt war er auf der Verliererseite, der Besiegte, die Beute, der Tod.

Teraz był po przegranej stronie; pokonany; zdobycz; śmierć.

Buck umkreiste ihn für den letzten Schlag, der Hundekreis rückte näher.

Buck krążył, czekając na ostateczny cios, a krąg psów zaciskał się coraz bardziej.

Er konnte ihren heißen Atem spüren; bereit zum Töten.

Czuł ich gorące oddechy; gotowi do zabicia.

Stille breitete sich aus; alles war an seinem Platz; die Zeit war stehen geblieben.
Zapadła cisza, wszystko było na swoim miejscu, czas się zatrzymał.
Sogar die kalte Luft zwischen ihnen gefror für einen letzten Moment.
Nawet zimne powietrze między nimi zamarzło na jedną, ostatnią chwilę.
Nur Spitz bewegte sich und versuchte, sein bitteres Ende abzuwenden.
Tylko Spitz się poruszył, próbując uniknąć gorzkiego końca.
Der Kreis der Hunde schloss sich um ihn, und das war sein Schicksal.
Krąg psów zaciskał się wokół niego, tak jak zamykało się jego przeznaczenie.
Er war jetzt verzweifelt, da er wusste, was passieren würde.
Teraz był zdesperowany, wiedząc, co się wydarzy.
Buck sprang hinein, Schulter an Schulter traf ein letztes Mal.
Buck skoczył do przodu i po raz ostatni zderzył się ramieniem.
Die Hunde drängten vorwärts und deckten Spitz in der verschneiten Dunkelheit.
Psy rzuciły się do przodu, osłaniając Spitz w śnieżnej ciemności.
Buck sah zu, aufrecht stehend; der Sieger in einer wilden Welt.
Buck obserwował, stojąc wysoko; zwycięzca w dzikim świecie.
Das dominante Urtier hatte seine Beute gemacht, und es war gut.
Dominująca pierwotna bestia dokonała swego zabójstwa i było to dobre.

Wer die Meisterschaft erlangt hat
Ten, który osiągnął mistrzostwo

„Wie? Was habe ich gesagt? Ich sage die Wahrheit, wenn ich sage, dass Buck ein Teufel ist."
„Eh? Co powiedziałem? Mówię prawdę, kiedy mówię, że Buck jest diabłem."
François sagte dies am nächsten Morgen, nachdem er festgestellt hatte, dass Spitz verschwunden war.
François powiedział to następnego ranka po odkryciu zaginięcia Spitza.
Buck stand da, übersät mit Wunden aus dem erbitterten Kampf.
Buck stał tam, pokryty ranami odniesionymi w okrutnej walce.
François zog Buck zum Feuer und zeigte auf die Verletzungen.
François pociągnął Bucka w stronę ognia i wskazał na obrażenia.
„Dieser Spitz hat gekämpft wie der Devik", sagte Perrault und beäugte die tiefen Schnittwunden.
„Ten Spitz walczył jak Devik" – powiedział Perrault, przyglądając się głębokim ranom.
„Und dieser Buck hat wie zwei Teufel gekämpft", antwortete François sofort.
„A ten Buck walczył jak dwa diabły" – odpowiedział natychmiast François.
„Jetzt kommen wir gut voran; kein Spitz mehr, kein Ärger mehr."
„Teraz będziemy mieć dobry czas; nie będzie już Spitzów, nie będzie kłopotów."
Perrault packte die Ausrüstung und belud den Schlitten sorgfältig.
Perrault spakował sprzęt i starannie załadował sanie.
François spannte die Hunde für den Lauf des Tages an.
François zaprzęgał psy, przygotowując je do biegu.

Buck trabte direkt an die Führungsposition, die einst Spitz innehatte.
Buck pobiegł prosto na pozycję prowadzącą, którą wcześniej zajmował Spitz.
Doch François bemerkte es nicht und führte Solleks nach vorne.
Ale François, nie zauważając tego, poprowadził Solleksa na przód.
Nach François' Einschätzung war Solleks nun der beste Leithund.
Zdaniem François, Solleks był teraz najlepszym psem prowadzącym.
Buck stürzte sich wütend auf Solleks und trieb ihn aus Protest zurück.
Buck rzucił się na Solleksa ze złości i na znak protestu odepchnął go.
Er stand dort, wo einst Spitz gestanden hatte, und beanspruchte die Führungsposition.
Stał tam, gdzie kiedyś stał Spitz, i domagał się pozycji lidera.
„Wie? Wie?", rief François und schlug sich amüsiert auf die Schenkel.
„Co? Co?" krzyknął François, uderzając się z rozbawieniem w uda.
„Sehen Sie sich Buck an – er hat Spitz umgebracht und jetzt will er ihm den Job wegnehmen!"
„Spójrz na Bucka – zabił Spitza, teraz chce wziąć na siebie tę robotę!"
„Geh weg, Chook!", schrie er und versuchte, Buck zu vertreiben.
„Odejdź, Chook!" – krzyknął, próbując odgonić Bucka.
Aber Buck weigerte sich, sich zu bewegen und blieb fest im Schnee stehen.
Jednak Buck nie chciał się ruszyć i stał twardo na śniegu.
François packte Buck am Genick und zog ihn beiseite.
François złapał Bucka za kark i odciągnął go na bok.
Buck knurrte leise und drohend, griff aber nicht an.
Buck warknął nisko i groźnie, ale nie zaatakował.

François brachte Solleks wieder in Führung und versuchte, den Streit zu schlichten
François ponownie dał Solleksowi prowadzenie, próbując rozstrzygnąć spór
Der alte Hund zeigte Angst vor Buck und wollte nicht bleiben.
Stary pies bał się Bucka i nie chciał zostać.
Als François ihm den Rücken zuwandte, verjagte Buck Solleks wieder.
Kiedy François odwrócił się, Buck ponownie wyrzucił Solleksa.
Solleks leistete keinen Widerstand und trat erneut leise zur Seite.
Solleks nie stawiał oporu i po raz kolejny cicho odsunął się na bok.
François wurde wütend und schrie: „Bei Gott, ich werde dich heilen!"
François wpadł w złość i krzyknął: „Na Boga, już cię naprawiłem!"
Er kam mit einer schweren Keule in der Hand auf Buck zu.
Podszedł do Bucka trzymając w ręku ciężki kij.
Buck erinnerte sich gut an den Mann im roten Pullover.
Buck dobrze pamiętał mężczyznę w czerwonym swetrze.
Er zog sich langsam zurück, beobachtete François, knurrte jedoch tief.
Wycofał się powoli, patrząc na François i warcząc głośno.
Er eilte nicht zurück, auch nicht, als Solleks an seiner Stelle stand.
Nie spieszył się z powrotem, nawet gdy Solleks stanął na jego miejscu.
Buck kreiste knapp außerhalb seiner Reichweite und knurrte wütend und protestierend.
Buck krążył tuż poza zasięgiem, warcząc z wściekłości i protestu.
Er behielt den Schläger im Auge und war bereit auszuweichen, falls François warf.

Nie spuszczał wzroku z kija, gotowy uchylić się od niego, gdyby François rzucił.

Er war weise und vorsichtig geworden im Umgang mit bewaffneten Männern.

Stał się mądry i ostrożny w postępowaniu ludzi z bronią.

François gab auf und rief Buck erneut an seinen alten Platz.

François się poddał i ponownie zaprosił Bucka do jego dawnego miejsca.

Aber Buck trat vorsichtig zurück und weigerte sich, dem Befehl Folge zu leisten.

Jednak Buck ostrożnie się cofnął i odmówił wykonania rozkazu.

François folgte ihm, aber Buck wich nur ein paar Schritte zurück.

François poszedł za nim, ale Buck cofnął się tylko o kilka kroków.

Nach einiger Zeit warf François frustriert die Waffe hin.

Po chwili François ze złości rzucił broń.

Er dachte, Buck hätte Angst vor einer Tracht Prügel und würde ruhig kommen.

Myślał, że Buck boi się bicia i przyjdzie cicho.

Aber Buck wollte sich nicht vor einer Strafe drücken – er kämpfte um seinen Rang.

Ale Buck nie unikał kary – walczył o rangę.

Er hatte sich den Platz als Leithund durch einen Kampf auf Leben und Tod verdient

Zdobył pozycję psa prowadzącego dzięki walce na śmierć i życie

er würde sich mit nichts Geringerem zufrieden geben, als der Anführer zu sein.

nie zamierzał zadowolić się niczym innym niż rolą przywódcy.

Perrault beteiligte sich an der Verfolgung, um den rebellischen Buck zu fangen.

Perrault wziął udział w pościgu, aby pomóc złapać zbuntowanego Bucka.

Gemeinsam ließen sie ihn fast eine Stunde lang durch das Lager laufen.
Razem oprowadzali go po obozie przez prawie godzinę.
Sie warfen Knüppel nach ihm, aber Buck wich jedem Schlag geschickt aus.
Rzucali w niego pałkami, ale Buck zręcznie unikał ciosów.
Sie verfluchten ihn, seine Vorfahren, seine Nachkommen und jedes Haar an ihm.
Przeklinali jego, jego przodków, jego potomków i każdy jego włos.
Aber Buck knurrte nur zurück und blieb gerade außerhalb ihrer Reichweite.
Ale Buck tylko warknął w odpowiedzi i pozostał poza ich zasięgiem.
Er versuchte nie wegzulaufen, sondern umkreiste das Lager absichtlich.
Nigdy nie próbował uciekać, ale celowo krążył wokół obozu.
Er machte klar, dass er gehorchen würde, sobald sie ihm gäben, was er wollte.
Dał jasno do zrozumienia, że posłucha, gdy tylko dadzą mu to, czego chce.
Schließlich setzte sich François hin und kratzte sich frustriert am Kopf.
François w końcu usiadł i z frustracją podrapał się po głowie.
Perrault sah auf seine Uhr, fluchte und murmelte etwas über die verlorene Zeit.
Perrault spojrzał na zegarek, zaklął i mruknął coś o utraconym czasie.
Obwohl sie eigentlich auf der Spur sein sollten, war bereits eine Stunde vergangen.
Minęła już godzina, a powinni już być na szlaku.
François zuckte verlegen mit den Achseln, als der Kurier resigniert seufzte.
François zawstydzony wzruszył ramionami i spojrzał na kuriera, który westchnął z rezygnacją.
Dann ging François zu Solleks und rief Buck noch einmal.

Następnie François podszedł do Solleksa i ponownie zawołał Bucka.
Buck lachte wie ein Hund, wahrte jedoch vorsichtig seine Distanz.
Buck śmiał się jak pies, lecz zachował ostrożny dystans.
François nahm Solleks das Geschirr ab und brachte ihn an seinen Platz zurück.
François zdjął uprząż Solleksowi i odprowadził go na jego miejsce.
Das Schlittenteam stand voll angespannt da, nur ein Platz war unbesetzt.
Zespół saneczkowy był w pełni wyposażony, a tylko jedno miejsce było wolne.
Die Führungsposition blieb leer und war eindeutig nur für Buck bestimmt.
Pozycja lidera pozostała pusta, najwyraźniej przeznaczona tylko dla Bucka.
François rief erneut, und wieder lachte Buck und blieb standhaft.
François zawołał ponownie i Buck znów się roześmiał i pozostał na swoim miejscu.
„Wirf die Keule weg", befahl Perrault ohne zu zögern.
„Rzuć maczugę" – rozkazał Perrault bez wahania.
François gehorchte und Buck trabte sofort stolz vorwärts.
François posłuchał, a Buck natychmiast dumnie ruszył naprzód.
Er lachte triumphierend und übernahm die Führungsposition.
Roześmiał się triumfalnie i wysunął się na prowadzenie.
François befestigte seine Leinen und der Schlitten wurde losgerissen.
François zabezpieczył swoje liny i sanie uwolniły się.
Beide Männer liefen neben dem Team her, als es auf den Flusspfad rannte.
Obaj mężczyźni biegli obok drużyny wbiegającej na szlak wzdłuż rzeki.
François hatte Bucks „zwei Teufel" sehr geschätzt,

François miał wysokie mniemanie o „dwóch diabłach" Bucka,
**aber er merkte bald, dass er den Hund tatsächlich
unterschätzt hatte.**
ale wkrótce zdał sobie sprawę, że tak naprawdę niedocenił
psa.
**Buck übernahm schnell die Führung und erbrachte
hervorragende Leistungen.**
Buck szybko objął przywództwo i wykazał się doskonałością.
**In puncto Urteilsvermögen, schnelles Denken und schnelles
Handeln übertraf Buck Spitz.**
Jeśli chodzi o ocenę sytuacji, szybkie myślenie i szybkie
działanie, Buck przewyższył Spitza.
**François hatte noch nie einen Hund gesehen, der dem von
Buck gleichkam.**
François nigdy nie widział psa o wyglądzie podobnym do
tego, jaki prezentował teraz Buck.
**Aber Buck war wirklich herausragend darin, für Ordnung
zu sorgen und Respekt zu erlangen.**
Ale Buck naprawdę potrafił zaprowadzać porządek i budzić
szacunek.
**Dave und Solleks akzeptierten die Änderung ohne
Bedenken oder Protest.**
Dave i Solleks zaakceptowali zmianę bez obaw czy protestów.
**Sie konzentrierten sich nur auf die Arbeit und zogen kräftig
die Zügel an.**
Skupiali się tylko na pracy i mocnym pociąganiu za lejce.
**Es war ihnen egal, wer führte, solange der Schlitten in
Bewegung blieb.**
Nie miało dla nich znaczenia, kto prowadzi, dopóki sanie
poruszały się.
**Billee, der Fröhliche, hätte, soweit es sie interessierte, die
Führung übernehmen können.**
Billee, ta pogodna, mogłaby przewodzić, jeśli o to im chodziło.
**Was ihnen wichtig war, waren Frieden und Ordnung in den
Reihen.**
Dla nich liczył się spokój i porządek w szeregach.

Der Rest des Teams war während Spitz' Niedergang unbändig geworden.
Reszta zespołu stała się niepokorna, gdy Spitz podupadł na zdrowiu.
Sie waren schockiert, als Buck sie sofort zur Ordnung rief.
Byli zszokowani, gdy Buck natychmiast przywrócił im porządek.
Pike war immer faul gewesen und hatte Buck hinterhergehangen.
Pike zawsze był leniwy i ociągał się z Buckiem.
Doch nun wurde er von der neuen Führung scharf diszipliniert.
Ale teraz nowe kierownictwo zastosowało wobec niego surową dyscyplinę.
Und er lernte schnell, seinen Teil zum Team beizutragen.
Szybko nauczył się być ważnym graczem w drużynie.
Am Ende des Tages hatte Pike härter gearbeitet als je zuvor.
Pod koniec dnia Pike pracował ciężej niż kiedykolwiek wcześniej.
In dieser Nacht im Lager wurde Joe, der mürrische Hund, endlich beruhigt.
Tej nocy w obozie Joe, ponury pies, został w końcu uspokojony.
Spitz hatte es nicht geschafft, ihn zu disziplinieren, aber Buck versagte nicht.
Spitz nie zdołał go zdyscyplinować, ale Buck nie zawiódł.
Durch die Nutzung seines größeren Gewichts überwältigte Buck Joe in Sekundenschnelle.
Wykorzystując swoją większą wagę, Buck w ciągu kilku sekund przytłoczył Joego.
Er biss und schlug Joe, bis dieser wimmerte und aufhörte, sich zu wehren.
Gryzł i bił Joego, aż ten zaskomlał i przestał się opierać.
Von diesem Moment an verbesserte sich das gesamte Team.
Od tego momentu cały zespół zrobił krok naprzód.
Die Hunde erlangten ihre alte Einheit und Disziplin zurück.
Psy odzyskały dawną jedność i dyscyplinę.

In Rink Rapids kamen zwei neue einheimische Huskies hinzu, Teek und Koona.
W Rink Rapids dołączyły do nich dwa nowe rodzime husky – Teek i Koona.
Bucks schnelle Ausbildung erstaunte sogar François.
Szybkie wyszkolenie Bucka w tej dziedzinie zaskoczyło nawet François.
„So einen Hund wie diesen Buck hat es noch nie gegeben!", rief er erstaunt.
„Nigdy nie było takiego psa jak ten Buck!" – krzyknął ze zdumieniem.
„Nein, niemals! Er ist tausend Dollar wert, bei Gott!"
„Nie, nigdy! On jest wart tysiąc dolarów, na Boga!"
„Wie? Was sagst du dazu, Perrault?", fragte er stolz.
„Eh? Co ty na to, Perrault?" zapytał z dumą.
Perrault nickte zustimmend und überprüfte seine Notizen.
Perrault skinął głową na znak zgody i zajrzał do notatek.
Wir liegen bereits vor dem Zeitplan und kommen täglich weiter voran.
Już jesteśmy przed harmonogramem i każdego dnia zyskujemy więcej.
Der Weg war festgestampft und glatt, es lag kein Neuschnee.
Szlak był ubity i gładki, bez świeżego śniegu.
Es war konstant kalt und lag die ganze Zeit bei minus fünfzig Grad.
Panował stały chłód, temperatura wynosiła pięćdziesiąt stopni poniżej zera.
Die Männer ritten und rannten abwechselnd, um sich warm zu halten und Zeit zu gewinnen.
Mężczyźni na zmianę jechali i biegali, aby się ogrzać i zyskać na czasie.
Die Hunde rannten schnell, mit wenigen Pausen, immer vorwärts.
Psy biegły szybko, zatrzymując się rzadko i cały czas parły do przodu.

Der Thirty Mile River war größtenteils zugefroren und leicht zu überqueren.
Rzeka Thirty Mile była w większości zamarznięta i można było łatwo przepłynąć.
Was zehn Tage gedauert hatte, wurde an einem Tag verschickt.
Wyszli w ciągu jednego dnia, podczas gdy dotarcie tam zajęło im dziesięć dni.
Sie legten einen sechsundneunzig Kilometer langen Sprint vom Lake Le Barge nach White Horse zurück.
Przebiegli sześćdziesiąt mil z jeziora Le Barge do White Horse.
Sie bewegten sich unglaublich schnell über die Seen Marsh, Tagish und Bennett.
Przez jeziora Marsh, Tagish i Bennett poruszali się niewiarygodnie szybko.
Der laufende Mann wird an einem Seil hinter dem Schlitten hergezogen.
Biegnącego mężczyznę ciągnięto za saniami na linie.
In der letzten Nacht der zweiten Woche erreichten sie ihr Ziel.
Ostatniej nocy drugiego tygodnia dotarli do celu.
Sie hatten gemeinsam die Spitze des White Pass erreicht.
Razem dotarli na szczyt Białej Przełęczy.
Sie sanken auf Meereshöhe hinab, mit den Lichtern von Skaguay unter ihnen.
Zniżyli się do poziomu morza, mając pod sobą światła Skaguay.
Es war ein Rekordlauf durch kilometerlange kalte Wildnis.
To był rekordowy bieg przez wiele kilometrów zimnego pustkowia.
An vierzehn aufeinanderfolgenden Tagen legten sie im Durchschnitt satte vierundsechzig Kilometer zurück.
Przez czternaście dni z rzędu pokonywali średnio czterdzieści mil.
In Skaguay transportierten Perrault und François Fracht durch die Stadt.

W Skaguay Perrault i François przewozili ładunki przez miasto.
Die bewundernde Menge jubelte ihnen zu und bot ihnen viele Getränke an.
Zachwycone tłumy entuzjastycznie ich witały i częstowały drinkami.
Hundefänger und Arbeiter versammelten sich um das berühmte Hundegespann.
Pogromcy psów i pracownicy zebrali się wokół słynnego psiego zaprzęgu.
Dann kamen Gesetzlose aus dem Westen in die Stadt und erlitten eine brutale Niederlage.
Potem do miasta przybyli bandyci z Dzikiego Zachodu i ponieśli sromotną klęskę.
Die Leute vergaßen bald das Team und konzentrierten sich auf neue Dramen.
Ludzie szybko zapomnieli o drużynie i skupili się na nowym dramacie.
Dann kamen die neuen Befehle, die alles auf einen Schlag veränderten.
Potem nadeszły nowe rozkazy, które od razu wszystko zmieniły.
François rief Buck zu sich und umarmte ihn mit tränenreichem Stolz.
François zawołał Bucka do siebie i uściskał go ze łzami w oczach, z dumą.
In diesem Moment sah Buck François zum letzten Mal wieder.
To był ostatni raz, kiedy Buck widział François.
Wie viele Männer zuvor waren sowohl François als auch Perrault nicht mehr da.
Podobnie jak wielu mężczyzn przed nimi, François i Perrault odeszli.
Ein schottischer Mischling übernahm das Kommando über Buck und seine Schlittenhunde-Kollegen.
Dowódcą Bucka i jego psów zaprzęgowych został szkocki mieszaniec.

Mit einem Dutzend anderer Hundegespanne kehrten sie auf dem Weg nach Dawson zurück.
Wraz z kilkunastoma innymi psimi zaprzęgami wrócili szlakiem do Dawson.
Es war kein Schnelllauf mehr, sondern harte Arbeit mit einer schweren Last jeden Tag.
Teraz nie był to już szybki bieg, lecz ciężka praca z ciężkim ładunkiem każdego dnia.
Dies war der Postzug, der den Goldsuchern in der Nähe des Pols Nachrichten brachte.
Był to pociąg pocztowy, który przywoził wieści poszukiwaczom złota w pobliżu bieguna.
Buck mochte die Arbeit nicht, ertrug sie jedoch gut und war stolz auf seine Leistung.
Buckowi nie podobała się ta praca, ale dobrze ją znosił, będąc dumnym ze swojego wysiłku.
Wie Dave und Solleks zeigte Buck Hingabe bei jeder täglichen Aufgabe.
Podobnie jak Dave i Solleks, Buck wykazywał się oddaniem każdemu codziennemu zadaniu.
Er stellte sicher, dass jeder seiner Teamkollegen seinen Teil beitrug.
Upewniał się, że każdy z jego kolegów z drużyny wkłada w swoją pracę wystarczająco dużo wysiłku.
Das Leben auf dem Trail wurde langweilig und wiederholte sich mit der Präzision einer Maschine.
Życie na szlaku stało się nudne, powtarzane z precyzją maszyny.
Jeder Tag fühlte sich gleich an, ein Morgen ging in den nächsten über.
Każdy dzień był taki sam, jeden poranek przechodził w kolejny.
Zur gleichen Stunde standen die Köche auf, um Feuer zu machen und Essen zuzubereiten.
O tej samej porze kucharze wstali, aby rozpalić ogniska i przygotować jedzenie.

Nach dem Frühstück verließen einige das Lager, während andere die Hunde anspannten.
Po śniadaniu część opuściła obóz, a inni zaprzęgli psy.
Sie machten sich auf den Weg, bevor die schwache Morgendämmerung den Himmel berührte.
Wyruszyli na szlak zanim jeszcze na niebie pojawił się słaby blask świtu.
Nachts hielten sie an, um ihr Lager aufzuschlagen, wobei jeder Mann eine festgelegte Aufgabe hatte.
Na noc zatrzymali się, aby rozbić obóz, każdy mając przydzielone obowiązki.
Einige stellten die Zelte auf, andere hackten Feuerholz und sammelten Kiefernzweige.
Niektórzy rozbijali namioty, inni ścinali drewno na opał i zbierali gałęzie sosnowe.
Zum Abendessen wurde den Köchen Wasser oder Eis mitgebracht.
Wodę lub lód zanoszono kucharzom na wieczorny posiłek.
Die Hunde wurden gefüttert und das war für sie der schönste Teil des Tages.
Psy zostały nakarmione i była to dla nich najlepsza część dnia.
Nachdem sie Fisch gegessen hatten, entspannten sich die Hunde und machten es sich in der Nähe des Feuers gemütlich.
Po zjedzeniu ryby psy odpoczywały i wylegiwały się przy ognisku.
Im Konvoi waren noch hundert andere Hunde, unter die man sich mischen konnte.
W konwoju znajdowało się jeszcze sto innych psów, z którymi można było się pobawić.
Viele dieser Hunde waren wild und kämpften ohne Vorwarnung.
Wiele z tych psów było agresywnych i rzucało się do walki bez ostrzeżenia.
Doch nach drei Siegen war Buck selbst den härtesten Kämpfern überlegen.

Ale po trzech zwycięstwach Buck pokonał nawet najzaciekłejszych wojowników.
Als Buck nun knurrte und die Zähne fletschte, traten sie zur Seite.
Kiedy Buck warknął i pokazał zęby, odsunęli się na bok.
Und das Beste war vielleicht, dass Buck es liebte, neben dem flackernden Lagerfeuer zu liegen.
A może Buck najbardziej lubił leżeć przy migoczącym ognisku.
Er hockte mit angezogenen Hinterbeinen und nach vorne gestreckten Vorderbeinen.
Przykucnął, podkulając tylne nogi i wyciągając przednie do przodu.
Er hatte den Kopf erhoben und blinzelte sanft in die glühenden Flammen.
Podniósł głowę i lekko mrugnął, patrząc na jaskrawe płomienie.
Manchmal musste er an Richter Millers großes Haus in Santa Clara denken.
Czasem przypominał sobie wielki dom sędziego Millera w Santa Clara.
Er dachte an den Zementpool, an Ysabel und den Mops namens Toots.
Pomyślał o cementowym basenie, o Ysabel i mopsie o imieniu Toots.
Aber häufiger musste er an die Keule des Mannes mit dem roten Pullover denken.
Ale częściej przypominał sobie o pałce mężczyzny w czerwonym swetrze.
Er erinnerte sich an Curlys Tod und seinen erbitterten Kampf mit Spitz.
Pamiętał śmierć Curly'ego i jego zaciętą walkę ze Spitzem.
Er erinnerte sich auch an das gute Essen, das er gegessen hatte oder von dem er immer noch träumte.
Przypomniał sobie także dobre jedzenie, które jadł i o którym wciąż śnił.

Buck hatte kein Heimweh – das warme Tal war weit weg und unwirklich.
Buck nie tęsknił za domem – ciepła dolina wydawała mu się odległa i nierealna.
Die Erinnerungen an Kalifornien hatten keine große Anziehungskraft mehr auf ihn.
Wspomnienia z Kalifornii nie miały już na niego żadnego wpływu.
Stärker als die Erinnerung waren die tief in seinem Blut verwurzelten Instinkte.
Silniejsze od pamięci były instynkty, zakorzenione głęboko w jego krwi.
Einst verlorene Gewohnheiten waren zurückgekehrt und durch den Weg und die Wildnis wiederbelebt worden.
Utracone kiedyś nawyki powróciły, przywrócone do życia przez szlak i dzicz.
Während Buck das Feuerlicht betrachtete, veränderte sich seine Wahrnehmung manchmal.
Kiedy Buck patrzył na blask ognia, czasami stawał się on czymś innym.
Er sah im Feuerschein ein anderes Feuer, älter und tiefer als das gegenwärtige.
W blasku ognia dostrzegł inny ogień, starszy i głębszy od obecnego.
Neben dem anderen Feuer hockte ein Mann, der anders aussah als der Mischlingskoch.
Obok drugiego ogniska kucał mężczyzna, który nie przypominał kucharza-mieszańca.
Diese Figur hatte kurze Beine, lange Arme und harte, verknotete Muskeln.
Ta postać miała krótkie nogi, długie ramiona i twarde, węzłowate mięśnie.
Sein Haar war lang und verfilzt und fiel von den Augen nach hinten ab.
Jego włosy były długie i skołtunione, opadające do tyłu od oczu.

Er gab seltsame Geräusche von sich und starrte voller Angst in die Dunkelheit.
Wydawał dziwne dźwięki i ze strachem patrzył w ciemność.
Er hielt eine Steinkeule tief in seiner langen, rauen Hand fest.
Trzymał nisko kamienną maczugę, mocno ściskając ją w długiej, szorstkiej dłoni.
Der Mann trug wenig, nur eine verkohlte Haut, die ihm den Rücken hinunterhing.
Mężczyzna miał na sobie niewiele; jedynie zwęgloną skórę zwisającą mu na plecach.
Sein Körper war an Armen, Brust und Oberschenkeln mit dichtem Haar bedeckt.
Jego ciało pokrywała gęsta sierść na ramionach, klatce piersiowej i udach.
Einige Teile des Haares waren zu rauen Fellbüscheln verfilzt.
Niektóre części sierści były splątane i tworzyły kępki szorstkiego futra.
Er stand nicht gerade, sondern war von der Hüfte bis zu den Knien nach vorne gebeugt.
Nie stał prosto, lecz pochylił się do przodu od bioder do kolan.
Seine Schritte waren federnd und katzenartig, als wäre er immer zum Sprung bereit.
Jego kroki były sprężyste i kocie, jakby zawsze był gotowy do skoku.
Er war in höchster Wachsamkeit, als lebte er in ständiger Angst.
Odczuwał ogromną czujność, jakby żył w ciągłym strachu.
Dieser alte Mann schien mit Gefahr zu rechnen, ob er die Gefahr nun sah oder nicht.
Wydawało się, że ten starożytny człowiek spodziewał się niebezpieczeństwa, niezależnie od tego, czy zagrożenie było widoczne, czy nie.
Manchmal schlief der haarige Mann am Feuer, den Kopf zwischen die Beine gesteckt.

Czasami kudłaty mężczyzna spał przy ogniu, z głową schowaną między nogami.

Seine Ellbogen ruhten auf seinen Knien, die Hände waren über seinem Kopf gefaltet.

Jego łokcie spoczywały na kolanach, a ręce złożone były nad głową.

Wie ein Hund benutzte er seine haarigen Arme, um den fallenden Regen abzuschütteln.

Podobnie jak pies, używał swych owłosionych ramion, by chronić się przed padającym deszczem.

Hinter dem Feuerschein sah Buck zwei Kohlen im Dunkeln glühen.

Poza blaskiem ognia Buck dostrzegł dwa żarzące się w ciemności węgle.

Immer zu zweit, waren sie die Augen der sich anpirschenden Raubtiere.

Zawsze po dwie, były to oczy polujących drapieżników.

Er hörte, wie Körper durchs Unterholz krachten und Geräusche in der Nacht.

Słyszał, jak ciała przebijają się przez zarośla i jakie dźwięki dochodzą z nocy.

Buck lag blinzelnd am Ufer des Yukon und träumte am Feuer.

Leżąc na brzegu Jukonu, mrugając oczami, Buck śnił przy ogniu.

Die Anblicke und Geräusche dieser wilden Welt ließen ihm die Haare zu Berge stehen.

Widoki i odgłosy tego dzikiego świata sprawiły, że włosy stanęły mu dęba.

Das Fell stand ihm über den Rücken, die Schultern und den Hals hinauf.

Futro jeżyło mu się na grzbiecie, ramionach i szyi.

Er wimmerte leise oder gab ein tiefes Knurren aus der Brust von sich.

Cicho zaskomlał lub wydał z siebie niski pomruk z głębi piersi.

Dann rief der Mischlingskoch: „Hey, du Buck, wach auf!"

Wtedy kucharz-mieszaniec krzyknął: „Hej, ty Buck, obudź się!"

Die Traumwelt verschwand und das wirkliche Leben kehrte in Bucks Augen zurück.

Świat marzeń rozwiał się, a w oczach Bucka znów pojawiła się rzeczywistość.

Er wollte aufstehen, sich strecken und gähnen, als wäre er aus einem Nickerchen erwacht.

Miał zamiar wstać, przeciągnąć się i ziewnąć, tak jakby obudził się po drzemce.

Die Reise war anstrengend, da sie den Postschlitten hinter sich herziehen mussten.

Podróż była ciężka, bo za nimi ciągnęły się sanie pocztowe.

Schwere Lasten und harte Arbeit zermürbten die Hunde jeden langen Tag.

Ciężkie ładunki i ciężka praca wykańczały psy każdego długiego dnia.

Sie kamen dünn und müde in Dawson an und brauchten über eine Woche Ruhe.

Dotarli do Dawson wychudzeni, zmęczeni i potrzebujący ponad tygodniowego odpoczynku.

Doch nur zwei Tage später machten sie sich erneut auf den Weg den Yukon hinunter.

Ale już dwa dni później wyruszyli ponownie w dół Jukonu.

Sie waren mit weiteren Briefen beladen, die für die Außenwelt bestimmt waren.

Były załadowane większą ilością listów przeznaczonych na zewnątrz.

Die Hunde waren erschöpft und die Männer beschwerten sich ständig.

Psy były wyczerpane, a mężczyźni ciągle narzekali.

Jeden Tag fiel Schnee, der den Weg weicher machte und die Schlitten verlangsamte.

Śnieg padał każdego dnia, zmiękczając szlak i spowalniając sanki.

Dies führte zu einem stärkeren Ziehen und einem größeren Widerstand der Läufer.

To powodowało, że ciągnięcie było trudniejsze, a biegacze stawiali większy opór.

Trotzdem waren die Fahrer fair und kümmerten sich um ihre Teams.

Mimo to kierowcy byli uczciwi i dbali o swoje zespoły.

Jeden Abend wurden die Hunde gefüttert, bevor die Männer etwas zu essen bekamen.

Każdej nocy psy były karmione zanim mężczyźni zabrali się do jedzenia.

Kein Mann geht schlafen, ohne vorher die Pfoten seines eigenen Hundes zu kontrollieren.

Żaden człowiek nie zasnął, nie sprawdziwszy nóg swojego psa.

Dennoch wurden die Hunde mit jeder zurückgelegten Strecke schwächer.

Jednak psy były coraz słabsze, im więcej przemierzały kilometrów.

Sie waren den ganzen Winter über zweitausendachthundert Kilometer gereist.

Przebyli tysiąc osiemset mil w ciągu zimy.

Sie zogen Schlitten über jede Meile dieser brutalen Distanz.

Przemierzali każdy kilometr tego brutalnego dystansu na saniach.

Selbst die härtesten Schlittenhunde spüren nach so vielen Kilometern die Belastung.

Nawet najwytrzymalsze psy zaprzęgowe odczuwają zmęczenie po przebyciu tylu kilometrów.

Buck hielt durch, sorgte für die Weiterarbeit seines Teams und sorgte für die nötige Disziplin.

Buck wytrwał, dbał o to, by jego zespół pracował i zachowywał dyscyplinę.

Aber Buck war müde, genau wie die anderen auf der langen Reise.

Ale Buck był zmęczony, tak jak pozostali uczestnicy długiej podróży.

Billee wimmerte und weinte jede Nacht ohne Ausnahme im Schlaf.

Billee każdej nocy bez wyjątku płakał i kwękał przez sen.
Joe wurde noch verbitterter und Solleks blieb kalt und distanziert.
Joe stawał się coraz bardziej zgorzkniały, a Solleks pozostał chłodny i dystansujący się.
Doch Dave war derjenige des gesamten Teams, der am meisten darunter litt.
Jednak to Dave cierpiał najbardziej z całego zespołu.
Irgendetwas in seinem Inneren war schiefgelaufen, doch niemand wusste, was.
Coś w jego wnętrzu poszło nie tak, chociaż nikt nie wiedział co.
Er wurde launischer und fuhr andere mit wachsender Wut an.
Stał się bardziej ponury i krzyczał na innych z rosnącym gniewem.
Jede Nacht ging er direkt zu seinem Nest und wartete darauf, gefüttert zu werden.
Każdej nocy szedł prosto do swojego gniazda, czekając na jedzenie.
Als Dave einmal unten war, stand er bis zum Morgen nicht mehr auf.
Gdy już znalazł się na dole, Dave nie wstał aż do rana.
Plötzliche Rucke oder Anlaufe an den Zügeln ließen ihn vor Schmerzen aufschreien.
Gdy był na wodzach, nagłe szarpnięcia lub ruszenia wywoływały u niego krzyk bólu.
Sein Fahrer suchte nach der Ursache, konnte jedoch keine Verletzungen feststellen.
Jego kierowca szukał przyczyny, ale nie znalazł u niego żadnych obrażeń.
Alle Fahrer beobachteten Dave und besprachen seinen Fall.
Wszyscy kierowcy zaczęli obserwować Dave'a i omawiać jego przypadek.
Sie unterhielten sich beim Essen und während ihrer letzten Zigarette des Tages.

Rozmawiali przy posiłkach i przy ostatnim papierosie tego dnia.

Eines Nachts hielten sie eine Versammlung ab und brachten Dave zum Feuer.

Pewnej nocy zorganizowali zebranie i przyprowadzili Dave'a do ogniska.

Sie drückten und untersuchten seinen Körper und er schrie oft.

Naciskali i badali jego ciało, a on często krzyczał.

Offensichtlich stimmte etwas nicht, auch wenn keine Knochen gebrochen zu sein schienen.

Było jasne, że coś jest nie tak, chociaż żadna kość nie wyglądała na złamaną.

Als sie Cassiar Bar erreichten, war Dave am Umfallen.

Gdy dotarli do Cassiar Bar, Dave był już w rozsypce.

Der schottische Mischling machte Schluss und nahm Dave aus dem Team.

Szkocki mieszaniec przerwał działania i usunął Dave'a z drużyny.

Er befestigte Solleks an Daves Stelle, ganz vorne am Schlitten.

Zapiął Solleksa na miejscu Dave'a, najbliżej przodu sań.

Er wollte Dave ausruhen und ihm die Freiheit geben, hinter dem fahrenden Schlitten herzulaufen.

Zamierzał pozwolić Dave'owi odpocząć i pobiegać swobodnie za jadącymi saniami.

Doch selbst als er krank war, hasste Dave es, von seinem Job geholt zu werden.

Ale nawet będąc chorym, Dave nie znosił, gdy odebrano mu pracę, którą kiedyś zajmował.

Er knurrte und wimmerte, als ihm die Zügel aus dem Körper gerissen wurden.

Warczał i skomlał, gdy szarpano go za lejce.

Als er Solleks an seiner Stelle sah, weinte er vor gebrochenem Herzen.

Gdy zobaczył Solleksa na swoim miejscu, rozpłakał się z bólu i rozpaczy.

Dave war noch immer stolz auf seine Arbeit auf dem Weg, selbst als der Tod nahte.
Dave czuł głęboką dumę z pracy na szlaku, nawet gdy zbliżała się śmierć.
Während der Schlitten fuhr, kämpfte sich Dave durch den weichen Schnee in der Nähe des Pfades.
Gdy sanki się poruszały, Dave brnął przez miękki śnieg w pobliżu szlaku.
Er griff Solleks an, biss ihn und stieß ihn von der Seite des Schlittens.
Zaatakował Solleksa, gryząc go i popychając od strony sań.
Dave versuchte, in das Geschirr zu springen und seinen Arbeitsplatz zurückzuerobern.
Dave próbował wskoczyć w uprząż i odzyskać swoje miejsce pracy.
Er schrie, jammerte und weinte, hin- und hergerissen zwischen Schmerz und Stolz auf die Wehen.
Krzyczał, jęczał i płakał, rozdarty między bólem a dumą z porodu.
Der Mischling versuchte, Dave mit seiner Peitsche vom Team zu vertreiben.
Mieszaniec próbował za pomocą bata odgonić Dave'a od drużyny.
Doch Dave ignorierte den Hieb und der Mann konnte nicht härter zuschlagen.
Ale Dave zignorował cios, a mężczyzna nie mógł uderzyć go mocniej.
Dave lehnte den einfacheren Weg hinter dem Schlitten ab, wo der Schnee festgefahren war.
Dave odmówił łatwiejszej drogi za saniami, gdzie śnieg był ubity.
Stattdessen kämpfte er sich elend durch den tiefen Schnee neben dem Weg.
Zamiast tego, zmagał się z głębokim śniegiem przy szlaku, pogrążony w rozpaczy.
Schließlich brach Dave zusammen, blieb im Schnee liegen und schrie vor Schmerzen.

W końcu Dave upadł, leżał na śniegu i wył z bólu.
Er schrie auf, als die lange Schlittenkette einer nach dem anderen an ihm vorbeifuhr.
Krzyknął, gdy długi sznur sań przejeżdżał obok niego jeden po drugim.
Dennoch stand er mit der ihm verbleibenden Kraft auf und stolperte ihnen hinterher.
Jednak ostatkiem sił podniósł się i powlókł za nimi.
Als der Zug wieder anhielt, holte er ihn ein und fand seinen alten Schlitten.
Dogonił go, gdy pociąg znów się zatrzymał i odnalazł swoje stare sanki.
Er kämpfte sich an den anderen Teams vorbei und stand wieder neben Solleks.
Prześlizgnął się obok pozostałych drużyn i ponownie stanął obok Solleksa.
Als der Fahrer anhielt, um seine Pfeife anzuzünden, nutzte Dave seine letzte Chance.
Kiedy kierowca zatrzymał się, by zapalić fajkę, Dave wykorzystał ostatnią szansę.
Als der Fahrer zurückkam und schrie, bewegte sich das Team nicht weiter.
Gdy kierowca wrócił i krzyknął, drużyna nie ruszyła dalej.
Die Hunde hatten ihre Köpfe gedreht, verwirrt durch den plötzlichen Stopp.
Psy odwróciły głowy, zdezorientowane nagłą przerwą.
Auch der Fahrer war schockiert – der Schlitten hatte sich keinen Zentimeter vorwärts bewegt.
Kierowca również był zszokowany — sanie nie przesunęły się ani o cal do przodu.
Er rief den anderen zu, sie sollten kommen und nachsehen, was passiert sei.
Zawołał do pozostałych, żeby przyszli i zobaczyli, co się stało.
Dave hatte Solleks' Zügel durchgekaut und beide auseinandergerissen.
Dave przegryzł lejce Solleksa, rozrywając je na kawałki.

Nun stand er vor dem Schlitten, wieder an seinem rechtmäßigen Platz.
Teraz stanął przed saniami, wracając na swoją właściwą pozycję.
Dave blickte zum Fahrer auf und flehte ihn stumm an, in der Spur zu bleiben.
Dave spojrzał na kierowcę, błagając go w duchu, aby ten nie schodził z trasy.
Der Fahrer war verwirrt und wusste nicht, was er für den zappelnden Hund tun sollte.
Kierowca był zdezorientowany i nie wiedział, co zrobić z walczącym psem.
Die anderen Männer sprachen von Hunden, die beim Rausbringen gestorben waren.
Pozostali mężczyźni opowiadali o psach, które zdechły podczas wyprowadzania.
Sie erzählten von alten oder verletzten Hunden, denen es das Herz brach, als sie zurückgelassen wurden.
Opowiadali o starych i rannych psach, których serca pękały, gdy je zostawiano.
Sie waren sich einig, dass es Gnade wäre, Dave sterben zu lassen, während er noch im Geschirr steckte.
Zgodzili się, że pozwolenie Dave'owi umrzeć, gdy był jeszcze w uprzęży, było aktem miłosierdzia.
Er wurde wieder auf dem Schlitten festgeschnallt und Dave zog voller Stolz.
Przypięto go z powrotem do sań, a Dave ciągnął z dumą.
Obwohl er manchmal schrie, arbeitete er, als könne man den Schmerz ignorieren.
Choć czasami krzyczał, zachowywał się tak, jakby ból można było ignorować.
Mehr als einmal fiel er und wurde mitgeschleift, bevor er wieder aufstand.
Nie raz upadał i był ciągnięty, zanim zdołał się podnieść.
Einmal wurde er vom Schlitten überrollt und von diesem Moment an humpelte er.

W pewnym momencie sanki przewróciły się na niego i od tego momentu utykał.

Trotzdem arbeitete er, bis das Lager erreicht war, und legte sich dann ans Feuer.

Mimo to pracował aż dotarli do obozu, a potem położył się przy ognisku.

Am Morgen war Dave zu schwach, um zu reisen oder auch nur aufrecht zu stehen.

Rano Dave był zbyt słaby, aby podróżować, a nawet stać prosto.

Als es Zeit war, das Geschirr anzulegen, versuchte er mit zitternder Anstrengung, seinen Fahrer zu erreichen.

Podczas zaprzęgu próbował dotrzeć do kierowcy, drżąc z wysiłku.

Er rappelte sich auf, taumelte und brach auf dem schneebedeckten Boden zusammen.

Zmusił się do podniesienia, zatoczył się i padł na zaśnieżoną ziemię.

Mithilfe seiner Vorderbeine zog er seinen Körper in Richtung des Angeschirrs.

Używając przednich nóg, pociągnął ciało w kierunku miejsca założenia uprzęży.

Zentimeter für Zentimeter schob er sich auf die Arbeitshunde zu.

Zbliżał się, cal po calu, do pracujących psów.

Er verließ die Kraft, aber er machte mit seinem letzten verzweifelten Vorstoß weiter.

Siły go opuściły, lecz kontynuował swój ostatni desperacki atak.

Seine Teamkollegen sahen ihn im Schnee nach Luft schnappen und sich immer noch danach sehnen, zu ihnen zu kommen.

Jego koledzy z drużyny widzieli, jak dyszy na śniegu, wciąż pragnąc do nich dołączyć.

Sie hörten ihn vor Kummer schreien, als sie das Lager hinter sich ließen.

Słyszeli, jak wył z żalu, gdy opuszczali obóz.

Als das Team zwischen den Bäumen verschwand, hallte Daves Schrei hinter ihnen wider.
Gdy drużyna zniknęła między drzewami, za nimi rozległ się krzyk Dave'a.
Der Schlittenzug hielt kurz an, nachdem er einen Abschnitt des Flusswalds überquert hatte.
Pociąg saneczkowy zatrzymał się na krótko po przejechaniu przez odcinek lasu nadrzecznego.
Der schottische Mischling ging langsam zurück zum Lager dahinter.
Szkocki półkrwi powoli ruszył z powrotem w stronę obozu.
Die Männer verstummten, als sie ihn den Schlittenzug verlassen sahen.
Mężczyźni przestali rozmawiać, gdy zobaczyli, że wysiada z pociągu.
Dann ertönte ein einzelner Schuss klar und scharf über den Weg.
Wtedy pojedynczy strzał rozległ się wyraźnie i ostro na szlaku.
Der Mann kam schnell zurück und nahm wortlos seinen Platz ein.
Mężczyzna wrócił szybko i zajął swoje miejsce, nie mówiąc ani słowa.
Peitschen knallten, Glöckchen bimmelten und die Schlitten rollten durch den Schnee.
Strzelały baty, dzwoniły dzwonki, a sanki toczyły się po śniegu.
Aber Buck wusste, was passiert war – und alle anderen Hunde auch.
Ale Buck wiedział, co się stało, tak samo jak każdy inny pies.

Die Mühen der Zügel und des Trails
Męka cugli i szlaku

Dreißig Tage nach dem Verlassen von Dawson erreichte die Salt Water Mail Skaguay.
Trzydzieści dni po opuszczeniu Dawson, statek Salt Water Mail dotarł do Skaguay.
Buck und seine Teamkollegen gingen in Führung, kamen aber in einem erbärmlichen Zustand an.
Buck i jego koledzy z drużyny wyszli na prowadzenie, docierając na metę w opłakanym stanie.
Buck hatte von hundertvierzig auf hundertfünfzehn Pfund abgenommen.
Buck schudł ze stu czterdziestu do stu piętnastu funtów.
Die anderen Hunde hatten, obwohl kleiner, noch mehr Körpergewicht verloren.
Pozostałe psy, mimo że mniejsze, straciły jeszcze więcej na wadze.
Pike, einst ein vorgetäuschter Hinker, schleppte nun ein wirklich verletztes Bein hinter sich her.
Pike, który kiedyś udawał utykanie, teraz ciągnął za sobą poważnie kontuzjowaną nogę.
Solleks humpelte stark und Dub hatte ein verrenktes Schulterblatt.
Solleks mocno utykał, a Dub miał złamaną łopatkę.
Die Füße aller Hunde im Team waren von den Wochen auf dem gefrorenen Pfad wund.
Każdy pies w zespole miał obolałe nogi od tygodni spędzonych na zamarzniętym szlaku.
Ihre Schritte waren völlig federnd und bewegten sich nur langsam und schleppend.
Ich kroki nie były już sprężyste, poruszali się jedynie powoli i powłócząc nogami.
Ihre Füße treffen den Weg hart und jeder Schritt belastet ihren Körper stärker.
Ich stopy mocno uderzają o szlak, każdy krok powoduje większe obciążenie ciała.

Sie waren nicht krank, sondern nur so erschöpft, dass sie sich auf natürliche Weise nicht mehr erholen konnten.
Nie byli chorzy, tylko wyczerpani do tego stopnia, że nie mogli już normalnie wyzdrowieć.
Dies war nicht die Müdigkeit eines harten Tages, die durch eine Nachtruhe geheilt werden konnte.
Nie było to zmęczenie po ciężkim dniu, które można wyleczyć nocnym odpoczynkiem.
Es war eine Erschöpfung, die sich durch monatelange, zermürbende Anstrengungen langsam aufgebaut hatte.
To było wyczerpanie, narastające powoli, przez miesiące wyczerpującego wysiłku.
Es waren keine Kraftreserven mehr vorhanden, sie hatten alles aufgebraucht, was sie hatten.
Nie mieli już żadnych rezerwowych sił – wykorzystali wszystkie, jakie mieli.
Jeder Muskel, jede Faser und jede Zelle ihres Körpers war erschöpft und abgenutzt.
Każdy mięsień, włókno i komórka w ich ciałach były zużyte i wyeksploatowane.
Und das hatte seinen Grund: Sie hatten zweitausendfünfhundert Meilen zurückgelegt.
I był ku temu powód — przejechali łącznie dwadzieścia pięćset mil.
Auf den letzten zweitausendachthundert Kilometern hatten sie sich nur fünf Tage ausgeruht.
W ciągu ostatnich tysiąca ośmiuset mil odpoczywali tylko pięć dni.
Als sie Skaguay erreichten, sahen sie aus, als könnten sie kaum aufrecht stehen.
Gdy dotarli do Skaguay, wyglądało na to, że ledwo mogą ustać na nogach.
Sie hatten Mühe, die Zügel straff zu halten und vor dem Schlitten zu bleiben.
Starali się trzymać lejce mocno i utrzymać się przed saniami.
Auf abschüssigen Hängen konnten sie nur noch vermeiden, überfahren zu werden.

Na zjazdach udało im się jedynie uniknąć potrącenia.
„Weiter, ihr armen, wunden Füße", sagte der Fahrer, während sie weiterhumpelten.
„Idźcie dalej, biedne, obolałe stopy" – powiedział kierowca, gdy utykali.
„Das ist die letzte Strecke, danach bekommen wir alle auf jeden Fall noch eine lange Pause."
„To jest ostatni odcinek, potem na pewno wszyscy będziemy mieli długi odpoczynek".
„Eine richtig lange Pause", versprach er und sah ihnen nach, wie sie weiter taumelten.
„Jeden naprawdę długi odpoczynek" – obiecał, patrząc, jak zataczają się do przodu.
Die Fahrer rechneten damit, dass sie nun eine lange, notwendige Pause bekommen würden.
Kierowcy spodziewali się, że teraz będą mogli zrobić sobie długą, potrzebną przerwę.
Sie hatten zweitausend Meilen zurückgelegt und nur zwei Tage Pause gemacht.
Przebyli tysiąc dwieście mil, odpoczywając zaledwie dwa dni.
Sie waren der Meinung, dass sie sich die Zeit zum Entspannen verdient hätten, und das aus fairen und vernünftigen Gründen.
Uczciwie i rozsądnie uważali, że zasłużyli na czas na relaks.
Aber zu viele waren zum Klondike gekommen und zu wenige waren zu Hause geblieben.
Ale zbyt wielu przybyło nad Klondike, a zbyt niewielu zostało w domu.
Es gingen unzählige Briefe von Familien ein, die zu Bergen verspäteter Post führten.
Zalewająca miasto korespondencja od rodzin zalewała domki, tworząc stosy opóźnionej poczty.
Offizielle Anweisungen trafen ein – neue Hudson Bay-Hunde würden die Nachfolge antreten.
Przyszły oficjalne rozkazy — nowe psy z Zatoki Hudsona miały przejąć władzę.

Die erschöpften Hunde, die nun als wertlos galten, sollten entsorgt werden.
Wyczerpane psy, teraz uznane za bezwartościowe, miały zostać usunięte.
Da Geld wichtiger war als Hunde, sollten sie billig verkauft werden.
Ponieważ pieniądze były dla nich ważniejsze od psów, zamierzano je sprzedać tanio.
Drei weitere Tage vergingen, bevor die Hunde spürten, wie schwach sie waren.
Minęły kolejne trzy dni, zanim psy poczuły, jak bardzo są osłabione.
Am vierten Morgen kauften zwei Männer aus den Staaten das gesamte Team.
Czwartego ranka dwóch mężczyzn ze Stanów wykupiło cały zespół.
Der Verkauf umfasste alle Hunde sowie ihre abgenutzte Geschirrausrüstung.
Sprzedaż obejmowała wszystkie psy wraz ze zużytymi szelkami.
Die Männer nannten sich gegenseitig „Hal" und „Charles", als sie den Deal abschlossen.
Mężczyźni zwracali się do siebie „Hal" i „Charles", finalizując transakcję.
Charles war mittleren Alters, blass, hatte schlaffe Lippen und wilde Schnurrbartspitzen.
Charles był mężczyzną w średnim wieku, bladym, o wiotkich ustach i ostrych końcówkach wąsów.
Hal war ein junger Mann, vielleicht neunzehn, der einen Patronengürtel trug.
Hal był młodym mężczyzną, miał może dziewiętnaście lat i nosił pas wypchany nabojami.
Am Gürtel befanden sich ein großer Revolver und ein Jagdmesser, beide unbenutzt.
Na pasku znajdował się duży rewolwer i nóż myśliwski, oba nieużywane.

Es zeigte, wie unerfahren und ungeeignet er für das Leben im Norden war.
Pokazywało to jego niedoświadczenie i nieprzygotowanie do życia na północy.
Keiner der beiden Männer gehörte in die Wildnis; ihre Anwesenheit widersprach jeder Vernunft.
Żaden z nich nie należał do dzikich zwierząt; ich obecność przeczyła wszelkiemu zdrowemu rozsądkowi.
Buck beobachtete, wie das Geld zwischen Käufer und Makler den Besitzer wechselte.
Buck obserwował, jak pieniądze przechodziły z rąk do rąk między kupującym a agentem.
Er wusste, dass die Postzugführer sein Leben wie alle anderen verlassen würden.
Wiedział, że maszyniści pociągów pocztowych odchodzą z jego życia tak jak pozostali.
Sie folgten Perrault und François, die nun unwiederbringlich verschwunden waren.
Poszli za Perraultem i François, których już nie można było odszukać.
Buck und das Team wurden in das schlampige Lager ihrer neuen Besitzer geführt.
Buck i jego drużyna zostali zaprowadzeni do brudnego obozowiska nowych właścicieli.
Das Zelt hing durch, das Geschirr war schmutzig und alles lag in Unordnung.
Namiot zapadł się, naczynia były brudne, a wszystko leżało w nieładzie.
Buck bemerkte dort auch eine Frau – Mercedes, Charles' Frau und Hals Schwester.
Buck zauważył tam również kobietę – Mercedes, żonę Charlesa i siostrę Hala.
Sie bildeten eine vollständige Familie, obwohl sie alles andere als für den Wanderpfad geeignet waren.
Stanowili kompletną rodzinę, choć daleko im było do przystosowania do szlaku.

Buck beobachtete nervös, wie das Trio begann, die Vorräte einzupacken.
Buck nerwowo obserwował, jak trójka zaczyna pakować rzeczy.
Sie arbeiteten hart, aber ohne Ordnung – nur Aufhebens und vergeudete Mühe.
Pracowali ciężko, ale bez ładu i składu – tylko zamieszanie i marnowanie wysiłku.
Das Zelt war zu einer sperrigen Form zusammengerollt und viel zu groß für den Schlitten.
Namiot zwinięto w nieporęczny kształt, zdecydowanie za duży do sań.
Schmutziges Geschirr wurde eingepackt, ohne dass es gespült oder getrocknet worden wäre.
Brudne naczynia pakowano bez ich umycia i wysuszenia.
Mercedes flatterte herum, redete, korrigierte und mischte sich ständig ein.
Mercedes krzątała się tu i ówdzie, nieustannie gadając, poprawiając i wtrącając się.
Als ein Sack vorne platziert wurde, bestand sie darauf, dass er hinten drankam.
Gdy worek został umieszczony z przodu, ona nalegała, żeby umieścić go z tyłu.
Sie packte den Sack ganz unten rein und im nächsten Moment brauchte sie ihn.
Spakowała worek na dno i w następnej chwili go potrzebowała.
Also wurde der Schlitten erneut ausgepackt, um an die eine bestimmte Tasche zu gelangen.
Więc sanie rozpakowano ponownie, żeby dotrzeć do konkretnego bagażu.
In der Nähe standen drei Männer vor einem Zelt und beobachteten die Szene.
Nieopodal, przed namiotem, trzej mężczyźni stali i obserwowali rozwój wydarzeń.
Sie lächelten, zwinkerten und grinsten über die offensichtliche Verwirrung der Neuankömmlinge.

Uśmiechali się, mrugali i szczerzyli zęby w uśmiechu, widząc wyraźne zdezorientowanie przybyszów.
„Sie haben schon eine ziemlich schwere Last", sagte einer der Männer.
„Masz już naprawdę ciężki ładunek" – powiedział jeden z mężczyzn.
„Ich glaube nicht, dass Sie das Zelt tragen sollten, aber es ist Ihre Entscheidung."
„Myślę, że nie powinieneś nieść tego namiotu, ale to twój wybór."
„Unvorstellbar!", rief Mercedes und warf verzweifelt die Hände in die Luft.
„Nie do pomyślenia!" – krzyknęła Mercedes, rozpaczliwie unosząc ręce.
„Wie könnte ich ohne Zelt reisen, unter dem ich übernachten kann?"
„Jak mógłbym podróżować bez namiotu, pod którym mógłbym spać?"
„Es ist Frühling – Sie werden kein kaltes Wetter mehr erleben", antwortete der Mann.
„Jest wiosna, nie będzie już takiej zimy" – odpowiedział mężczyzna.
Aber sie schüttelte den Kopf und sie stapelten weiterhin Gegenstände auf den Schlitten.
Ona jednak pokręciła głową, a oni dalej dokładali rzeczy na sanki.
Als sie die letzten Dinge hinzufügten, türmte sich die Ladung gefährlich hoch auf.
Ładunek niebezpiecznie wzrósł, gdy dodawali ostatnie rzeczy.
„Glauben Sie, der Schlitten fährt?", fragte einer der Männer mit skeptischem Blick.
„Myślisz, że sanie pojadą?" – zapytał jeden z mężczyzn ze sceptycznym wyrazem twarzy.
„Warum sollte es nicht?", blaffte Charles mit scharfer Verärgerung zurück.
„A dlaczego nie?" – warknął Charles z ostrym rozdrażnieniem.

„Oh, das ist schon in Ordnung", sagte der Mann schnell und wich seiner Beleidigung aus.
„Och, w porządku" – powiedział szybko mężczyzna, wycofując się z ataku.
„Ich habe mich nur gewundert – es sah für mich einfach ein bisschen zu kopflastig aus."
„Zastanawiałem się tylko – wydawało mi się, że jest trochę za bardzo przeładowany u góry".
Charles drehte sich um und band die Ladung so gut fest, wie er konnte.
Charles odwrócił się i związał ładunek najlepiej jak potrafił.
Allerdings waren die Zurrgurte locker und die Verpackung insgesamt schlecht ausgeführt.
Jednak mocowania były luźne, a pakowanie ogólnie rzecz biorąc źle wykonane.
„Klar, die Hunde machen das den ganzen Tag", sagte ein anderer Mann sarkastisch.
„Jasne, psy będą to ciągnąć cały dzień" – powiedział sarkastycznie inny mężczyzna.
„Natürlich", antwortete Hal kalt und packte die lange Lenkstange des Schlittens.
„Oczywiście" – odpowiedział chłodno Hal, chwytając za długi drążek sterowniczy sanek.
Mit einer Hand an der Stange schwang er mit der anderen die Peitsche.
Jedną ręką trzymając drążek, drugą wymachiwał batem.
„Los geht's!", rief er. „Bewegt euch!", und trieb die Hunde zum Aufbruch an.
„Ruszajmy!" krzyknął. „Ruszajcie się!" zachęcając psy do startu.
Die Hunde lehnten sich in das Geschirr und spannten sich einige Augenblicke lang an.
Psy naparły na uprząż i przez chwilę walczyły.
Dann blieben sie stehen, da sie den überladenen Schlitten keinen Zentimeter bewegen konnten.
Następnie zatrzymali się, nie mogąc ruszyć przeciążonych sań nawet o cal.

„Diese faulen Bestien!", schrie Hal und hob die Peitsche, um sie zu schlagen.

„Leniwe bestie!" krzyknął Hal, podnosząc bat, żeby ich uderzyć.

Doch Mercedes stürzte herein und riss Hal die Peitsche aus der Hand.

Ale Mercedes wpadła i wyrwała bat z rąk Hala.

„Oh, Hal, wage es ja nicht, ihnen wehzutun", rief sie alarmiert.

„Och, Hal, nie waż się ich skrzywdzić!" – krzyknęła przerażona.

„Versprich mir, dass du nett zu ihnen bist, sonst gehe ich keinen Schritt weiter."

„Obiecaj mi, że będziesz dla nich miły, albo nie zrobię ani kroku dalej".

„Du weißt nichts über Hunde", fuhr Hal seine Schwester an.

„Nic nie wiesz o psach" – warknął Hal do swojej siostry.

„Sie sind faul, und die einzige Möglichkeit, sie zu bewegen, besteht darin, sie zu peitschen."

„Są leniwe i jedynym sposobem, żeby je ruszyć, jest ich chłosta".

„Fragen Sie irgendjemanden – fragen Sie einen dieser Männer dort drüben, wenn Sie mir nicht glauben."

„Zapytaj kogokolwiek – zapytaj któregoś z tych mężczyzn, jeśli we mnie wątpisz."

Mercedes sah die Zuschauer mit flehenden, tränennassen Augen an.

Mercedes spojrzała na gapiów błagalnym, pełnym łez wzrokiem.

Ihr Gesicht zeigte, wie sehr sie den Anblick jeglichen Schmerzes hasste.

Na jej twarzy widać było, jak bardzo nienawidzi widoku jakiegokolwiek bólu.

„Sie sind schwach, das ist alles", sagte ein Mann. „Sie sind erschöpft."

„Są słabi, to wszystko" – powiedział jeden mężczyzna. „Są wyczerpani".

„Sie brauchen Ruhe – sie haben zu lange ohne Pause gearbeitet."
„Potrzebują odpoczynku – pracowali zbyt długo bez przerwy".
„**Der Rest sei verflucht**", **murmelte Hal mit verzogenen Lippen.**
„Niech reszta będzie przeklęta" – mruknął Hal, krzywiąc usta.
Mercedes schnappte nach Luft, sein grobes Wort schmerzte sie sichtlich.
Mercedes jęknęła, wyraźnie zasmucona jego wulgarnymi słowami.
Dennoch blieb sie loyal und verteidigte ihren Bruder sofort.
Mimo wszystko pozostała lojalna i natychmiast stanęła w obronie brata.
„**Kümmere dich nicht um den Mann**", **sagte sie zu Hal. „Das sind unsere Hunde."**
„Nie przejmuj się tym człowiekiem" – powiedziała do Hala. „To nasze psy".
„**Fahren Sie sie, wie Sie es für richtig halten – tun Sie, was Sie für richtig halten."**
„Prowadź je tak, jak uważasz za stosowne – rób to, co uważasz za słuszne".
Hal hob die Peitsche und schlug die Hunde erneut gnadenlos.
Hal podniósł bat i ponownie uderzył psy bez litości.
Sie stürzten sich nach vorne, die Körper tief gebeugt, die Füße in den Schnee gedrückt.
Rzucili się do przodu, pochylając nisko ciała i wbijając stopy w śnieg.
Sie gaben sich alle Mühe, den Schlitten zu ziehen, aber er bewegte sich nicht.
Całą swoją siłę włożyli w ciągnięcie, lecz sanie nie ruszyły.
Der Schlitten blieb wie ein im Schnee festgefrorener Anker stecken.
Sanie pozostały przyklejone, niczym kotwica zamarznięta w ubitym śniegu.

Nach einem zweiten Versuch blieben die Hunde wieder stehen und keuchten schwer.
Po drugiej próbie psy znów się zatrzymały, ciężko dysząc.
Hal hob die Peitsche noch einmal, gerade als Mercedes erneut eingriff.
Hal ponownie podniósł bat, akurat w chwili, gdy Mercedes znów wkroczyła do akcji.
Sie fiel vor Buck auf die Knie und umarmte seinen Hals.
Uklękła przed Buckiem i objęła go za szyję.
Tränen traten ihr in die Augen, als sie den erschöpften Hund anflehte.
Łzy napłynęły jej do oczu, gdy błagała wyczerpanego psa.
„Ihr Armen", sagte sie, „warum zieht ihr nicht einfach stärker?"
„Biedactwa", powiedziała, „dlaczego po prostu nie pociągniecie mocniej?"
„Wenn du ziehst, wirst du nicht so ausgepeitscht."
„Jeśli pociągniesz, to nie dostaniesz takiego bata."
Buck mochte Mercedes nicht, aber er war zu müde, um ihr jetzt zu widerstehen.
Buck nie lubił Mercedes, ale był teraz zbyt zmęczony, żeby jej się oprzeć.
Er akzeptierte ihre Tränen als einen weiteren Teil dieses elenden Tages.
Przyjął jej łzy jako kolejny element tego okropnego dnia.
Einer der zuschauenden Männer ergriff schließlich das Wort, nachdem er seinen Ärger unterdrückt hatte.
Jeden z obserwujących mężczyzn w końcu przemówił, powstrzymując gniew.
„Es ist mir egal, was mit euch passiert, Leute, aber diese Hunde sind wichtig."
„Nie obchodzi mnie, co się z wami stanie, ale te psy są ważne".
„Wenn du helfen willst, mach den Schlitten los – er ist am Schnee festgefroren."
„Jeśli chcesz pomóc, uwolnij sanki – są zamarznięte do śniegu".

„Drücken Sie fest auf die Gee-Stange, rechts und links, und brechen Sie die Eisversiegelung."
„Naciśnij mocno na drążek skrętu, w prawo i w lewo, a rozbijesz pokrywę lodową".
Ein dritter Versuch wurde unternommen, diesmal auf Vorschlag des Mannes.
Podjęto trzecią próbę, tym razem idąc za sugestią mężczyzny.
Hal schaukelte den Schlitten von einer Seite auf die andere und löste so die Kufen.
Hal zakołysał saniami na boki, aż płozy się uwolniły.
Obwohl der Schlitten überladen und unhandlich war, machte er schließlich einen Satz nach vorne.
Choć przeciążone i niezgrabne, sanie w końcu ruszyły do przodu.
Buck und die anderen zogen wild, angetrieben von einem Sturm aus Schleudertraumen.
Buck i pozostali ciągnęli jak szaleni, gnani falą uderzeń biczem.
Hundert Meter weiter machte der Weg eine Biegung und führte in die Straße hinein.
Sto jardów dalej ścieżka skręcała i prowadziła w stronę ulicy.
Um den Schlitten aufrecht zu halten, hätte es eines erfahrenen Fahrers bedurft.
Utrzymanie sań w pozycji pionowej wymagało umiejętności kierowcy.
Hal war nicht geschickt und der Schlitten kippte, als er um die Kurve schwang.
Hal nie miał odpowiednich umiejętności i sanki przewróciły się na zakręcie.
Lose Zurrgurte gaben nach und die Hälfte der Ladung ergoss sich auf den Schnee.
Luźne wiązania puściły i połowa ładunku rozsypała się na śniegu.
Die Hunde hielten nicht an; der leichtere Schlitten flog auf der Seite weiter.
Psy się nie zatrzymały; lżejsze sanie powędrowały na bok.

Wütend über die Beschimpfungen und die schwere Last rannten die Hunde noch schneller.
Wściekłe z powodu znęcania się i ciężaru, psy pobiegły szybciej.
Buck rannte wütend los und das Team folgte ihm.
Buck, wściekły, rzucił się do biegu, a reszta drużyny podążyła za nim.
Hal rief „Whoa! Whoa!", aber das Team beachtete ihn nicht.
Hal krzyknął „Whoa! Whoa!", ale drużyna nie zwróciła na niego uwagi.
Er stolperte, fiel und wurde am Geschirr über den Boden geschleift.
Potknął się, upadł i został wleczony po ziemi za uprząż.
Der umgekippte Schlitten wurde über ihn geworfen, als die Hunde weiterrasten.
Wywrócone sanie uderzyły w niego, gdy psy pobiegły naprzód.
Die restlichen Vorräte verteilten sich über die belebte Straße von Skaguay.
Reszta zapasów rozrzucona po ruchliwej ulicy Skaguay.
Gutherzige Menschen eilten herbei, um die Hunde anzuhalten und die Ausrüstung einzusammeln.
Dobroczynni ludzie pobiegli zatrzymać psy i zabrać sprzęt.
Sie gaben den neuen Reisenden auch direkte und praktische Ratschläge.
Udzielali także nowym podróżnikom bezpośrednich i praktycznych porad.
„Wenn Sie Dawson erreichen wollen, nehmen Sie die halbe Ladung und die doppelte Anzahl an Hunden mit."
„Jeśli chcesz dotrzeć do Dawsona, weź połowę ładunku i podwój liczbę psów".
Hal, Charles und Mercedes hörten zu, wenn auch nicht mit Begeisterung.
Hal, Charles i Mercedes słuchali, choć bez entuzjazmu.
Sie bauten ihr Zelt auf und begannen, ihre Vorräte zu sortieren.
Rozbili namiot i zaczęli przeglądać swoje rzeczy.

Heraus kamen Konserven, die die Zuschauer laut lachen ließen.
Na stole pojawiły się puszki z jedzeniem, co wywołało salwy śmiechu wśród gapiów.
„Konserven auf dem Weg? Bevor die schmelzen, verhungern Sie", sagte einer.
„Konserwy na szlaku? Umrzesz z głodu, zanim się rozpuszczą" – powiedział jeden.
„Hoteldecken? Die wirfst du am besten alle weg."
„Koce hotelowe? Lepiej je wszystkie wyrzucić."
„Schmeißen Sie auch das Zelt weg, und hier spült niemand mehr Geschirr."
„Pozbądź się też namiotu, a tutaj nikt nie będzie zmywał naczyń."
„Sie glauben, Sie fahren in einem Pullman-Zug mit Bediensteten an Bord?"
„Myślisz, że jedziesz pociągiem Pullman ze służbą na pokładzie?"
Der Prozess begann – jeder nutzlose Gegenstand wurde beiseite geworfen.
Proces się rozpoczął — wszystkie bezużyteczne przedmioty zostały wyrzucone na bok.
Mercedes weinte, als ihre Taschen auf den schneebedeckten Boden geleert wurden.
Mercedes płakała, gdy wysypano jej torby na zaśnieżoną ziemię.
Sie schluchzte ohne Pause über jeden einzelnen hinausgeworfenen Gegenstand.
Płakała nad każdą rzeczą, którą wyrzucała po kolei, bez chwili zawahania.
Sie schwor, keinen Schritt weiterzugehen – nicht einmal für zehn Charleses.
Przyrzekła sobie, że nie zrobi ani jednego kroku więcej – nawet za dziesięciu Charlesów.
Sie flehte alle Menschen in ihrer Nähe an, ihr ihre wertvollen Sachen zu überlassen.

Błagała każdą osobę znajdującą się w pobliżu, aby pozwoliła jej zatrzymać jej cenne rzeczy.

Schließlich wischte sie sich die Augen und begann, auch die wichtigsten Kleidungsstücke wegzuwerfen.

Na koniec otarła oczy i zaczęła wyrzucać nawet najważniejsze ubrania.

Als sie mit ihrem eigenen fertig war, begann sie, die Vorräte der Männer auszuräumen.

Kiedy skończyła ze swoimi rzeczami, zaczęła opróżniać zapasy mężczyzn.

Wie ein Wirbelwind verwüstete sie die Habseligkeiten von Charles und Hal.

Jak huragan porwała rzeczy Charlesa i Hala.

Obwohl die Ladung halbiert wurde, war sie immer noch viel schwerer als nötig.

Mimo że ładunek zmniejszył się o połowę, nadal był znacznie cięższy, niż było to konieczne.

In dieser Nacht gingen Charles und Hal los und kauften sechs neue Hunde.

Tej nocy Charles i Hal poszli i kupili sześć nowych psów.

Diese neuen Hunde gesellten sich zu den ursprünglichen sechs, plus Teek und Koona.

Do pierwotnej szóstki, plus Teeka i Koonę, dołączyły nowe psy.

Zusammen bildeten sie ein Gespann aus vierzehn Hunden, die vor den Schlitten gespannt wurden.

Razem stworzyli zespół składający się z czternastu psów zaprzęgniętych do sań.

Doch die neuen Hunde waren für die Schlittenarbeit ungeeignet und schlecht ausgebildet.

Jednak nowe psy nie nadawały się do pracy zaprzęgowej i były do tego słabo wyszkolone.

Drei der Hunde waren kurzhaarige Vorstehhunde und einer war ein Neufundländer.

Trzy z psów były krótkowłosymi pointerami, a jeden był nowofundlandem.

Bei den letzten beiden Hunden handelte es sich um Mischlinge ohne eindeutige Rasse oder Zweckbestimmung.
Ostatnie dwa psy były kundlami bez wyraźnej rasy i przeznaczenia.
Sie haben den Weg nicht verstanden und ihn nicht schnell gelernt.
Nie rozumieli szlaku i nie nauczyli się go szybko.
Buck und seine Kameraden beobachteten sie mit Verachtung und tiefer Verärgerung.
Buck i jego towarzysze patrzyli na nich z pogardą i głęboką irytacją.
Obwohl Buck ihnen beibrachte, was sie nicht tun sollten, konnte er ihnen keine Pflicht beibringen.
Chociaż Buck uczył ich, czego nie należy robić, nie potrafił nauczyć ich obowiązku.
Sie kamen mit dem Leben auf dem Wanderpfad und dem Ziehen von Zügeln und Schlitten nicht gut zurecht.
Nie znosiły życia na szlaku ani ciągnięcia lejców i sań.
Nur die Mischlinge versuchten, sich anzupassen, und selbst ihnen fehlte der Kampfgeist.
Tylko kundle próbowały się przystosować, ale nawet im brakowało ducha walki.
Die anderen Hunde waren durch ihr neues Leben verwirrt, geschwächt und gebrochen.
Pozostałe psy były zdezorientowane, osłabione i złamane nowym życiem.
Da die neuen Hunde ahnungslos und die alten erschöpft waren, gab es kaum Hoffnung.
Nowe psy nie miały pojęcia, co się dzieje, a stare były wyczerpane, więc nadzieja była nikła.
Bucks Team hatte zweitausendfünfhundert Meilen eines rauen Pfades zurückgelegt.
Zespół Bucka pokonał dwadzieścia pięćset mil trudnego szlaku.
Dennoch waren die beiden Männer fröhlich und stolz auf ihr großes Hundegespann.

Mimo to obaj mężczyźni byli radośni i dumni ze swojego dużego psiego zaprzęgu.

Sie dachten, sie würden mit Stil reisen, mit vierzehn Hunden an der Leine.

Myśleli, że podróżują z klasą, zabierając ze sobą czternaście psów.

Sie hatten gesehen, wie Schlitten nach Dawson aufbrachen und andere von dort ankamen.

Widzieli sanie odjeżdżające do Dawson i inne przyjeżdżające stamtąd.

Aber noch nie hatten sie eins gesehen, das von bis zu vierzehn Hunden gezogen wurde.

Ale nigdy nie widzieli pojazdu ciągniętego przez czternaście psów.

Es gab einen Grund, warum solche Teams in der arktischen Wildnis selten waren.

Był powód, dla którego takie zespoły były rzadkością na arktycznych pustkowiach.

Kein Schlitten konnte genug Futter transportieren, um vierzehn Hunde für die Reise zu versorgen.

Żadne sanie nie były w stanie przewieźć wystarczającej ilości jedzenia dla czternastu psów.

Aber Charles und Hal wussten das nicht – sie hatten nachgerechnet.

Ale Charles i Hal nie wiedzieli, że to już wszystko wiedzą.

Sie haben das Futter berechnet: so viel pro Hund, so viele Tage, fertig.

Zaplanowali jedzenie: ile na psa, na ile dni, gotowe.

Mercedes betrachtete ihre Zahlen und nickte, als ob es Sinn machte.

Mercedes spojrzała na swoje liczby i pokiwała głową, jakby wszystko miało sens.

Zumindest auf dem Papier erschien ihr alles sehr einfach.

Wszystko wydawało jej się bardzo proste, przynajmniej na papierze.

Am nächsten Morgen führte Buck das Team langsam die verschneite Straße hinauf.
Następnego ranka Buck powoli poprowadził drużynę zaśnieżoną ulicą.
Weder er noch die Hunde hinter ihm hatten Energie oder Tatendrang.
Nie było w nim ani w psach za nim żadnej energii ani ducha.
Sie waren von Anfang an todmüde, es waren keine Reserven mehr vorhanden.
Byli śmiertelnie zmęczeni od samego początku, nie mieli już żadnych rezerw.
Buck hatte bereits vier Fahrten zwischen Salt Water und Dawson unternommen.
Buck odbył już cztery podróże między Salt Water i Dawson.
Als er nun erneut vor derselben Spur stand, empfand er nichts als Bitterkeit.
Teraz, gdy znów stanął przed tym samym szlakiem, nie czuł nic poza goryczą.
Er war nicht mit dem Herzen dabei und die anderen Hunde auch nicht.
Nie wkładał w to serca, tak samo jak serca innych psów.
Die neuen Hunde waren schüchtern und den Huskys fehlte jegliches Vertrauen.
Nowe psy były nieśmiałe, a husky nie wzbudzały żadnego zaufania.
Buck spürte, dass er sich auf diese beiden Männer oder ihre Schwester nicht verlassen konnte.
Buck czuł, że nie może polegać ani na tych dwóch mężczyznach, ani na ich siostrze.
Sie wussten nichts und zeigten auf dem Weg keine Anzeichen, etwas zu lernen.
Nie wiedzieli nic i nie wykazali żadnych oznak wyciągnięcia wniosków na szlaku.
Sie waren unorganisiert und es fehlte ihnen jeglicher Sinn für Disziplin.
Byli niezorganizowani i brakowało im dyscypliny.

Sie brauchten jedes Mal die halbe Nacht, um ein schlampiges Lager aufzubauen.
Za każdym razem zajmowało im to pół nocy, żeby rozbić byle jaki obóz.
Und den halben nächsten Morgen verbrachten sie wieder damit, am Schlitten herumzufummeln.
A połowę następnego poranka spędzili na ponownym majstrowaniu przy saniach.
Gegen Mittag hielten sie oft nur an, um die ungleichmäßige Beladung zu korrigieren.
Około południa często zatrzymywali się, aby poprawić nierównomierny ładunek.
An manchen Tagen legten sie insgesamt weniger als sechzehn Kilometer zurück.
W niektóre dni przebyli w sumie mniej niż dziesięć mil.
An anderen Tagen schafften sie es überhaupt nicht, das Lager zu verlassen.
Innym razem w ogóle nie udawało im się opuścić obozu.
Sie kamen nie auch nur annähernd an die geplante Nahrungsdistanz heran.
Nigdy nie zbliżyli się do zaplanowanego dystansu żywieniowego.
Wie erwartet ging das Futter für die Hunde sehr schnell aus.
Jak się spodziewano, bardzo szybko zabrakło jedzenia dla psów.
Sie haben die Sache noch schlimmer gemacht, indem sie in den ersten Tagen zu viel gefüttert haben.
Na początku sytuację pogarszało przekarmianie.
Mit jeder unvorsichtigen Ration rückte der Hungertod näher.
Każda nieostrożna racja żywnościowa przybliżała nas do głodu.
Die neuen Hunde hatten nicht gelernt, mit sehr wenig zu überleben.
Nowe psy nie nauczyły się przetrwać, mając mało jedzenia.
Sie aßen hungrig, ihr Appetit war zu groß für den Weg.
Jedli łapczywie, ich apetyty były zbyt duże jak na trasę.

Als Hal sah, wie die Hunde schwächer wurden, glaubte er, dass das Futter nicht ausreichte.
Widząc, że psy słabną, Hal uznał, że jedzenie nie wystarczy.
Er verdoppelte die Rationen und verschlimmerte damit den Fehler noch.
Podwoił racje żywnościowe, co tylko pogorszyło sprawę.
Mercedes verschärfte das Problem mit Tränen und leisem Flehen.
Mercedes pogorszyła sprawę łzami i cichymi prośbami.
Als sie Hal nicht überzeugen konnte, fütterte sie die Hunde heimlich.
Gdy nie udało jej się przekonać Hala, potajemnie karmiła psy.
Sie stahl den Fisch aus den Säcken und gab ihn ihnen hinter seinem Rücken.
Ukradła ryby z worków i dała im je za jego plecami.
Doch was die Hunde wirklich brauchten, war nicht mehr Futter, sondern Ruhe.
Ale tym, czego psy naprawdę potrzebowały, nie było jedzenie, lecz odpoczynek.
Sie kamen nur langsam voran, aber der schwere Schlitten schleppte sich trotzdem weiter.
Choć jechali słabo, ciężkie sanie nadal się ciągnęły.
Allein dieses Gewicht zehrte jeden Tag an ihrer verbleibenden Kraft.
Sam ten ciężar pozbawiał ich sił, które pozostały im każdego dnia.
Dann kam es zur Phase der Unterernährung, da die Vorräte zur Neige gingen.
Potem nadszedł etap niedożywienia, gdyż zapasy zaczęły się kończyć.
Eines Morgens stellte Hal fest, dass die Hälfte des Hundefutters bereits weg war.
Pewnego ranka Hal zdał sobie sprawę, że połowa karmy dla psa już się skończyła.
Sie hatten nur ein Viertel der gesamten Wegstrecke zurückgelegt.
Przebyli zaledwie jedną czwartą całkowitego dystansu szlaku.

Es konnten keine Lebensmittel mehr gekauft werden, egal zu welchem Preis.
Nie można było już kupić jedzenia, bez względu na oferowaną cenę.
Er reduzierte die Portionen der Hunde unter die normale Tagesration.
Zmniejszył porcje dla psów poniżej standardowej dziennej racji.
Gleichzeitig forderte er längere Reisemöglichkeiten, um die Verluste auszugleichen.
Jednocześnie domagał się dłuższego czasu podróży, aby zrekompensować straty.
Mercedes und Charles unterstützten diesen Plan, scheiterten jedoch bei der Umsetzung.
Mercedes i Charles poparli ten plan, ale nie udało im się go zrealizować.
Ihr schwerer Schlitten und ihre mangelnden Fähigkeiten machten ein Vorankommen nahezu unmöglich.
Ciężkie sanie i brak umiejętności sprawiały, że postęp był niemal niemożliwy.
Es war einfach, weniger Futter zu geben, aber unmöglich, mehr Anstrengung zu erzwingen.
Łatwo było dać mniej jedzenia, ale wymuszenie większego wysiłku było niemożliwe.
Sie konnten weder früher anfangen, noch konnten sie Überstunden machen.
Nie mogli zacząć wcześniej, ani podróżować dłużej.
Sie wussten nicht, wie sie mit den Hunden und überhaupt mit sich selbst arbeiten sollten.
Nie wiedzieli, jak pracować z psami, ani z samymi sobą.
Der erste Hund, der starb, war Dub, der unglückliche, aber fleißige Dieb.
Pierwszym psem, który zginął, był Dub, pechowy, ale pracowity złodziej.
Obwohl Dub oft bestraft wurde, leistete er ohne zu klagen seinen Beitrag.

Choć Dub był często karany, nie narzekał i zawsze dokładał starań.
Seine Schulterverletzung verschlimmerte sich ohne Pflege und nötige Ruhe.
Kontuzja jego ramienia pogarszała się, gdy nie dbał o nią ani nie potrzebował odpoczynku.
Schließlich beendete Hal mit dem Revolver Dubs Leiden.
Na koniec Hal użył rewolweru, by zakończyć cierpienie Duba.
Ein gängiges Sprichwort besagt, dass normale Hunde an der Husky-Ration sterben.
Popularne powiedzenie głosi, że normalne psy umierają na racjach husky.
Bucks sechs neue Gefährten bekamen nur die Hälfte des Futteranteils des Huskys.
Sześcioro nowych towarzyszy Bucka miało tylko połowę porcji pożywienia, jaką miał husky.
Zuerst starb der Neufundländer, dann die drei kurzhaarigen Vorstehhunde.
Najpierw zginął nowofundland, potem trzy krótkowłose pointery.
Die beiden Mischlinge hielten länger durch, kamen aber schließlich wie die anderen um.
Oba kundle wytrzymały dłużej, ale w końcu zginęły, tak jak reszta.
Zu diesem Zeitpunkt waren alle Annehmlichkeiten und die Sanftheit des Südens verschwunden.
W tym czasie wszelkie udogodnienia i łagodność Południa już dawno zniknęły.
Die drei Menschen hatten die letzten Spuren ihrer zivilisierten Erziehung abgelegt.
Te trzy osoby pozbyły się ostatnich śladów cywilizowanego wychowania.
Ohne Glamour und Romantik wurde das Reisen in die Arktis zur brutalen Realität.
Pozbawiona blasku i romantyzmu podróż na Arktykę stała się brutalnie realna.

Es war eine Realität, die zu hart für ihr Männlichkeits- und Weiblichkeitsgefühl war.
Była to rzeczywistość zbyt surowa dla ich poczucia męskości i kobiecości.
Mercedes weinte nicht mehr um die Hunde, sondern nur noch um sich selbst.
Mercedes nie płakała już nad psami, ale teraz płakała już tylko nad sobą.
Sie verbrachte ihre Zeit damit, zu weinen und mit Hal und Charles zu streiten.
Spędzała czas na płaczu i kłótniach z Halem i Charlesem.
Streiten war das Einzige, wozu sie nie zu müde waren.
Kłótnie były jedyną rzeczą, której nigdy nie byli zbyt zmęczeni.
Ihre Gereiztheit rührte vom Elend her, wuchs mit ihm und übertraf es.
Ich drażliwość wynikała z nieszczęścia, rosła wraz z nim i przewyższała je.
Die Geduld des Weges, die diejenigen kennen, die sich abmühen und freundlich leiden, kam nie.
Cierpliwość szlaku, znana tym, którzy ciężko pracują i cierpią z życzliwością, nigdy nie nadeszła.
Diese Geduld, die die Sprache trotz Schmerzen süß hält, war ihnen unbekannt.
Ta cierpliwość, która pozwala zachować słodycz mowy pomimo bólu, była im nieznana.
Sie besaßen nicht die geringste Spur von Geduld und schöpften keine Kraft aus dem anmutigen Leiden.
Nie było w nich ani krzty cierpliwości, żadnej siły czerpanej z cierpienia z wdzięcznością.
Sie waren steif vor Schmerz – ihre Muskeln, Knochen und ihr Herz schmerzten.
Byli zesztywniali z bólu – bolały ich mięśnie, kości i serca.
Aus diesem Grund bekamen sie eine scharfe Zunge und waren schnell im Umgang mit harten Worten.
Z tego powodu stali się ostrzy w języku i skorzy do używania ostrych słów.

Jeder Tag begann und endete mit wütenden Stimmen und bitteren Klagen.
Każdy dzień zaczynał się i kończył gniewnymi głosami i gorzkimi skargami.

Charles und Hal stritten sich, wann immer Mercedes ihnen eine Chance gab.
Charles i Hal kłócili się za każdym razem, gdy Mercedes dawała im szansę.

Jeder Mann glaubte, dass er mehr als seinen gerechten Anteil an der Arbeit geleistet hatte.
Każdy z mężczyzn uważał, że wykonał więcej niż jego uczciwy przydział pracy.

Keiner von beiden ließ es sich je entgehen, dies immer wieder zu sagen.
Żadne z nich nigdy nie przegapiło okazji, żeby to powiedzieć raz po raz.

Manchmal stand Mercedes auf der Seite von Charles, manchmal auf der Seite von Hal.
Czasami Mercedes stawała po stronie Charlesa, czasami po stronie Hala.

Dies führte zu einem großen und endlosen Streit zwischen den dreien.
Doprowadziło to do wielkiej i niekończącej się kłótni między tą trójką.

Ein Streit darüber, wer Brennholz hacken sollte, geriet außer Kontrolle.
Spór o to, kto powinien rąbać drewno na opał, wymknął się spod kontroli.

Bald wurden Väter, Mütter, Cousins und verstorbene Verwandte genannt.
Wkrótce zaczęto podawać nazwiska ojców, matek, kuzynów i zmarłych krewnych.

Hal's Ansichten über Kunst oder die Theaterstücke seines Onkels wurden Teil des Kampfes.
Poglądy Hala na sztukę i sztuki jego wuja stały się częścią walki.

Auch Charles' politische Überzeugungen wurden in die Debatte einbezogen.
Poglądy polityczne Karola również stały się przedmiotem debaty.
Für Mercedes schienen sogar die Gerüchte über die Schwester ihres Mannes relevant zu sein.
Nawet plotki siostry jej męża wydawały się Mercedes istotne.
Sie äußerte ihre Meinung dazu und zu vielen Fehlern in Charles' Familie.
Wyraziła swoją opinię na ten temat, jak również na temat wielu wad rodziny Charlesa.
Während sie stritten, blieb das Feuer aus und das Lager war halb fertig.
Podczas gdy się kłócili, ognisko pozostało zgaszone, a obóz był w połowie gotowy.
In der Zwischenzeit waren die Hunde unterkühlt und hatten nichts zu fressen.
Tymczasem psy pozostawały zmarznięte i bez jedzenia.
Mercedes hegte einen Groll, den sie als zutiefst persönlich betrachtete.
Mercedes miała żal, który uważała za głęboko osobisty.
Sie fühlte sich als Frau misshandelt und fühlte sich ihrer Privilegien beraubt.
Czuła się źle traktowana jako kobieta, pozbawiona delikatnych przywilejów.
Sie war hübsch und sanft und pflegte ihr ganzes Leben lang ritterliche Gesten.
Była ładna i delikatna, i od zawsze przyzwyczajona do rycerskości.
Doch ihr Mann und ihr Bruder begegneten ihr nun mit Ungeduld.
Jednak jej mąż i brat zaczęli ją niecierpliwie traktować.
Sie hatte die Angewohnheit, sich hilflos zu verhalten, und sie begannen, sich zu beschweren.
Miała w zwyczaju zachowywać się bezradnie, więc zaczęli się skarżyć.

Sie war davon beleidigt und machte ihnen das Leben noch schwerer.
Obrażona tym, jeszcze bardziej utrudniła im życie.
Sie ignorierte die Hunde und bestand darauf, den Schlitten selbst zu fahren.
Zignorowała psy i upierała się, że sama pojedzie na saniach.
Obwohl sie von leichter Gestalt war, wog sie fünfundvierzig Kilo.
Choć wyglądała na drobną, ważyła sto dwadzieścia funtów.
Diese zusätzliche Belastung war zu viel für die hungernden, schwachen Hunde.
Ten dodatkowy ciężar był zbyt duży dla wygłodniałych i słabych psów.
Trotzdem ritt sie tagelang, bis die Hunde in den Zügeln zusammenbrachen.
Mimo to jechała jeszcze przez wiele dni, aż psy opadły z sił.
Der Schlitten stand still und Charles und Hal baten sie, zu laufen.
Sanie stały w miejscu, a Charles i Hal błagali ją, żeby poszła pieszo.
Sie flehten und flehten, aber sie weinte und nannte sie grausam.
Błagali i prosili, ale ona płakała i nazywała ich okrutnymi.
Einmal zogen sie sie mit purer Kraft und Wut vom Schlitten.
Pewnego razu ściągnęli ją z sań siłą i złością.
Nach dem, was damals passiert ist, haben sie es nie wieder versucht.
Po tym, co się wydarzyło, nigdy więcej nie próbowali.
Sie wurde schlaff wie ein verwöhntes Kind und setzte sich in den Schnee.
Zwiotczała jak rozpieszczone dziecko i usiadła na śniegu.
Sie gingen weiter, aber sie weigerte sich aufzustehen oder ihnen zu folgen.
Poszli dalej, ale ona nie chciała wstać ani pójść za nią.
Nach drei Meilen hielten sie an, kehrten um und trugen sie zurück.

Po trzech milach zatrzymali się, zawrócili i zanieśli ją z powrotem.

Sie luden sie wieder auf den Schlitten, wobei sie erneut rohe Gewalt anwandten.

Ponownie załadowali ją na sanie, znów używając brutalnej siły.

In ihrem tiefen Elend zeigten sie gegenüber dem Leid der Hunde keine Skrupel.

W swej głębokiej rozpaczy nie tolerowali cierpienia psów.

Hal glaubte, man müsse sich abhärten und zwang anderen diesen Glauben auf.

Hal uważał, że trzeba się zahartować i narzucał to przekonanie innym.

Er versuchte zunächst, seiner Schwester seine Philosophie zu predigen

Najpierw próbował przekazać swoją filozofię siostrze

und dann predigte er erfolglos seinem Schwager.

a potem, bez powodzenia, wygłosił kazanie swemu szwagrowi.

Bei den Hunden hatte er mehr Erfolg, aber nur, weil er ihnen weh tat.

Odnosił większe sukcesy z psami, ale tylko dlatego, że robił im krzywdę.

Bei Five Fingers ist das Hundefutter komplett ausgegangen.

W Five Fingers całkowicie zabrakło karmy dla psów.

Eine zahnlose alte Squaw verkaufte ein paar Pfund gefrorenes Pferdeleder

Bezzębna stara kobieta sprzedała kilka funtów zamrożonej skóry końskiej

Hal tauschte seinen Revolver gegen das getrocknete Pferdefell.

Hal wymienił swój rewolwer na wysuszoną skórę końską.

Das Fleisch stammte von den Pferden der Viehzüchter, die Monate zuvor verhungert waren.

Mięso pochodziło od wygłodzonych koni hodowców bydła wiele miesięcy wcześniej.

Gefroren war die Haut wie verzinktes Eisen: zäh und ungenießbar.
Zamrożona skóra przypominała ocynkowane żelazo; była twarda i niejadalna.
Die Hunde mussten endlos auf dem Fell herumkauen, um es zu fressen.
Psy musiały bez końca gryźć skórę, żeby ją zjeść.
Doch die ledrigen Fäden und das kurze Haar waren kaum Nahrung.
Jednakże sztywne sznurki i krótkie włosy nie stanowiły żadnego pożywienia.
Das Fell war größtenteils irritierend und kein echtes Nahrungsmittel.
Większość skóry była drażniąca i nie nadawała się do jedzenia w prawdziwym tego słowa znaczeniu.
Und während all dem taumelte Buck vorne herum, wie in einem Albtraum.
A przez cały ten czas Buck zataczał się na czele, jak w koszmarze.
Er zog, wenn er dazu in der Lage war; wenn nicht, blieb er liegen, bis er mit einer Peitsche oder einem Knüppel hochgehoben wurde.
Gdy mógł, ciągnął; gdy nie mógł, leżał, dopóki nie podniósł go bat lub pałka.
Sein feines, glänzendes Fell hatte jegliche Steifheit und jeglichen Glanz verloren, den es einst hatte.
Jego piękna, błyszcząca sierść straciła całą sztywność i połysk, jakie miała kiedyś.
Sein Haar hing schlaff herunter, war zerzaust und mit getrocknetem Blut von den Schlägen verklebt.
Jego włosy były oklapnięte, potargane i sklejone zaschniętą krwią od uderzeń.
Seine Muskeln schrumpften zu Sehnen und seine Fleischpolster waren völlig abgenutzt.
Jego mięśnie skurczyły się do rozmiarów strun głosowych, a poduszki skórne uległy zniszczeniu.

Jede Rippe, jeder Knochen war deutlich durch die Falten der runzligen Haut zu sehen.
Każde żebro, każda kość były wyraźnie widoczne przez fałdy pomarszczonej skóry.

Es war herzzerreißend, doch Bucks Herz konnte nicht brechen.
To było rozdzierające serce, jednak serce Bucka nie mogło pęknąć.

Der Mann im roten Pullover hatte das getestet und vor langer Zeit bewiesen.
Mężczyzna w czerwonym swetrze sprawdził to i udowodnił to dawno temu.

So wie es bei Buck war, war es auch bei allen seinen übrigen Teamkollegen.
Podobnie było z Buckiem, tak też było ze wszystkimi jego pozostałymi kolegami z drużyny.

Insgesamt waren es sieben, jeder einzelne ein wandelndes Skelett des Elends.
Było ich w sumie siedem i każdy z nich był chodzącym szkieletem nieszczęścia.

Sie waren gegenüber den Peitschenhieben taub geworden und spürten nur noch entfernten Schmerz.
Stali się nieczuli na chłostę, czuli jedynie odległy ból.

Sogar Bild und Ton erreichten sie nur schwach, wie durch dichten Nebel.
Nawet wzrok i słuch docierały do nich słabo, jakby przez gęstą mgłę.

Sie waren nicht halb lebendig – es waren Knochen mit schwachen Funken darin.
Nie były w połowie żywe – to były kości, w których środku tliły się słabe iskry.

Als sie angehalten wurden, brachen sie wie Leichen zusammen, ihre Funken waren fast erloschen.
Gdy się zatrzymali, upadli jak trupy, a ich iskry niemal zgasły.

Und als die Peitsche oder der Knüppel erneut zuschlug, sprühten schwache Funken.

A gdy bicz lub maczuga uderzyły ponownie, iskry trzepotały słabo.

Dann erhoben sie sich, taumelten vorwärts und schleiften ihre Gliedmaßen vor sich her.

Następnie podnieśli się, zatoczyli do przodu i pociągnęli kończyny do przodu.

Eines Tages stürzte der nette Billee und konnte überhaupt nicht mehr aufstehen.

Pewnego dnia miły Billee upadł i nie mógł już się podnieść.

Hal hatte seinen Revolver eingetauscht und benutzte stattdessen eine Axt, um Billee zu töten.

Hal oddał swój rewolwer, więc zabił Billee'ego siekierą.

Er schlug ihm auf den Kopf, schnitt dann seinen Körper los und schleifte ihn weg.

Uderzył go w głowę, po czym uwolnił ciało i odciągnął.

Buck sah dies und die anderen auch; sie wussten, dass der Tod nahe war.

Buck to zobaczył, podobnie jak pozostali. Wiedzieli, że śmierć jest bliska.

Am nächsten Tag ging Koona und ließ nur fünf Hunde im hungernden Team zurück.

Następnego dnia Koona odszedł, pozostawiając w wygłodzonej grupie tylko pięć psów.

Joe war nicht länger gemein, sondern zu weit weg, um überhaupt noch viel mitzubekommen.

Joe nie był już taki zły, był już tak daleko posunięty, że nie był świadomy niczego.

Pike täuschte seine Verletzung nicht länger vor und war kaum bei Bewusstsein.

Pike nie udawał już urazu i był ledwie przytomny.

Solleks, der immer noch treu war, beklagte, dass er nicht mehr die Kraft hatte, etwas zu geben.

Solleks, nadal wierny, żałował, że nie ma siły, by dawać.

Teek wurde am häufigsten geschlagen, weil er frischer war, aber schnell nachließ.

Teek został pobity najbardziej, bo był bardziej wypoczęty, ale szybko słabł.

Und Buck, der immer noch in Führung lag, sorgte nicht länger für Ordnung und setzte sie auch nicht durch.
A Buck, wciąż na czele, nie utrzymywał już porządku i nie egzekwował go.
Halb blind vor Schwäche folgte Buck der Spur nur nach Gefühl.
Półślepy i osłabiony Buck podążał szlakiem, kierując się wyłącznie wyczuciem.
Es war schönes Frühlingswetter, aber keiner von ihnen bemerkte es.
Pogoda była piękna, wiosenna, ale nikt tego nie zauważył.
Jeden Tag ging die Sonne früher auf und später unter als zuvor.
Każdego dnia słońce wschodziło wcześniej i zachodziło później niż poprzednio.
Um drei Uhr morgens dämmerte es, die Dämmerung dauerte bis neun Uhr.
O trzeciej nad ranem nastał świt, zmierzch trwał do dziewiątej.
Die langen Tage waren erfüllt von der vollen Strahlkraft des Frühlingssonnenscheins.
Długie dni wypełnione były pełnym blaskiem wiosennego słońca.
Die gespenstische Stille des Winters hatte sich in ein warmes Murmeln verwandelt.
Upiorna cisza zimy zmieniła się w ciepły pomruk.
Das ganze Land erwachte und war erfüllt von der Freude am Leben.
Cała kraina budziła się, tętniąc radością życia.
Das Geräusch kam von etwas, das den Winter über tot und reglos dagelegen hatte.
Dźwięk dochodził z tego, co leżało martwe i nieruchome przez całą zimę.
Jetzt bewegten sich diese Dinger wieder und schüttelten den langen Frostschlaf ab.
Teraz te rzeczy znów się poruszyły, otrząsając się z długiego, mroźnego snu.

Saft stieg durch die dunklen Stämme der wartenden Kiefern.
Sok unosił się z ciemnych pni oczekujących sosen.
An jedem Zweig von Weiden und Espen treiben leuchtende junge Knospen aus.
Na każdej gałązce wierzby i osiki pojawiają się jasne, młode pąki.
Sträucher und Weinreben erstrahlten in frischem Grün, als der Wald zum Leben erwachte.
Krzewy i winorośle pokryły się świeżą zielenią, a las ożył.
Nachts zirpten Grillen und in der Sonne krabbelten Käfer.
W nocy cykały świerszcze, a w dziennym słońcu przechadzały się owady.
Rebhühner dröhnten und Spechte klopften tief in den Bäumen.
Kuropatwy brzęczały, a dzięcioły pukały głęboko w drzewa.
Eichhörnchen schnatterten, Vögel sangen und Gänse schnatterten über den Hunden.
Wiewiórki szczebiotały, ptaki śpiewały, a gęsi gęgały nad psami.
Das Wildgeflügel kam in scharfen Keilen und flog aus dem Süden heran.
Dzikie ptactwo nadlatywało z południa w ostrych grupach.
Von jedem Hügel ertönte die Musik verborgener, rauschender Bäche.
Z każdego zbocza wzgórza dobiegała muzyka ukrytych, rwących strumieni.
Alles taute auf, brach, bog sich und geriet wieder in Bewegung.
Wszystko rozmroziło się, pękło, wygięło i znów zaczęło się poruszać.
Der Yukon bemühte sich, die Kälteketten des gefrorenen Eises zu durchbrechen.
Jukon z trudem przełamywał łańcuchy zimna zamarzniętego lodu.
Das Eis schmolz von unten, während die Sonne es von oben zum Schmelzen brachte.

Lód pod spodem topił się, a słońce topiło go od góry.
Luftlöcher öffneten sich, Risse breiteten sich aus und Brocken fielen in den Fluss.
Powstały otwory wentylacyjne, pęknięcia się rozprzestrzeniły, a kawałki ziemi spadły do rzeki.
Inmitten dieses pulsierenden und lodernden Lebens taumelten die Reisenden.
Pośród tego całego tętniącego i płonącego życia, podróżni zataczali się.
Zwei Männer, eine Frau und ein Rudel Huskys liefen wie die Toten.
Dwóch mężczyzn, kobieta i stado husky poruszali się jak zabici.
Die Hunde fielen, Mercedes weinte, fuhr aber immer noch Schlitten.
Psy padały, Mercedes płakała, ale nadal jechała na saniach.
Hal fluchte schwach und Charles blinzelte mit tränenden Augen.
Hal zaklął słabo, a Charles zamrugał, mając załzawione oczy.
Sie stolperten in John Thorntons Lager an der Mündung des White River.
Natknęli się na obóz Johna Thorntona przy ujściu White River.
Als sie anhielten, fielen die Hunde flach um, als wären sie alle tot.
Gdy się zatrzymali, psy padły płasko, jakby wszystkie zostały śmiertelnie ranne.
Mercedes wischte sich die Tränen ab und sah zu John Thornton hinüber.
Mercedes otarła łzy i spojrzała na Johna Thorntona.
Charles saß langsam und steif auf einem Baumstamm, mit Schmerzen vom Weg.
Charles siedział powoli i sztywno na kłodzie, obolały po wędrówce.
Hal redete, während Thornton das Ende eines Axtstiels schnitzte.
Hal mówił, podczas gdy Thornton rzeźbił koniec trzonka topora.

Er schnitzte Birkenholz und antwortete mit kurzen, bestimmten Antworten.
Strugał drewno brzozowe i odpowiadał krótko, lecz stanowczo.
Wenn man ihn fragte, gab er Ratschläge, war sich jedoch sicher, dass diese nicht befolgt würden.
Gdy go o to poproszono, udzielił rady, będąc pewnym, że ta nie zostanie zastosowana.
Hal erklärte: „Sie sagten uns, dass das Eis auf dem Weg schmelzen würde."
Hal wyjaśnił: „Powiedzieli nam, że lód na szlaku odpada".
„Sie sagten, wir sollten bleiben, wo wir waren – aber wir haben es bis nach White River geschafft."
„Powiedzieli, że powinniśmy zostać, ale dotarliśmy do White River."
Er schloss mit höhnischem Ton, als wolle er einen Sieg in der Not für sich beanspruchen.
Zakończył szyderczym tonem, jakby chciał ogłosić zwycięstwo w trudnościach.
„Und sie haben dir die Wahrheit gesagt", antwortete John Thornton Hal ruhig.
„I powiedzieli ci prawdę" – John Thornton odpowiedział Halowi cicho.
„Das Eis kann jeden Moment nachgeben – es ist kurz davor, abzufallen."
„Lód może runąć w każdej chwili — jest gotowy odpaść".
„Nur durch blindes Glück und ein paar Narren wäre es möglich gewesen, lebend so weit zu kommen."
„Tylko ślepy los i głupcy mogli przeżyć tak długą drogę".
„Ich sage es Ihnen ganz offen: Ich würde mein Leben nicht für alles Gold Alaskas riskieren."
„Mówię szczerze, nie zaryzykowałbym życia za całe złoto Alaski".
„Das liegt wohl daran, dass Sie kein Narr sind", antwortete Hal.
„Myślę, że to dlatego, że nie jesteś głupcem" – odpowiedział Hal.

„Trotzdem fahren wir weiter nach Dawson." Er rollte seine Peitsche ab.

„Tak czy inaczej, pójdziemy do Dawson." Rozwinął swój bicz.

„Komm rauf, Buck! Hallo! Steh auf! Los!", rief er barsch.

„Wstawaj, Buck! Cześć! Wstawaj! No dalej!" krzyknął ostro.

Thornton schnitzte weiter, wohl wissend, dass Narren nicht auf Vernunft hören.

Thornton kontynuował pracę, wiedząc, że głupcy nie usłuchają głosu rozsądku.

Einen Narren aufzuhalten war sinnlos – und zwei oder drei Narren änderten nichts.

Zatrzymanie głupca było daremne — a dwóch lub trzech głupców niczego nie zmieniło.

Doch als das Team Hal's Befehl hörte, bewegte es sich nicht.

Jednak drużyna nie ruszyła się na dźwięk rozkazu Hala.

Jetzt konnten sie nur noch durch Schläge wieder auf die Beine kommen und weiterkommen.

Teraz już tylko ciosy mogły ich zmusić do podniesienia się i ruszenia naprzód.

Immer wieder knallte die Peitsche über die geschwächten Hunde.

Bat raz po raz smagał osłabione psy.

John Thornton presste die Lippen fest zusammen und sah schweigend zu.

John Thornton zacisnął mocno usta i obserwował w milczeniu.

Solleks war der Erste, der unter der Peitsche auf die Beine kam.

Solleks jako pierwszy podniósł się na nogi po uderzeniu batem.

Dann folgte Teek zitternd. Joe schrie auf, als er stolperte.

Potem Teek podążył za nim, drżąc. Joe krzyknął, gdy się potykał.

Pike versuchte aufzustehen, scheiterte zweimal und stand schließlich unsicher da.

Pike próbował się podnieść, dwukrotnie mu się nie udało, po czym w końcu stanął chwiejnie.

Aber Buck blieb liegen, wo er hingefallen war, und bewegte sich dieses Mal überhaupt nicht.
Natomiast Buck leżał tam, gdzie upadł i tym razem w ogóle się nie ruszał.
Die Peitsche schlug immer wieder auf ihn ein, aber er gab keinen Laut von sich.
Bicz uderzał go raz po raz, ale nie wydawał żadnego dźwięku.
Er zuckte nicht zusammen und wehrte sich nicht, sondern blieb einfach still und ruhig.
Nie drgnął ani nie stawiał oporu, po prostu pozostał nieruchomy i cichy.
Thornton rührte sich mehr als einmal, als wolle er etwas sagen, tat es aber nicht.
Thornton poruszył się kilkakrotnie, jakby chciał coś powiedzieć, ale tego nie zrobił.
Seine Augen wurden feucht und immer noch knallte die Peitsche gegen Buck.
Jego oczy zrobiły się wilgotne, a bat nadal trzaskał o Bucka.
Schließlich begann Thornton langsam auf und ab zu gehen, unsicher, was er tun sollte.
W końcu Thornton zaczął powoli przechadzać się po pokoju, niepewny, co robić.
Es war das erste Mal, dass Buck versagt hatte, und Hal wurde wütend.
To była pierwsza porażka Bucka i Hal wpadł we wściekłość.
Er warf die Peitsche weg und nahm stattdessen die schwere Keule.
Odrzucił bat i zamiast niego podniósł ciężki kij.
Der Holzknüppel schlug hart auf, aber Buck stand immer noch nicht auf, um sich zu bewegen.
Drewniany kij uderzył mocno, ale Buck nadal nie podniósł się, by wykonać jakiś ruch.
Wie seine Teamkollegen war er zu schwach – aber mehr als das.
Podobnie jak jego koledzy z drużyny, był zbyt słaby, ale to nie wszystko.

Buck hatte beschlossen, sich nicht zu bewegen, egal was als Nächstes passieren würde.
Buck postanowił nie ruszać się, bez względu na to, co miało nastąpić.
Er spürte, wie etwas Dunkles und Bestimmtes direkt vor ihm schwebte.
Wyczuł coś mrocznego i pewnego, co czaiło się tuż przed nim.
Diese Angst hatte ihn ergriffen, sobald er das Flussufer erreicht hatte.
Strach ogarnął go, gdy tylko dotarł do brzegu rzeki.
Dieses Gefühl hatte ihn nicht verlassen, seit er das Eis unter seinen Pfoten dünner werden fühlte.
Uczucie to nie opuściło go, odkąd poczuł, że lód pod jego łapami staje się cienki.
Etwas Schreckliches wartete – er spürte es gleich weiter unten auf dem Weg.
Czekało na niego coś strasznego – wyczuł to tuż na szlaku.
Er würde nicht auf das Schreckliche vor ihm zugehen
Nie miał zamiaru iść w kierunku tej strasznej rzeczy, która go czekała
Er würde keinem Befehl gehorchen, der ihn zu diesem Ding führte.
Nie miał zamiaru wykonywać żadnego polecenia, które doprowadziłoby go do tego miejsca.
Der Schmerz der Schläge war für ihn kaum noch spürbar, er war zu weit weg.
Ból zadawanych ciosów już go prawie nie dotykał – był już w zbyt złym stanie.
Der Funke des Lebens flackerte schwach und erlosch unter jedem grausamen Schlag.
Iskra życia tliła się słabo, przygasała pod każdym okrutnym uderzeniem.
Seine Glieder fühlten sich fremd an, sein ganzer Körper schien einem anderen zu gehören.
Jego kończyny wydawały się odległe; całe ciało zdawało się należeć do kogoś innego.

Er spürte eine seltsame Taubheit, als der Schmerz vollständig nachließ.
Poczuł dziwne odrętwienie, a ból całkowicie ustąpił.
Aus der Ferne spürte er, dass er geschlagen wurde, aber er wusste es kaum.
Już z daleka wyczuwał, że jest bity, lecz nie zdawał sobie z tego sprawy.
Er konnte die Schläge schwach hören, aber sie taten nicht mehr wirklich weh.
Słyszał słabe odgłosy, ale już nie sprawiały prawdziwego bólu.
Die Schläge trafen, aber sein Körper schien nicht mehr sein eigener zu sein.
Ciosy spadły, ale jego ciało nie przypominało już jego własnego.
Dann stieß John Thornton plötzlich und ohne Vorwarnung einen wilden Schrei aus.
Nagle, bez ostrzeżenia, John Thornton wydał dziki krzyk.
Es war unartikuliert, eher der Schrei eines Tieres als eines Menschen.
Głos był niewyraźny, przypominał raczej krzyk zwierzęcia niż człowieka.
Er sprang mit der Keule auf den Mann zu und stieß Hal nach hinten.
Skoczył na mężczyznę z pałką i odrzucił Hala do tyłu.
Hal flog, als wäre er von einem Baum getroffen worden, und landete hart auf dem Boden.
Hal poleciał, jakby uderzyło go drzewo, i twardo wylądował na ziemi.
Mercedes schrie laut vor Panik und umklammerte ihr Gesicht.
Mercedes krzyknęła głośno w panice i złapała się za twarz.
Charles sah nur zu, wischte sich die Augen und blieb sitzen.
Charles tylko patrzył, otarł oczy i pozostał na miejscu.
Sein Körper war vor Schmerzen zu steif, um aufzustehen oder beim Kampf mitzuhelfen.

Jego ciało było zbyt sztywne z bólu, aby mógł wstać i wziąć udział w walce.

Thornton stand über Buck, zitterte vor Wut und konnte nicht sprechen.

Thornton stanął nad Buckiem, trzęsąc się ze złości i niezdolny wykrztusić słowa.

Er zitterte vor Wut und kämpfte darum, trotz allem seine Stimme wiederzufinden.

Trząsł się ze złości i walczył, żeby przebić się przez nią.

„Wenn du den Hund noch einmal schlägst, bringe ich dich um", sagte er schließlich.

„Jeśli jeszcze raz uderzysz tego psa, zabiję cię" – powiedział w końcu.

Hal wischte sich das Blut aus dem Mund und kam wieder nach vorne.

Hal otarł krew z ust i ponownie wyszedł naprzód.

„Es ist mein Hund", murmelte er. „Geh mir aus dem Weg, sonst kriege ich dich wieder in Ordnung."

„To mój pies" – mruknął. „Zejdź mi z drogi, albo cię naprawię".

„Ich gehe nach Dawson und Sie halten mich nicht auf", fügte er hinzu.

„Idę do Dawson i nie możesz mnie powstrzymać" – dodał.

Thornton stand fest zwischen Buck und dem wütenden jungen Mann.

Thornton stanął twardo między Buckiem a wściekłym młodym mężczyzną.

Er hatte nicht die Absicht, zur Seite zu treten oder Hal vorbeizulassen.

Nie miał zamiaru ustąpić ani pozwolić Halowi przejść.

Hal zog sein Jagdmesser heraus, das lang und gefährlich in der Hand lag.

Hal wyciągnął swój nóż myśliwski, długi i niebezpieczny w dłoni.

Mercedes schrie, dann weinte sie und lachte dann in wilder Hysterie.

Mercedes krzyknęła, rozpłakała się, a następnie roześmiała się histerycznie.
Thornton schlug mit dem Axtstiel hart und schnell auf Hals Hand.
Thornton uderzył Hala w rękę trzonkiem topora, mocno i szybko.
Das Messer wurde aus Hals Griff gerissen und flog zu Boden.
Nóż wypadł Halowi z ręki i upadł na ziemię.
Hal versuchte, das Messer aufzuheben, und Thornton klopfte erneut auf seine Fingerknöchel.
Hal spróbował podnieść nóż, a Thornton ponownie uderzył go w knykcie.
Dann bückte sich Thornton, griff nach dem Messer und hielt es fest.
Wtedy Thornton pochylił się, chwycił nóż i trzymał go.
Mit zwei schnellen Hieben des Axtstiels zerschnitt er Bucks Zügel.
Dwoma szybkimi cięciami trzonka topora przeciął wodze Bucka.
Hal hatte keine Kraft mehr, sich zu wehren, und trat von dem Hund zurück.
Hal nie miał już sił do walki i odsunął się od psa.
Außerdem brauchte Mercedes jetzt beide Arme, um aufrecht zu bleiben.
Poza tym Mercedes potrzebowała teraz obu rąk, żeby utrzymać się w pozycji pionowej.
Buck war dem Tod zu nahe, um noch einmal einen Schlitten ziehen zu können.
Buck był już zbyt bliski śmierci, by nadawać się do ciągnięcia sań.
Ein paar Minuten später legten sie ab und fuhren flussabwärts.
Kilka minut później wypłynęli i skierowali się w dół rzeki.
Buck hob schwach den Kopf und sah ihnen nach, wie sie die Bank verließen.
Buck słabo podniósł głowę i patrzył, jak opuszczają bank.

Pike führte das Team an, mit Solleks am Ende des Feldes.
Pike przewodził zespołowi, a Solleks jechał z tyłu, na pozycji koła.
Joe und Teek gingen dazwischen, beide humpelten vor Erschöpfung.
Joe i Teek szli pomiędzy nimi, obaj utykając ze zmęczenia.
Mercedes saß auf dem Schlitten und Hal hielt die lange Lenkstange fest.
Mercedes usiadła na saniach, a Hal chwycił długi drążek sterowniczy.
Charles stolperte hinterher, seine Schritte waren unbeholfen und unsicher.
Charles potknął się i szedł za nim niezdarnie i niepewnie.
Thornton kniete neben Buck und tastete vorsichtig nach gebrochenen Knochen.
Thornton uklęknął obok Bucka i delikatnie sprawdził, czy nie ma złamanych kości.
Seine Hände waren rau, bewegten sich aber mit Freundlichkeit und Sorgfalt.
Jego dłonie były szorstkie, ale poruszały się z życzliwością i troską.
Bucks Körper wies Blutergüsse auf, wies jedoch keine bleibenden Verletzungen auf.
Ciało Bucka było posiniaczone, jednak nie miało żadnych poważnych obrażeń.
Zurück blieben schrecklicher Hunger und nahezu völlige Schwäche.
Pozostał okropny głód i niemal całkowite osłabienie.
Als dies klar wurde, war der Schlitten bereits weit flussabwärts gefahren.
Kiedy wszystko stało się jasne, sanie były już daleko w dół rzeki.
Mann und Hund sahen zu, wie der Schlitten langsam über das knackende Eis kroch.
Mężczyzna i pies obserwowali, jak sanie powoli suną po pękającym lodzie.
Dann sahen sie, wie der Schlitten in eine Mulde sank.

Potem zobaczyli, że sanie zapadły się w zagłębienie.
Die Gee-Stange flog in die Höhe, und Hal klammerte sich immer noch vergeblich daran fest.
Słupek z wiatrem poleciał w górę, a Hal wciąż kurczowo się go trzymał, ale bezskutecznie.
Mercedes' Schrei erreichte sie über die kalte Ferne.
Krzyk Mercedes dotarł do nich przez zimną dal.
Charles drehte sich um und trat zurück – aber er war zu spät.
Charles odwrócił się i cofnął, ale było już za późno.
Eine ganze Eisdecke brach nach und sie alle fielen hindurch.
Cała pokrywa lodowa pękła i wszystkie wpadły do środka.
Hunde, Schlitten und Menschen verschwanden im schwarzen Wasser darunter.
Psy, sanie i ludzie zniknęli w czarnej wodzie poniżej.
An der Stelle, an der sie vorbeigekommen waren, war nur ein breites Loch im Eis zurückgeblieben.
W miejscu, gdzie przejechali, w lodzie pozostała tylko szeroka dziura.
Der Boden des Pfades war nach unten abgesunken – genau wie Thornton gewarnt hatte.
Dno szlaku zapadło się – dokładnie tak, jak ostrzegał Thornton.
Thornton und Buck sahen sich einen Moment lang schweigend an.
Thornton i Buck spojrzeli po sobie i przez chwilę milczeli.
„Du armer Teufel", sagte Thornton leise und Buck leckte ihm die Hand.
„Biedaku" – powiedział cicho Thornton, a Buck polizał go po ręce.

Aus Liebe zu einem Mann
Z miłości do mężczyzny

John Thornton erfror in der Kälte des vergangenen Dezembers seine Füße.
John Thornton zamarzł w grudniu z powodu zimna.
Seine Partner machten es ihm bequem und ließen ihn allein genesen.
Jego partnerzy zapewnili mu wygodę i pozostawili, aby sam doszedł do siebie.
Sie fuhren den Fluss hinauf, um ein Floß mit Sägestämmen für Dawson zu holen.
Popłynęli w górę rzeki, aby zebrać tratwę pełną kłód drewna dla Dawsona.
Er humpelte noch leicht, als er Buck vor dem Tod rettete.
Kiedy uratował Bucka przed śmiercią, wciąż lekko utykał.
Aber bei anhaltend warmem Wetter verschwand sogar dieses Hinken.
Ale wraz z utrzymującą się ciepłą pogodą, nawet to utykanie zniknęło.
Buck ruhte sich an langen Frühlingstagen am Flussufer aus.
Buck odpoczywał, leżąc nad brzegiem rzeki podczas długich wiosennych dni.
Er beobachtete das fließende Wasser und lauschte den Vögeln und Insekten.
Przyglądał się płynącej wodzie i słuchał ptaków i owadów.
Langsam erlangte Buck unter Sonne und Himmel seine Kraft zurück.
Buck powoli odzyskiwał siły pod słońcem i niebem.
Nach einer Reise von dreitausend Meilen war eine Pause ein wunderbares Gefühl.
Odpoczynek po przebyciu trzech tysięcy mil był wspaniały.
Buck wurde träge, als seine Wunden heilten und sein Körper an Gewicht zunahm.
Buck stał się leniwy, ponieważ jego rany się goiły, a ciało nabierało objętości.

Seine Muskeln wurden fester und das Fleisch bedeckte wieder seine Knochen.
Jego mięśnie stały się jędrniejsze, a kości znów pokryły się skórą.
Sie ruhten sich alle aus – Buck, Thornton, Skeet und Nig.
Wszyscy odpoczywali — Buck, Thornton, Skeet i Nig.
Sie warteten auf das Floß, das sie nach Dawson bringen sollte.
Czekali na tratwę, która miała ich zawieźć do Dawson.
Skeet war ein kleiner Irish Setter, der sich mit Buck anfreundete.
Skeet był małym irlandzkim seterem, który zaprzyjaźnił się z Buckiem.
Buck war zu schwach und krank, um ihr bei ihrem ersten Treffen Widerstand zu leisten.
Buck był zbyt słaby i chory, aby stawić jej opór podczas ich pierwszego spotkania.
Skeet hatte die Heilereigenschaft, die manche Hunde von Natur aus besitzen.
Skeet miał naturalną cechę uzdrowiciela, którą posiadają niektóre psy.
Wie eine Katzenmutter leckte und reinigte sie Bucks offene Wunden.
Jak matka kotka, lizała i oczyściła otwarte rany Bucka.
Jeden Morgen nach dem Frühstück wiederholte sie ihre sorgfältige Arbeit.
Każdego ranka po śniadaniu powtarzała swoją skrupulatną pracę.
Buck erwartete ihre Hilfe ebenso sehr wie die von Thornton.
Buck spodziewał się jej pomocy tak samo, jak oczekiwał pomocy Thorntona.
Nig war auch freundlich, aber weniger offen und weniger liebevoll.
Nig również był przyjacielski, ale mniej otwarty i uczuciowy.
Nig war ein großer schwarzer Hund, halb Bluthund, halb Hirschhund.

Nig był dużym, czarnym psem, mieszańcem charta i charta szkockiego.
Er hatte lachende Augen und eine unendlich gute Seele.
Miał śmiejące się oczy i nieskończoną dobroć ducha.
Zu Bucks Überraschung zeigte keiner der Hunde Eifersucht ihm gegenüber.
Ku zaskoczeniu Bucka, żaden z psów nie okazał zazdrości.
Sowohl Skeet als auch Nig erfuhren die Freundlichkeit von John Thornton.
Zarówno Skeet, jak i Nig dzielili się życzliwością Johna Thorntona.
Als Buck stärker wurde, verleiteten sie ihn zu albernen Hundespielen.
Kiedy Buck stawał się silniejszy, wciągali go w głupie, psie zabawy.
Auch Thornton spielte oft mit ihnen und konnte ihrer Freude nicht widerstehen.
Thornton również często się z nimi bawił, nie potrafiąc oprzeć się ich radości.
Auf diese spielerische Weise gelang Buck der Übergang von der Krankheit in ein neues Leben.
W ten zabawny sposób Buck przeszedł od choroby do nowego życia.
Endlich hatte er Liebe gefunden – wahre, brennende und leidenschaftliche Liebe.
Miłość — prawdziwa, płomienna i namiętna — w końcu była jego.
Auf Millers Anwesen hatte er diese Art von Liebe nie erlebt.
Nigdy nie zaznał takiej miłości w posiadłości Millera.
Mit den Söhnen des Richters hatte er Arbeit und Abenteuer geteilt.
Razem z synami sędziego dzielił pracę i przygody.
Bei den Enkeln sah er steifen und prahlerischen Stolz.
U wnuków widział sztywną i dumną osobę.
Mit Richter Miller selbst verband ihn eine respektvolle Freundschaft.

Z samym sędzią Millerem łączył go pełen szacunku przyjacielski stosunek.

Doch mit Thornton kam eine Liebe, die Feuer, Wahnsinn und Anbetung war.

Ale miłość, która była ogniem, szaleństwem i uwielbieniem, przyszła wraz z Thorntonem.

Dieser Mann hatte Bucks Leben gerettet, und das allein bedeutete sehr viel.

Ten człowiek uratował życie Buckowi, a to już samo w sobie wiele znaczyło.

Aber darüber hinaus war John Thornton der ideale Meistertyp.

Ale co ważniejsze, John Thornton był idealnym mistrzem.

Andere Männer kümmerten sich aus Pflichtgefühl oder geschäftlicher Notwendigkeit um Hunde.

Inni mężczyźni opiekowali się psami z powodów służbowych lub zawodowych.

John Thornton kümmerte sich um seine Hunde, als wären sie seine Kinder.

John Thornton dbał o swoje psy tak, jakby były jego dziećmi.

Er kümmerte sich um sie, weil er sie liebte und einfach nicht anders konnte.

Troszczył się o nich, ponieważ ich kochał i po prostu nie potrafił sobie pomóc.

John Thornton sah sogar weiter, als die meisten Menschen jemals sehen konnten.

John Thornton widział dalej, niż większość ludzi kiedykolwiek zdołała dostrzec.

Er vergaß nie, sie freundlich zu grüßen oder ein aufmunterndes Wort zu sagen.

Nigdy nie zapominał, by ich uprzejmie pozdrowić lub powiedzieć im kilka słów otuchy.

Er liebte es, mit den Hunden zusammenzusitzen und lange zu reden, oder, wie er sagte, „gasy".

Uwielbiał siadać z psami i prowadzić z nimi długie rozmowy, które, jak sam mówił, były „gazowe".

Er packte Bucks Kopf gern grob zwischen seinen starken Händen.
Lubił mocno chwytać głowę Bucka swoimi silnymi dłońmi.
Dann lehnte er seinen Kopf an Bucks und schüttelte ihn sanft.
Następnie oparł swoją głowę o głowę Bucka i delikatnie nim potrząsnął.
Die ganze Zeit über beschimpfte er Buck mit unhöflichen Namen, die für ihn Liebe bedeuteten.
Przez cały czas wyzywał Bucka od niegrzecznych określeń, które miały mu oznaczać miłość do niego.
Buck bereiteten diese grobe Umarmung und diese Worte große Freude.
Dla Bucka ten brutalny uścisk i te słowa sprawiły głęboką radość.
Sein Herz schien bei jeder Bewegung vor Glück zu beben.
Zdawało się, że przy każdym ruchu jego serce drży ze szczęścia.
Als er anschließend aufsprang, sah sein Mund aus, als würde er lachen.
Kiedy później podniósł się, jego usta wyglądały, jakby się śmiały.
Seine Augen leuchteten hell und seine Kehle zitterte vor unausgesprochener Freude.
Jego oczy błyszczały, a gardło drżało z niewypowiedzianej radości.
Sein Lächeln blieb in diesem Zustand der Ergriffenheit und glühenden Zuneigung stehen.
Jego uśmiech pozostał nieruchomy w tym stanie emocji i promiennego uczucia.
Dann rief Thornton nachdenklich aus: „Gott! Er kann fast sprechen!"
Wtedy Thornton zawołał z namysłem: „Boże! On prawie potrafi mówić!"
Buck hatte eine seltsame Art, Liebe auszudrücken, die beinahe Schmerzen verursachte.

Buck miał dziwny sposób wyrażania miłości, który niemal sprawiał mu ból.
Er umklammerte Thorntons Hand oft sehr fest mit seinen Zähnen.
Często mocno ściskał zębami dłoń Thorntona.
Der Biss würde tiefe Spuren hinterlassen, die noch einige Zeit blieben.
Ugryzienie pozostawiło głębokie ślady, które miały pozostać widoczne jeszcze przez jakiś czas.
Buck glaubte, dass diese Eide Liebe waren, und Thornton wusste das auch.
Buck uważał, że te przysięgi są wyrazem miłości, a Thornton wiedział to samo.
Meistens zeigte sich Bucks Liebe in stiller, fast stummer Verehrung.
Najczęściej miłość Bucka wyrażała się w cichej, niemal bezgłośnej adoracji.
Obwohl er sich freute, wenn man ihn berührte oder ansprach, suchte er nicht nach Aufmerksamkeit.
Choć był podekscytowany, gdy ktoś go dotykał lub do niego mówił, nie szukał uwagi.
Skeet schob ihre Nase unter Thorntons Hand, bis er sie streichelte.
Skeet szturchnęła jej nos pod dłoń Thorntona, aż ją pogłaskał.
Nig kam leise herbei und legte seinen großen Kopf auf Thorntons Knie.
Nig podszedł cicho i oparł swoją dużą głowę na kolanie Thorntona.
Buck hingegen war zufrieden damit, aus respektvoller Distanz zu lieben.
Buck natomiast zadowalał się miłością okazywaną z szacunku na odległość.
Er lag stundenlang zu Thorntons Füßen, wachsam und aufmerksam beobachtend.
Leżał godzinami u stóp Thorntona, czujny i uważnie obserwujący.

Buck studierte jedes Detail des Gesichts seines Herrn und jede kleinste Bewegung.
Buck przyjrzał się uważnie każdemu szczegółowi twarzy swego pana i najmniejszemu jego ruchowi.
Oder er blieb weiter weg liegen und betrachtete schweigend die Gestalt des Mannes.
Albo leżał dalej, w milczeniu studiując sylwetkę mężczyzny.
Buck beobachtete jede kleine Bewegung, jede Veränderung seiner Haltung oder Geste.
Buck obserwował każdy najmniejszy ruch, każdą zmianę postawy czy gestu.
Diese Verbindung war so stark, dass sie Thorntons Blick oft auf sich zog.
To powiązanie było tak silne, że często przyciągało wzrok Thorntona.
Er begegnete Bucks Blick ohne Worte, Liebe schimmerte deutlich hindurch.
Spojrzał Buckowi w oczy bez słów, a miłość wyraźnie przez nie przebijała.
Nach seiner Rettung ließ Buck Thornton lange Zeit nicht aus den Augen.
Przez długi czas po uratowaniu Buck nie spuszczał Thorntona z oczu.
Immer wenn Thornton das Zelt verließ, folgte Buck ihm dicht auf den Fersen.
Za każdym razem, gdy Thornton opuszczał namiot, Buck podążał za nim na zewnątrz.
All die strengen Herren im Nordland hatten Buck Angst gemacht, zu vertrauen.
Wszyscy surowi panowie w Północy sprawili, że Buck bał się zaufać.
Er befürchtete, dass kein Mann länger als kurze Zeit sein Herr bleiben könnte.
Obawiał się, że żaden człowiek nie będzie w stanie pozostać jego panem dłużej niż przez krótki czas.
Er befürchtete, dass John Thornton wie Perrault und François verschwinden würde.

Obawiał się, że John Thornton zniknie, podobnie jak Perrault i François.

Sogar nachts quälte die Angst, ihn zu verlieren, Buck mit unruhigem Schlaf.

Nawet w nocy strach przed jego utratą nie dawał spokoju Buckowi.

Als Buck aufwachte, kroch er in die Kälte hinaus und ging zum Zelt.

Kiedy Buck się obudził, wyszedł na zimno i poszedł do namiotu.

Er lauschte aufmerksam auf das leise Geräusch des Atmens in seinem Inneren.

Uważnie nasłuchiwał cichego odgłosu oddechu w środku.

Trotz Bucks tiefer Liebe zu John Thornton blieb die Wildnis am Leben.

Pomimo głębokiej miłości Bucka do Johna Thorntona, dzicz pozostała przy życiu.

Dieser im Norden erwachte primitive Instinkt ist nicht verschwunden.

Ten pierwotny instynkt, ożywiony na Północy, nie zniknął.

Liebe brachte Hingabe, Treue und die warme Verbundenheit des Kaminfeuers.

Miłość przyniosła oddanie, lojalność i ciepłą więź płynącą z ogniska domowego.

Aber Buck behielt auch seine wilden Instinkte, scharf und stets wachsam.

Ale Buck zachował także swoje dzikie instynkty, ostre i zawsze czujne.

Er war nicht nur ein gezähmtes Haustier aus den sanften Ländern der Zivilisation.

Nie był po prostu oswojonym zwierzęciem domowym z miękkich krain cywilizacji.

Buck war ein wildes Wesen, das hereingekommen war, um an Thorntons Feuer zu sitzen.

Buck był dzikim stworzeniem, które przyszło usiąść przy ognisku Thorntona.

Er sah aus wie ein Südlandhund, aber in ihm lebte Wildheit.

Wyglądał jak pies z południa, ale żyła w nim dzikość.
Seine Liebe zu Thornton war zu groß, um zuzulassen, dass er den Mann bestohlen hätte.
Jego miłość do Thorntona była zbyt wielka, aby pozwolić na kradzież tego człowieka.
Aber in jedem anderen Lager würde er dreist und ohne Pause stehlen.
Ale w każdym innym obozie kradłby śmiało i bez zastanowienia.
Er war beim Stehlen so geschickt, dass ihn niemand erwischen oder beschuldigen konnte.
Był tak sprytny w kradzieżach, że nikt nie mógł go złapać ani oskarżyć.
Sein Gesicht und sein Körper waren mit Narben aus vielen vergangenen Kämpfen übersät.
Jego twarz i ciało pokrywały blizny będące pozostałością po licznych walkach.
Buck kämpfte immer noch erbittert, aber jetzt kämpfte er mit mehr List.
Buck nadal walczył zaciekle, ale tym razem wykazał się większą przebiegłością.
Skeet und Nig waren zu sanft, um zu kämpfen, und sie gehörten Thornton.
Skeet i Nig byli zbyt łagodni, by walczyć, i należeli do Thorntona.
Aber jeder fremde Hund, egal wie stark oder mutig, wich zurück.
Ale każdy obcy pies, bez względu na to jak silny czy odważny, ustępował.
Ansonsten kämpfte der Hund gegen Buck und um sein Leben.
W przeciwnym razie pies musiał walczyć z Buckiem; walczyć o swoje życie.
Buck kannte keine Gnade, wenn er sich entschied, gegen einen anderen Hund zu kämpfen.
Buck nie miał litości, gdy zdecydował się walczyć z innym psem.

Er hatte das Gesetz der Keule und des Reißzahns im Nordland gut gelernt.
W Northlandzie dobrze poznał prawo pałki i kła.
Er gab nie einen Vorteil auf und wich nie einer Schlacht aus.
Nigdy nie oddawał przewagi i nigdy nie wycofywał się z walki.
Er hatte Spitz und die wildesten Post- und Polizeihunde studiert.
Studiował szpice i najgroźniejsze psy pocztowe i policyjne.
Er wusste genau, dass es im wilden Kampf keinen Mittelweg gab.
Wiedział wyraźnie, że w zaciekłej walce nie ma miejsca na nic pośredniego.
Er musste herrschen oder beherrscht werden; Gnade zu zeigen, hieße, Schwäche zu zeigen.
Albo ktoś rządzi, albo jest rządzony; okazanie miłosierdzia oznaczało okazanie słabości.
In der rauen und brutalen Welt des Überlebens kannte man keine Gnade.
Miłosierdzie było nieznane w surowym i brutalnym świecie przetrwania.
Gnade zu zeigen wurde als Angst angesehen und Angst führte schnell zum Tod.
Okazywanie miłosierdzia było postrzegane jako strach, a strach szybko prowadził do śmierci.
Das alte Gesetz war einfach: töten oder getötet werden, essen oder gefressen werden.
Stare prawo było proste: zabij albo zostaniesz zabity, zjedz albo zostaniesz zjedzony.
Dieses Gesetz stammte aus längst vergangenen Zeiten und Buck befolgte es vollständig.
Prawo to zrodziło się w odległej przeszłości i Buck postępował zgodnie z nim w pełni.
Buck war älter als sein Alter und die Anzahl seiner Atemzüge.
Buck był starszy, niż wskazywałby na to jego wiek i liczba oddechów, które wziął.

Er verband die ferne Vergangenheit klar mit der Gegenwart.
Wyraźnie powiązał starożytną przeszłość z teraźniejszością.
Die tiefen Rhythmen der Zeitalter bewegten sich durch ihn wie die Gezeiten.
Głębokie rytmy wieków przenikały go niczym przypływy i odpływy.
Die Zeit pulsierte in seinem Blut so sicher, wie die Jahreszeiten die Erde bewegen.
Czas pulsował w jego krwi tak samo, jak pory roku poruszają ziemią.
Er saß mit starker Brust und weißen Reißzähnen an Thorntons Feuer.
Siedział przy ognisku Thorntona, miał mocną klatkę piersiową i białe kły.
Sein langes Fell wehte, aber hinter ihm beobachteten ihn die Geister wilder Hunde.
Jego długie futro powiewało, ale za jego plecami obserwowały go duchy dzikich psów.
Halbwölfe und Vollwölfe regten sich in seinem Herzen und seinen Sinnen.
Półwilki i pełne wilki poruszyły się w jego sercu i zmysłach.
Sie probierten sein Fleisch und tranken dasselbe Wasser wie er.
Spróbowali jego mięsa i wypili tę samą wodę co on.
Sie schnupperten neben ihm den Wind und lauschten dem Wald.
Węszyli razem z nim podmuchy wiatru i słuchali lasu.
Sie flüsterten die Bedeutung der wilden Geräusche in der Dunkelheit.
Szeptali znaczenie dzikich dźwięków w ciemności.
Sie prägten seine Stimmungen und leiteten jede seiner stillen Reaktionen.
Kształtowały jego nastroje i kierowały każdą z jego cichych reakcji.
Sie lagen bei ihm, während er schlief, und wurden Teil seiner tiefen Träume.

Towarzyszyły mu, gdy spał i stały się częścią jego najgłębszych snów.
Sie träumten mit ihm, über ihn hinaus und bildeten seinen Geist.
Śnili razem z nim, poza nim, i stanowili jego samego ducha.
Die Geister der Wildnis riefen so stark, dass Buck sich hingezogen fühlte.
Duchy przyrody wołały tak głośno, że Buck poczuł się przyciągnięty.
Mit jedem Tag wurden die Menschheit und ihre Ansprüche in Bucks Herzen schwächer.
Z każdym dniem ludzkość i jej roszczenia słabły w sercu Bucka.
Tief im Wald würde ein seltsamer und aufregender Ruf erklingen.
Głęboko w lesie miało rozlegać się dziwne i ekscytujące wołanie.
Jedes Mal, wenn er den Ruf hörte, verspürte Buck einen Drang, dem er nicht widerstehen konnte.
Za każdym razem, gdy słyszał wołanie, Buck odczuwał potrzebę, której nie potrafił się oprzeć.
Er wollte sich vom Feuer und den ausgetretenen menschlichen Pfaden abwenden.
Zamierzał odwrócić się od ognia i utartych ludzkich ścieżek.
Er wollte in den Wald eintauchen und weitergehen, ohne zu wissen, warum.
Zamierzał rzucić się w las, idąc naprzód, nie wiedząc dlaczego.
Er hinterfragte diese Anziehungskraft nicht, denn der Ruf war tief und kraftvoll.
Nie kwestionował tego przyciągania, ponieważ zew był głęboki i potężny.
Oft erreichte er den grünen Schatten und die weiche, unberührte Erde
Często docierał do zielonego cienia i miękkiej, nietkniętej ziemi

Doch dann zog ihn die große Liebe zu John Thornton zurück zum Feuer.
Ale wielka miłość do Johna Thorntona znów wciągnęła go w ogień.
Nur John Thornton hatte Bucks wildes Herz wirklich in seiner Gewalt.
Tylko John Thornton naprawdę potrafił zapanować nad dzikim sercem Bucka.
Der Rest der Menschheit hatte für Buck keinen bleibenden Wert oder keine bleibende Bedeutung.
Reszta ludzkości nie miała dla Bucka żadnej trwałej wartości ani znaczenia.
Fremde könnten ihn loben oder ihm mit freundlichen Händen über das Fell streicheln.
Obcy mogą go chwalić lub głaskać po futrze przyjaznymi dłońmi.
Buck blieb ungerührt und ging vor lauter Zuneigung davon.
Buck pozostał niewzruszony i odszedł, będąc pod wpływem zbytniej czułości.
Hans und Pete kamen mit dem lange erwarteten Floß
Hans i Pete przybyli tratwą, na którą długo czekali
Buck ignorierte sie, bis er erfuhr, dass sie sich in der Nähe von Thornton befanden.
Buck ignorował ich, dopóki nie dowiedział się, że są blisko Thorntona.
Danach tolerierte er sie, zeigte ihnen jedoch nie seine volle Zuneigung.
Potem tolerował ich, ale nigdy nie okazywał im pełnego ciepła.
Er nahm Essen oder Freundlichkeiten von ihnen an, als täte er ihnen einen Gefallen.
Przyjmował od nich jedzenie i okazywał życzliwość, jakby robił im przysługę.
Sie waren wie Thornton – einfach, ehrlich und klar im Denken.
Byli jak Thornton – prości, uczciwi i jasno myślący.

Gemeinsam reisten sie zu Dawsons Sägewerk und dem großen Wirbel
Wszyscy razem udali się do tartaku Dawsona i wielkiego wiru
Auf ihrer Reise lernten sie Bucks Wesen tiefgründig kennen.
Podczas podróży nauczyli się dogłębnie rozumieć naturę Bucka.
Sie versuchten nicht, sich näherzukommen, wie es Skeet und Nig getan hatten.
Nie próbowali się do siebie zbliżyć, jak to zrobili Skeet i Nig.
Doch Bucks Liebe zu John Thornton wurde mit der Zeit immer stärker.
Ale miłość Bucka do Johna Thorntona z czasem tylko się pogłębiała.
Nur Thornton könnte Buck im Sommer eine Last auf die Schultern laden.
Tylko Thornton potrafił umieścić plecak na grzbiecie Bucka latem.
Was auch immer Thornton befahl, Buck war bereit, es uneingeschränkt zu tun.
Buck był gotów wykonać każde polecenie Thorntona.
Eines Tages, nachdem sie Dawson in Richtung der Quellgewässer des Tanana verlassen hatten,
Pewnego dnia, po opuszczeniu Dawson i udaniu się do źródeł rzeki Tanana,
die Gruppe saß auf einer Klippe, die dreihundert Fuß bis zum nackten Fels abfiel.
grupa siedziała na klifie, który opadał metr w dół, aż do nagiej skały.
John Thornton saß nahe der Kante und Buck ruhte sich neben ihm aus.
John Thornton siedział blisko krawędzi, a Buck odpoczywał obok niego.
Thornton hatte plötzlich eine Idee und rief die Männer auf sich aufmerksam.
Thorntonowi przyszła nagła myśl i zwrócił uwagę mężczyzn.
Er deutete über den Abgrund und gab Buck einen einzigen Befehl.

Wskazał na przepaść i wydał Buckowi jedno polecenie.
„Spring, Buck!", sagte er und schwang seinen Arm über den Abgrund.
„Skacz, Buck!" powiedział, wyciągając rękę nad przepaścią.
Einen Moment später musste er Buck packen, der sofort lossprang, um zu gehorchen.
W pewnej chwili musiał złapać Bucka, który rzucił się, by wykonać jego polecenie.
Hans und Pete eilten nach vorne und zogen beide in Sicherheit.
Hans i Pete rzucili się do przodu i odciągnęli ich obu w bezpieczne miejsce.
Nachdem alles vorbei war und sie wieder zu Atem gekommen waren, ergriff Pete das Wort.
Gdy wszystko dobiegło końca i zdążyli złapać oddech, Pete przemówił.
„Die Liebe ist unheimlich", sagte er, erschüttert von der wilden Hingabe des Hundes.
„Miłość jest niesamowita" – powiedział, wstrząśnięty wielkim oddaniem psa.
Thornton schüttelte den Kopf und antwortete mit ruhiger Ernsthaftigkeit.
Thornton pokręcił głową i odpowiedział ze spokojną powagą.
„Nein, die Liebe ist großartig", sagte er, „aber auch schrecklich."
„Nie, miłość jest wspaniała" – powiedział – „ale i straszna".
„Manchmal, das muss ich zugeben, macht mir diese Art von Liebe Angst."
„Czasami, muszę przyznać, ten rodzaj miłości mnie przeraża."
Pete nickte und sagte: „Ich möchte nicht der Mann sein, der dich berührt."
Pete skinął głową i powiedział: „Nie chciałbym być mężczyzną, który cię dotyka".
Er sah Buck beim Sprechen ernst und voller Respekt an.
Mówiąc to patrzył na Bucka poważnie i z szacunkiem.
„Py Jingo!", sagte Hans schnell. „Ich auch nicht, nein, Sir."
„Py Jingo!" powiedział szybko Hans. „Ja też nie, nie, sir."

Noch vor Jahresende wurden Petes Befürchtungen in Circle City wahr.
Zanim rok dobiegł końca, obawy Pete'a spełniły się w Circle City.
Ein grausamer Mann namens Black Burton hat in der Bar eine Schlägerei angezettelt.
Okrutny mężczyzna o imieniu Black Burton wszczął bójkę w barze.
Er war wütend und bösartig und ging auf einen Neuling los.
Był wściekły i złośliwy, atakował nowego nowicjusza.
John Thornton schritt ein, ruhig und gutmütig wie immer.
John Thornton jak zwykle spokojny i życzliwy.
Buck lag mit gesenktem Kopf in einer Ecke und beobachtete Thornton aufmerksam.
Buck leżał w kącie, z głową spuszczoną w dół, uważnie obserwując Thorntona.
Burton schlug plötzlich zu und sein Schlag ließ Thornton herumwirbeln.
Burton nagle uderzył, jego cios powalił Thorntona.
Nur die Stangenreling verhinderte, dass er hart auf den Boden stürzte.
Tylko poręcz baru uchroniła go przed uderzeniem o ziemię.
Die Beobachter hörten ein Geräusch, das weder Bellen noch Jaulen war
Obserwatorzy usłyszeli dźwięk, który nie był szczekaniem ani piskiem
Ein tiefes Brüllen kam von Buck, als er auf den Mann zustürzte.
Buck wydał z siebie głęboki ryk i rzucił się w stronę mężczyzny.
Burton riss seinen Arm hoch und rettete nur knapp sein eigenes Leben.
Burton podniósł rękę i cudem uratował sobie życie.
Buck prallte gegen ihn und warf ihn flach auf den Boden.
Buck wpadł na niego i powalił go na podłogę.

Buck biss tief in den Arm des Mannes und stürzte sich dann auf die Kehle.
Buck wbił się głęboko w ramię mężczyzny i rzucił się na jego gardło.
Burton konnte den Angriff nur teilweise blocken und sein Hals wurde aufgerissen.
Burtonowi udało się zablokować tylko częściowo, w wyniku czego doszło do rozcięcia szyi.
Männer stürmten mit erhobenen Knüppeln herein und vertrieben Buck von dem blutenden Mann.
Mężczyźni rzucili się do akcji, podnieśli pałki i zepchnęli Bucka z krwawiącego mężczyzny.
Ein Chirurg arbeitete schnell, um den Blutausfluss zu stoppen.
Chirurg szybko zatamował odpływ krwi.
Buck ging auf und ab und knurrte, während er immer wieder versuchte anzugreifen.
Buck chodził tam i z powrotem, warcząc, próbując raz po raz atakować.
Nur schwingende Knüppel hielten ihn davon ab, Burton zu erreichen.
Tylko machnięcia kijami uniemożliwiły mu dotarcie do Burtona.
Eine Bergarbeiterversammlung wurde einberufen und noch vor Ort abgehalten.
Zwołano zebranie górników i odbyło się ono na miejscu.
Sie waren sich einig, dass Buck provoziert worden war, und stimmten für seine Freilassung.
Zgodzili się, że Buck został sprowokowany i zagłosowali za jego uwolnieniem.
Doch Bucks wilder Name hallte nun durch jedes Lager in Alaska.
Ale groźne imię Bucka rozbrzmiewało teraz w każdym obozie na Alasce.
Später im Herbst rettete Buck Thornton erneut auf eine neue Art und Weise.

Później tej jesieni Buck uratował Thorntona ponownie, ale w nowy sposób.
Die drei Männer steuerten ein langes Boot durch wilde Stromschnellen.
Trzej mężczyźni prowadzili długą łódź przez rwące bystrza.
Thornton steuerte das Boot und rief Anweisungen zur Küste.
Thornton kierował łodzią i wykrzykiwał wskazówki, jak dotrzeć do brzegu.
Hans und Pete rannten an Land und hielten sich an einem Seil fest, das sie von Baum zu Baum führte.
Hans i Pete biegali po lądzie, trzymając się liny rozpiętej między drzewami.
Buck hielt am Ufer Schritt und behielt seinen Herrn immer im Auge.
Buck biegł wzdłuż brzegu, cały czas obserwując swego pana.
An einer ungünstigen Stelle ragten Felsen aus dem schnellen Wasser hervor.
W jednym paskudnym miejscu spod rwącej wody wystawały skały.
Hans ließ das Seil los und Thornton steuerte das Boot weit.
Hans puścił linę, a Thornton skierował łódź szeroko.
Hans sprintete, um das Boot an den gefährlichen Felsen vorbei wieder zu erreichen.
Hans pobiegł, aby dogonić łódź, mijając niebezpieczne skały.
Das Boot passierte den Felsvorsprung, geriet jedoch in eine stärkere Strömung.
Łódź odbiła od krawędzi, ale uderzyła w silniejszy nurt.
Hans griff zu schnell nach dem Seil und brachte das Boot aus dem Gleichgewicht.
Hans chwycił linę zbyt szybko i łódź straciła równowagę.
Das Boot kenterte und prallte mit dem Hinterteil nach oben gegen das Ufer.
Łódź przewróciła się i uderzyła dnem w brzeg.
Thornton wurde hinausgeworfen und in den wildesten Teil des Wassers geschwemmt.
Thorntona wyrzucono i porwała w najdzikszą część wody.

Kein Schwimmer hätte in diesen tödlichen, reißenden Gewässern überleben können.
Żaden pływak nie przeżyłby w tych śmiercionośnych, rwących wodach.
Buck sprang sofort hinein und jagte seinen Herrn den Fluss hinunter.
Buck natychmiast wskoczył do wody i pobiegł za swoim panem w dół rzeki.
Nach dreihundert Metern erreichte er endlich Thornton.
Po trzystu jardach dotarł w końcu do Thorntona.
Thornton packte Buck am Schwanz und Buck drehte sich zum Ufer um.
Thornton złapał Bucka za ogon, a Buck odwrócił się w stronę brzegu.
Er schwamm mit voller Kraft und kämpfte gegen den wilden Sog des Wassers an.
Płynął z całych sił, zmagając się z gwałtownym oporem wody.
Sie bewegten sich schneller flussabwärts, als sie das Ufer erreichen konnten.
Przemieszczali się w dół rzeki szybciej, niż mogli dotrzeć do brzegu.
Vor ihnen toste der Fluss immer lauter und stürzte in tödliche Stromschnellen.
Rzeka przed nami ryczała głośniej, wpadając w śmiercionośne bystrza.
Felsen schnitten durch das Wasser wie die Zähne eines riesigen Kamms.
Skały przecinały wodę niczym zęby ogromnego grzebienia.
Die Anziehungskraft des Wassers in der Nähe des Tropfens war wild und unausweichlich.
Siła przyciągania wody w pobliżu spadku była ogromna i nieunikniona.
Thornton wusste, dass sie das Ufer nie rechtzeitig erreichen würden.
Thornton wiedział, że nie dotrą na czas do brzegu.
Er schrammte über einen Felsen, zerschmetterte einen zweiten,

Przesunął się po jednym kamieniu, roztrzaskał drugi,
Und dann prallte er gegen einen dritten Felsen, den er mit beiden Händen festhielt.
A potem uderzył w trzecią skałę, chwytając ją obiema rękami.
Er ließ Buck los und übertönte das Gebrüll: „Los, Buck! Los!"
Puścił Bucka i krzyknął ponad rykiem: „Dalej, Buck! Dawaj!"
Buck konnte sich nicht über Wasser halten und wurde von der Strömung mitgerissen.
Buck nie zdołał utrzymać się na powierzchni i został pochłonięty przez prąd.
Er kämpfte hart und versuchte, sich umzudrehen, kam aber überhaupt nicht voran.
Walczył z całych sił, usiłując się odwrócić, lecz nie zrobił żadnych postępów.
Dann hörte er, wie Thornton den Befehl über das Tosen des Flusses hinweg wiederholte.
Wtedy usłyszał Thorntona powtarzającego rozkaz, przekrzykując szum rzeki.
Buck erhob sich aus dem Wasser und hob den Kopf, als wolle er einen letzten Blick werfen.
Buck wynurzył się z wody i podniósł głowę, jakby chciał rzucić ostatnie spojrzenie.
dann drehte er sich um und gehorchte und schwamm entschlossen auf das Ufer zu.
po czym odwrócił się i posłuchał, płynąc zdecydowanie w stronę brzegu.
Pete und Hans zogen ihn im letzten Moment an Land.
Pete i Hans wyciągnęli go na brzeg w ostatniej chwili.
Sie wussten, dass Thornton sich nur noch wenige Minuten am Felsen festklammern konnte.
Wiedzieli, że Thornton wytrzyma kurczowo trzymanie się skały jeszcze przez kilka minut.
Sie rannten das Ufer hinauf zu einer Stelle weit oberhalb der Stelle, an der er hing.
Pobiegli na brzeg, aż do miejsca wysoko nad miejscem, gdzie wisiał.

Sie befestigten die Bootsleine sorgfältig an Bucks Hals und Schultern.
Ostrożnie przywiązali linę do szyi i ramion Bucka.
Das Seil saß eng, war aber locker genug zum Atmen und für Bewegung.
Lina była ciasna, ale jednocześnie wystarczająco luźna, aby umożliwić oddychanie i poruszanie się.
Dann warfen sie ihn erneut in den reißenden, tödlichen Fluss.
Następnie wrzucili go ponownie do rwącej, śmiercionośnej rzeki.
Buck schwamm mutig, verpasste jedoch seinen Winkel in die Kraft des Stroms.
Buck płynął śmiało, ale nie trafił pod właściwy kąt, wpadając w rwący nurt.
Er sah zu spät, dass er an Thornton vorbeiziehen würde.
Za późno zdał sobie sprawę, że za chwilę wyprzedzi Thorntona.
Hans riss das Seil fest, als wäre Buck ein kenterndes Boot.
Hans szarpnął linę tak mocno, jakby Buck był wywracającą się łodzią.
Die Strömung zog ihn nach unten und er verschwand unter der Oberfläche.
Prąd pociągnął go pod wodę i zniknął.
Sein Körper schlug gegen das Ufer, bevor Hans und Pete ihn herauszogen.
Jego ciało uderzyło w brzeg, zanim Hans i Pete go wyciągnęli.
Er war halb ertrunken und sie haben das Wasser aus ihm herausgeprügelt.
Był na wpół utopiony, więc wylali z niego wodę.
Buck stand auf, taumelte und brach erneut auf dem Boden zusammen.
Buck wstał, zachwiał się i znów padł na ziemię.
Dann hörten sie Thorntons Stimme, die schwach vom Wind getragen wurde.
Wtedy usłyszeli słaby głos Thorntona niesiony przez wiatr.

Obwohl die Worte undeutlich waren, wussten sie, dass er dem Tode nahe war.
Chociaż słowa były niejasne, wiedzieli, że jest bliski śmierci.
Der Klang von Thorntons Stimme traf Buck wie ein elektrischer Schlag.
Dźwięk głosu Thorntona uderzył Bucka niczym szok elektryczny.
Er sprang auf, rannte das Ufer hinauf und kehrte zum Startpunkt zurück.
Wyskoczył i pobiegł na brzeg, wracając do punktu wyjścia.
Wieder banden sie Buck das Seil fest und wieder betrat er den Bach.
Ponownie przywiązali linę do Bucka i ponownie wszedł do strumienia.
Diesmal schwamm er direkt und entschlossen in das rauschende Wasser.
Tym razem popłynął prosto i pewnie pod rwącą wodę.
Hans ließ das Seil langsam los, während Pete darauf achtete, dass es sich nicht verhedderte.
Hans stopniowo rozluźniał linę, a Pete pilnował, żeby się nie zaplątała.
Buck schwamm schnell, bis er direkt über Thornton auf einer Linie lag.
Buck płynął szybko, aż znalazł się tuż nad Thorntonem.
Dann drehte er sich um und raste wie ein Zug mit voller Geschwindigkeit nach unten.
Następnie odwrócił się i ruszył w dół, niczym rozpędzony pociąg.
Thornton sah ihn kommen, machte sich bereit und schlang die Arme um seinen Hals.
Thornton dostrzegł go, wyprostował się i objął go ramionami za szyję.
Hans band das Seil fest um einen Baum, als beide unter Wasser gezogen wurden.
Hans przywiązał linę mocno do drzewa i oboje zostali wciągnięci pod wodę.

Sie stürzten unter Wasser und zerschellten an Felsen und Flusstrümmern.
Wpadli pod wodę, rozbijając się o skały i śmieci rzeczne.
In einem Moment war Buck oben, im nächsten erhob sich Thornton keuchend.
W jednej chwili Buck był na górze, w drugiej Thornton podniósł się, łapiąc oddech.
Zerschlagen und erstickend steuerten sie auf das Ufer zu und waren in Sicherheit.
Pobici i zadławieni, skierowali się w stronę brzegu, gdzie znaleźli się w bezpiecznym miejscu.
Thornton erlangte sein Bewusstsein wieder und lag quer über einem Treibholzbaumstamm.
Thornton odzyskał przytomność, leżąc na dryfującym pniu.
Hans und Pete haben hart gearbeitet, um ihm Atem und Leben zurückzugeben.
Hans i Pete ciężko pracowali, aby przywrócić mu oddech i życie.
Sein erster Gedanke galt Buck, der regungslos und schlaff dalag.
Jego pierwszą myślą był Buck, który leżał nieruchomo i bezwładnie.
Nig heulte über Bucks Körper und Skeet leckte sanft sein Gesicht.
Nig zawył nad ciałem Bucka, a Skeet delikatnie lizał go po twarzy.
Thornton, wund und verletzt, untersuchte Buck mit vorsichtigen Händen.
Thornton, obolały i posiniaczony, ostrożnie zbadał Bucka.
Er stellte fest, dass der Hund drei Rippen gebrochen hatte, jedoch keine tödlichen Wunden aufwies.
Stwierdził u psa złamanie trzech żeber, ale nie stwierdzono u niego żadnych śmiertelnych ran.
„Damit ist die Sache geklärt", sagte Thornton. „Wir zelten hier." Und das taten sie.
„To załatwia sprawę" – powiedział Thornton. „Rozbijamy tu obóz". I tak zrobili.

Sie blieben, bis Bucks Rippen verheilt waren und er wieder laufen konnte.
Zostali tam, aż żebra Bucka się zagoiły i mógł znowu chodzić.

In diesem Winter vollbrachte Buck eine Leistung, die seinen Ruhm noch weiter steigerte.
Zimą Buck dokonał wyczynu, który jeszcze bardziej przyniósł mu sławę.

Es war weniger heroisch als Thornton zu retten, aber genauso beeindruckend.
Było to mniej bohaterskie niż uratowanie Thorntona, ale równie imponujące.

In Dawson benötigten die Partner Vorräte für eine weite Reise.
W Dawson partnerzy potrzebowali zapasów na daleką podróż.

Sie wollten nach Osten reisen, in unberührte Wildnisgebiete.
Chcieli podróżować na wschód, ku dziewiczym krainom.

Bucks Tat im Eldorado Saloon machte diese Reise möglich.
Wyczyn Bucka w Eldorado Saloon umożliwił tę podróż.

Es begann damit, dass Männer bei einem Drink mit ihren Hunden prahlten.
Wszystko zaczęło się od mężczyzn, którzy przy drinku chwalili się swoimi psami.

Bucks Ruhm machte ihn zur Zielscheibe von Herausforderungen und Zweifeln.
Sława Bucka sprawiła, że stał się obiektem wyzwań i wątpliwości.

Thornton blieb stolz und ruhig und verteidigte Bucks Namen standhaft.
Thornton, dumny i spokojny, stanął twardo w obronie imienia Bucka.

Ein Mann sagte, sein Hund könne problemlos zweihundertsechsunddreißig kg ziehen.
Pewien mężczyzna stwierdził, że jego pies z łatwością potrafi uciągnąć pięćset funtów.

Ein anderer sagte sechshundert und ein dritter prahlte mit siebenhundert.
Inny chwalił się, że jest ich sześćset, a trzeci, że siedemset.
"Pfft!", sagte John Thornton, "Buck kann einen fünfhundert kg schweren Schlitten ziehen."
"Pfft!" powiedział John Thornton, "Buck potrafi ciągnąć sanie ważące tysiąc funtów".
Matthewson, ein Bonanza-König, beugte sich vor und forderte ihn heraus.
Matthewson, członek Bonanza King, pochylił się do przodu i rzucił mu wyzwanie.
"Glauben Sie, er kann so viel Gewicht in Bewegung setzen?"
"Myślisz, że on może wprawić w ruch aż taki ciężar?"
"Und Sie glauben, er kann das Gewicht volle hundert Meter weit ziehen?"
"I myślisz, że da radę przeciągnąć ciężar na całe sto jardów?"
Thornton antwortete kühl: "Ja. Buck ist Hund genug, um das zu tun."
Thornton odpowiedział chłodno: "Tak. Buck jest wystarczająco psi, żeby to zrobić".
"Er wird tausend Pfund in Bewegung setzen und es hundert Meter weit ziehen."
"Wprawi w ruch tysiąc funtów i pociągnie sto jardów".
Matthewson lächelte langsam und stellte sicher, dass alle Männer seine Worte hörten.
Matthewson uśmiechnął się powoli i upewnił się, że wszyscy mężczyźni usłyszeli jego słowa.
"Ich habe tausend Dollar, die sagen, dass er es nicht kann. Da ist es."
"Mam tysiąc dolarów, które mówią, że nie może. Oto one."
Er knallte einen Sack Goldstaub von der Größe einer Wurst auf die Theke.
Rzucił na bar worek wielkości kiełbasy wypełniony złotym pyłem.
Niemand sagte ein Wort. Die Stille um sie herum wurde drückend und angespannt.

Nikt nie powiedział ani słowa. Cisza wokół nich stała się ciężka i napięta.

Thorntons Bluff – wenn es denn einer war – war ernst genommen worden.

Blef Thorntona — o ile można go było nazwać blefem — został potraktowany poważnie.

Er spürte, wie ihm die Hitze im Gesicht aufstieg und das Blut in seine Wangen schoss.

Poczuł, jak twarz mu się czerwieni, a policzki napływają mu do oczu.

In diesem Moment war seine Zunge seiner Vernunft voraus.

W tym momencie jego język wziął górę nad rozumem.

Er wusste wirklich nicht, ob Buck fünfhundert kg bewegen konnte.

Naprawdę nie wiedział, czy Buck będzie w stanie przetransportować tysiąc funtów.

Eine halbe Tonne! Allein die Größe ließ ihm das Herz schwer werden.

Pół tony! Już sam rozmiar sprawił, że jego serce zrobiło się ciężkie.

Er hatte Vertrauen in Bucks Stärke und hielt ihn für fähig.

Wierzył w siłę Bucka i wierzył, że jest do tego zdolny.

Doch einer solchen Herausforderung war er noch nie begegnet, nicht auf diese Art und Weise.

Ale nigdy wcześniej nie stanął przed takim wyzwaniem, nie w taki sposób.

Ein Dutzend Männer beobachteten ihn still und warteten darauf, was er tun würde.

Kilkunastu mężczyzn obserwowało go w milczeniu, czekając na to, co zrobi.

Er hatte das Geld nicht – Hans und Pete auch nicht.

Nie miał pieniędzy, podobnie jak Hans i Pete.

„Ich habe draußen einen Schlitten", sagte Matthewson kalt und direkt.

„Mam sanki na zewnątrz" – powiedział Matthewson chłodno i bezpośrednio.

„Es ist mit zwanzig Säcken zu je fünfzig Pfund beladen, alles Mehl.

„Jest tam dwadzieścia worków, każdy po pięćdziesiąt funtów, wszystkie wypełnione mąką.

Lassen Sie sich also jetzt nicht von einem fehlenden Schlitten als Ausrede ausreden", fügte er hinzu.

Więc nie pozwól, żeby zgubione sanki stały się teraz twoją wymówką" – dodał.

Thornton stand still da. Er wusste nicht, was er sagen sollte.

Thornton stał w milczeniu. Nie wiedział, jakie słowa zaproponować.

Er blickte sich die Gesichter an, ohne sie deutlich zu erkennen.

Rozejrzał się po twarzach, ale nie widział ich wyraźnie.

Er sah aus wie ein Mann, der in Gedanken erstarrt war und versuchte, neu zu starten.

Wyglądał jak człowiek zamrożony w myślach, próbujący zacząć od nowa.

Dann sah er Jim O'Brien, einen Freund aus der Mastodon-Zeit.

Potem zobaczył Jima O'Briena, przyjaciela z czasów Mastodona.

Dieses vertraute Gesicht gab ihm Mut, von dem er nicht wusste, dass er ihn hatte.

Ta znajoma twarz dodała mu odwagi, o której istnieniu nie miał pojęcia.

Er drehte sich um und fragte mit leiser Stimme: „Können Sie mir tausend leihen?"

Odwrócił się i zapytał cichym głosem: „Czy możesz pożyczyć mi tysiąc?"

„Sicher", sagte O'Brien und ließ bereits einen schweren Sack neben dem Gold fallen.

„Jasne" – powiedział O'Brien, upuszczając już ciężki worek obok złota.

„Aber ehrlich gesagt, John, ich glaube nicht, dass das Biest das tun kann."

„Ale szczerze mówiąc, John, nie wierzę, że bestia jest w stanie to zrobić".

Alle im Eldorado Saloon strömten nach draußen, um sich die Veranstaltung anzusehen.

Wszyscy obecni w Eldorado Saloon wybiegli na zewnątrz, żeby zobaczyć wydarzenie.

Sie ließen Tische und Getränke zurück und sogar die Spiele wurden unterbrochen.

Zostawili stoły i napoje, a nawet gry zostały przerwane.

Dealer und Spieler kamen, um das Ende der kühnen Wette mitzuerleben.

Krupierzy i hazardziści przybyli, aby być świadkami końca śmiałego zakładu.

Hunderte versammelten sich auf der vereisten Straße um den Schlitten.

Setki osób zebrały się wokół sań na oblodzonej ulicy.

Matthewsons Schlitten stand mit einer vollen Ladung Mehlsäcke da.

Sanie Matthewsona były załadowane workami z mąką.

Der Schlitten stand stundenlang bei Minustemperaturen.

Sanie stały przez wiele godzin w ujemnych temperaturach.

Die Kufen des Schlittens waren fest am festgetretenen Schnee festgefroren.

Płozy sań były przymarznięte do ubitego śniegu.

Die Männer wetteten zwei zu eins, dass Buck den Schlitten nicht bewegen könne.

Mężczyźni dawali dwa do jednego szansy, że Buck nie zdoła ruszyć sań.

Es kam zu einem Streit darüber, was „ausbrechen" eigentlich bedeutet.

Wybuchł spór o to, co tak naprawdę oznacza „break out".

O'Brien sagte, Thornton solle die festgefrorene Basis des Schlittens lösen.

O'Brien powiedział, że Thornton powinien poluzować zamarzniętą podstawę sań.

Buck könnte dann aus einem soliden, bewegungslosen Start „ausbrechen".

Buck mógł wtedy „wyrwać się" z solidnego, nieruchomego startu.

Matthewson argumentierte, dass der Hund auch die Läufer befreien müsse.

Matthewson argumentował, że pies musi uwolnić również biegaczy.

Die Männer, die von der Wette gehört hatten, stimmten Matthewsons Ansicht zu.

Mężczyźni, którzy słyszeli o zakładzie, zgodzili się z poglądem Matthewsona.

Mit dieser Entscheidung stiegen die Chancen auf drei zu eins gegen Buck.

Po tym orzeczeniu szanse Bucka wzrosły do trzech do jednego.

Niemand trat vor, um die wachsende Drei-zu-eins-Chance auf sich zu nehmen.

Nikt nie wystąpił, by zniwelować rosnący stosunek szans trzech do jednego.

Kein einziger Mann glaubte, dass Buck diese große Leistung vollbringen könnte.

Nikt nie wierzył, że Buck będzie w stanie dokonać tak wielkiego wyczynu.

Thornton war zu der Wette gedrängt worden, obwohl er voller Zweifel war.

Thornton został wciągnięty w zakład pełen wątpliwości.

Nun blickte er auf den Schlitten und das zehnköpfige Hundegespann daneben.

Teraz spojrzał na sanie i jadący obok nich zaprzęg złożony z dziesięciu psów.

Als ich die Realität der Aufgabe sah, erschien sie noch unmöglicher.

Realność zadania sprawiła, że wydało się ono jeszcze bardziej niemożliwe do wykonania.

Matthewson war in diesem Moment voller Stolz und Selbstvertrauen.

W tym momencie Matthewson był pełen dumy i pewności siebie.

„Drei zu eins!", rief er. „Ich wette noch tausend, Thornton!"
„Trzy do jednego!" krzyknął. „Założę się o kolejny tysiąc, Thornton!

Was sagst du dazu?", fügte er laut genug hinzu, dass es alle hören konnten.
Co mówisz?" – dodał wystarczająco głośno, aby wszyscy mogli go usłyszeć.

Thorntons Gesicht zeigte seine Zweifel, aber sein Geist war aufgeblüht.
Na twarzy Thorntona malowały się wątpliwości, lecz jego duch był silniejszy.

Dieser Kampfgeist ignorierte alle Widrigkeiten und fürchtete sich überhaupt nicht.
Ten duch walki ignorował przeciwności losu i nie bał się niczego.

Er forderte Hans und Pete auf, ihr gesamtes Bargeld auf den Tisch zu bringen.
Zadzwonił do Hansa i Pete'a, żeby postawili wszystkie swoje pieniądze na stole.

Ihnen blieb nicht mehr viel übrig – insgesamt nur zweihundert Dollar.
Zostało im niewiele — łącznie tylko dwieście dolarów.

Diese kleine Summe war ihr gesamtes Vermögen in schweren Zeiten.
Ta niewielka suma stanowiła ich cały majątek w trudnych czasach.

Dennoch setzten sie ihr gesamtes Vermögen auf Matthewsons Wette.
Mimo to postawili cały majątek przeciwko zakładowi Matthewsona.

Das zehnköpfige Hundegespann wurde abgekoppelt und vom Schlitten wegbewegt.
Zaprzęg złożony z dziesięciu psów został odczepiony i odsunął się od sań.

Buck wurde in die Zügel genommen und trug sein vertrautes Geschirr.
Bucka posadzili na lejcach i założyli mu znaną uprząż.

Er hatte die Energie der Menge aufgefangen und die Spannung gespürt.

Wyczuł energię tłumu i napięcie.

Irgendwie wusste er, dass er etwas für John Thornton tun musste.

W jakiś sposób wiedział, że musi coś zrobić dla Johna Thorntona.

Die Leute murmelten voller Bewunderung über die stolze Gestalt des Hundes.

Ludzie wyrażali podziw, widząc dumną sylwetkę psa.

Er war schlank und stark und hatte kein einziges Gramm Fleisch zu viel.

Był szczupły i silny, nie miał ani grama zbędnego ciała.

Sein Gesamtgewicht von hundertfünfzig Pfund bestand nur aus Kraft und Ausdauer.

Jego masa całkowita, wynosząca sto pięćdziesiąt funtów, odzwierciedlała siłę i wytrzymałość.

Bucks Fell glänzte wie Seide und strotzte vor Gesundheit und Kraft.

Sierść Bucka lśniła jak jedwab, gęsta od zdrowia i siły.

Das Fell an seinem Hals und seinen Schultern schien sich aufzurichten und zu sträuben.

Sierść na jego szyi i ramionach zdawała się unosić i jeżyć.

Seine Mähne bewegte sich leicht, jedes Haar war voller Energie.

Jego grzywa lekko się poruszała, każdy włos był ożywiony jego ogromną energią.

Seine breite Brust und seine starken Beine passten zu seinem schweren, robusten Körperbau.

Jego szeroka klatka piersiowa i silne nogi pasowały do jego ciężkiej, wytrzymałej sylwetki.

Unter seinem Mantel spannten sich Muskeln, straff und fest wie geschmiedetes Eisen.

Mięśnie napinały się pod jego płaszczem, napięte i sztywne niczym żelazne obręcze.

Männer berührten ihn und schworen, er sei gebaut wie eine Stahlmaschine.

Mężczyźni dotykali go i przysięgali, że jest zbudowany jak stalowa maszyna.

Die Quoten sanken leicht auf zwei zu eins gegen den großen Hund.

Szanse nieznacznie spadły do dwóch do jednego na niekorzyść wielkiego psa.

Ein Mann von den Skookum Benches drängte sich stotternd nach vorne.

Mężczyzna ze Skookum Benches ruszył naprzód, jąkając się.

„Gut, Sir! Ich biete achthundert für ihn – vor der Prüfung, Sir!"

„Dobrze, proszę pana! Oferuję za niego osiemset — przed testem, proszę pana!"

„Achthundert, so wie er jetzt dasteht!", beharrte der Mann.

„Osiemset, tak jak stoi teraz!" – upierał się mężczyzna.

Thornton trat vor, lächelte und schüttelte ruhig den Kopf.

Thornton zrobił krok naprzód, uśmiechnął się i spokojnie pokręcił głową.

Matthewson schritt schnell mit warnender Stimme und einem Stirnrunzeln ein.

Matthewson szybko zareagował, ostrzegawczo mówiąc:

„Sie müssen Abstand von ihm halten", sagte er. „Geben Sie ihm Raum."

„Musisz się od niego odsunąć" – powiedział. „Daj mu przestrzeń".

Die Menge verstummte; nur die Spieler boten noch zwei zu eins.

Tłum ucichł; tylko hazardziści oferowali dwa do jednego.

Alle bewunderten Bucks Körperbau, aber die Last schien zu groß.

Wszyscy podziwiali sylwetkę Bucka, ale ładunek wydawał się zbyt duży.

Zwanzig Säcke Mehl – jeder fünfzig Pfund schwer – schienen viel zu viel.

Dwadzieścia worków mąki — każdy ważący pięćdziesiąt funtów — wydawało się o wiele za dużo.

Niemand war bereit, seinen Geldbeutel zu öffnen und sein Geld zu riskieren.
Nikt nie chciał otwierać sakiewki i ryzykować pieniędzy.
Thornton kniete neben Buck und nahm seinen Kopf in beide Hände.
Thornton uklęknął obok Bucka i ujął jego głowę obiema dłońmi.
Er drückte seine Wange an Bucks und sprach in sein Ohr.
Przycisnął policzek do policzka Bucka i zaczął mu mówić do ucha.
Es gab jetzt kein spielerisches Schütteln oder geflüsterte liebevolle Beleidigungen.
Teraz nie było już żartobliwego potrząsania ani szeptanych czułych obelg.
Er murmelte nur leise: „So sehr du mich liebst, Buck."
Wymamrotał tylko cicho: „Tak samo jak ty mnie kochasz, Buck".
Buck stieß ein leises Winseln aus, seine Begierde konnte er kaum zurückhalten.
Buck wydał z siebie cichy jęk, ledwo powstrzymując swoją ekscytację.
Die Zuschauer beobachteten neugierig, wie Spannung in der Luft lag.
Widzowie z ciekawością obserwowali, jak napięcie unosiło się w powietrzu.
Der Moment fühlte sich fast unwirklich an, wie etwas jenseits der Vernunft.
Ta chwila wydawała się prawie nierealna, jakby wykraczała poza granice rozsądku.
Als Thornton aufstand, nahm Buck sanft seine Hand zwischen die Kiefer.
Kiedy Thornton wstał, Buck delikatnie ujął jego dłoń w szczęki.
Er drückte mit den Zähnen nach unten und ließ dann langsam und sanft los.
Nacisnął zębami, a potem powoli i delikatnie puścił.

Es war eine stille Antwort der Liebe, nicht ausgesprochen, aber verstanden.
Była to cicha odpowiedź miłości, niewypowiedziana, lecz zrozumiana.
Thornton trat weit von dem Hund zurück und gab das Signal.
Thornton odsunął się od psa i dał mu sygnał.
„Jetzt, Buck", sagte er und Buck antwortete mit konzentrierter Ruhe.
„No, Buck" – powiedział, a Buck odpowiedział mu ze skupionym spokojem.
Buck spannte die Leinen und lockerte sie dann um einige Zentimeter.
Buck zacisnął sznurki, a potem poluzował je o kilka cali.
Dies war die Methode, die er gelernt hatte; seine Art, den Schlitten zu zerbrechen.
To była metoda, której się nauczył; jego sposób na zepsucie sań.
„Mensch!", rief Thornton mit scharfer Stimme in der schweren Stille.
„Ojej!" krzyknął Thornton ostrym głosem w ciężkiej ciszy.
Buck drehte sich nach rechts und stürzte sich mit seinem gesamten Gewicht nach vorn.
Buck obrócił się w prawo i rzucił się do przodu, wykorzystując cały swój ciężar.
Das Spiel verschwand und Bucks gesamte Masse traf die straffen Leinen.
Luz zniknął, a cała masa Bucka uderzyła w napięte linki.
Der Schlitten zitterte und die Kufen machten ein knackendes, knisterndes Geräusch.
Sanie zadrżały, a płozy wydały głośny trzask.
„Haw!", befahl Thornton und änderte erneut Bucks Richtung.
„Haw!" – rozkazał Thornton, ponownie zmieniając kierunek Bucka.
Buck wiederholte die Bewegung und zog diesmal scharf nach links.

Buck powtórzył ruch, tym razem skręcając ostro w lewo.
Das Knacken des Schlittens wurde lauter, die Kufen knackten und verschoben sich.
Sanki trzaskały coraz głośniej, płozy pękały i przesuwały się.
Die schwere Last rutschte leicht seitwärts über den gefrorenen Schnee.
Ciężki ładunek lekko się przesuwał na boki po zamarzniętym śniegu.
Der Schlitten hatte sich aus der Umklammerung des eisigen Pfades gelöst!
Sanki wyrwały się z uchwytu oblodzonej ścieżki!
Die Männer hielten den Atem an, ohne zu merken, dass sie nicht einmal atmeten.
Mężczyźni wstrzymywali oddech, nie zdając sobie sprawy, że nie oddychają.
„Jetzt ZIEHEN!", rief Thornton durch die eisige Stille.
„Teraz CIĄGNIJ!" Thornton krzyknął przez mroźną ciszę.
Thorntons Befehl klang scharf wie ein Peitschenknall.
Rozkaz Thorntona zabrzmiał ostro, jak trzask bicza.
Buck stürzte sich mit einem heftigen und heftigen Ausfallschritt nach vorne.
Buck rzucił się do przodu, wykonując gwałtowny i wstrząsający atak.
Sein ganzer Körper war aufgrund der enormen Belastung angespannt und verkrampft.
Całe jego ciało było napięte i zmarszczone, pod wpływem ogromnego obciążenia.
Unter seinem Fell spannten sich Muskeln wie lebendig werdende Schlangen.
Mięśnie napinały się pod jego futrem niczym ożywione węże.
Seine breite Brust war tief, der Kopf nach vorne zum Schlitten gestreckt.
Jego wielka klatka piersiowa była nisko opuszczona, a głowa wyciągnięta do przodu w kierunku sań.
Seine Pfoten bewegten sich blitzschnell und seine Krallen zerschnitten den gefrorenen Boden.

Jego łapy poruszały się błyskawicznie, pazury przecinały zamarzniętą ziemię.
Er kämpfte um jeden Zentimeter Bodenhaftung und hinterließ tiefe Rillen.
Walcząc o każdy centymetr przyczepności, pozostawił sobie głębokie koleiny.
Der Schlitten schaukelte, zitterte und begann eine langsame, unruhige Bewegung.
Sanie zakołysały się, zadrżały i zaczęły poruszać się powoli i niespokojnie.
Ein Fuß rutschte aus und ein Mann in der Menge stöhnte laut auf.
Jedna noga się poślizgnęła i jakiś mężczyzna w tłumie jęknął głośno.
Dann machte der Schlitten mit einer ruckartigen, heftigen Bewegung einen Satz nach vorne.
Następnie sanie ruszyły do przodu szarpniętym, gwałtownym ruchem.
Es hörte nicht wieder auf – noch einen halben Zoll ... einen Zoll ... zwei Zoll mehr.
Nie zatrzymało się już – jeszcze pół cala, cal, dwa cale.
Die Stöße wurden kleiner, als der Schlitten an Geschwindigkeit zunahm.
Szarpnięcia stawały się coraz słabsze, w miarę jak sanie nabierały prędkości.
Bald zog Buck mit sanfter, gleichmäßiger Rollkraft.
Wkrótce Buck ciągnął już płynnie i równomiernie.
Die Männer schnappten nach Luft und erinnerten sich schließlich wieder daran zu atmen.
Mężczyźni z trudem łapali oddech i w końcu przypomnieli sobie, że muszą oddychać.
Sie hatten nicht bemerkt, dass ihnen vor Ehrfurcht der Atem stockte.
Nie zauważyli, że ze zdumienia zaparło im dech w piersiach.
Thornton rannte hinterher und rief kurze, fröhliche Befehle.
Thornton pobiegł za nim, wydając krótkie, wesołe polecenia.

Vor uns lag ein Stapel Brennholz, der die Entfernung markierte.
Przed nami znajdował się stos drewna na opał, który wyznaczał odległość.
Als Buck sich dem Haufen näherte, wurde der Jubel immer lauter.
W miarę jak Buck zbliżał się do stosu, wiwaty stawały się coraz głośniejsze.
Der Jubel schwoll zu einem Brüllen an, als Buck den Endpunkt passierte.
Okrzyki radości przerodziły się w ryk, gdy Buck minął punkt końcowy.
Männer sprangen auf und schrien, sogar Matthewson grinste.
Mężczyźni podskoczyli i krzyczeli, nawet Matthewson się uśmiechnął.
Hüte flogen durch die Luft, Fäustlinge wurden gedankenlos und ziellos herumgeworfen.
Kapelusze wzbiły się w powietrze, rękawice poleciały bez zastanowienia i celu.
Männer packten einander und schüttelten sich die Hände, ohne zu wissen, wer es war.
Mężczyźni chwytali się za ręce i ściskali sobie dłonie, nie wiedząc kto.
Die ganze Menge war in wilder, freudiger Stimmung.
Cały tłum szalał z radości i entuzjazmu.
Thornton fiel mit zitternden Händen neben Buck auf die Knie.
Thornton padł na kolana obok Bucka, drżącymi rękami.
Er drückte seinen Kopf an Bucks und schüttelte ihn sanft hin und her.
Przycisnął głowę do głowy Bucka i delikatnie potrząsnął nim w przód i w tył.
Diejenigen, die näher kamen, hörten, wie er den Hund mit stiller Liebe verfluchte.
Ci, którzy się zbliżyli, usłyszeli, jak przeklinał psa z cichą miłością.

Er beschimpfte Buck lange – leise, herzlich und emotional.
Przeklinał Bucka przez długi czas — cicho, serdecznie, z emocjami.
„Gut, Sir! Gut, Sir!", rief der König der Skookum-Bank hastig.
„Dobrze, panie! Dobrze, panie!" krzyknął pośpiesznie król ławy Skookum.
„Ich gebe Ihnen tausend – nein, zwölfhundert – für diesen Hund, Sir!"
„Dam panu tysiąc — nie, tysiąc dwieście — za tego psa, panie!"
Thornton stand langsam auf, seine Augen glänzten vor Emotionen.
Thornton powoli podniósł się, a jego oczy błyszczały emocją.
Tränen strömten ihm ohne jede Scham über die Wangen.
Łzy spływały mu po policzkach bez żadnego wstydu.
„Sir", sagte er zum König der Skookum-Bank, ruhig und bestimmt
„Panie" – powiedział do króla ławy Skookum, stanowczo i stanowczo
„Nein, Sir. Sie können zur Hölle fahren, Sir. Das ist meine endgültige Antwort."
„Nie, proszę pana. Może pan iść do diabła, proszę pana. To moja ostateczna odpowiedź".
Buck packte Thorntons Hand sanft mit seinen starken Kiefern.
Buck delikatnie chwycił dłoń Thorntona swoimi silnymi szczękami.
Thornton schüttelte ihn spielerisch, ihre Bindung war so tief wie eh und je.
Thornton potrząsnął nim żartobliwie. Ich więź była głęboka jak zawsze.
Die Menge, bewegt von diesem Moment, trat schweigend zurück.
Tłum, poruszony chwilą, cofnął się w milczeniu.
Von da an wagte es niemand mehr, diese heilige Zuneigung zu unterbrechen.

Od tamtej pory nikt nie odważył się przerwać tej świętej miłości.

Der Klang des Rufs
Dźwięk wezwania

Buck hatte in fünf Minuten Sechzehnhundert Dollar verdient.
Buck zarobił tysiąc szesnaścieset dolarów w pięć minut.
Mit dem Geld konnte John Thornton einen Teil seiner Schulden begleichen.
Dzięki tym pieniądzom John Thornton mógł spłacić część swoich długów.
Mit dem restlichen Geld machte er sich mit seinen Partnern auf den Weg nach Osten.
Za resztę pieniędzy udał się ze swoimi wspólnikami na Wschód.
Sie suchten nach einer sagenumwobenen verlorenen Mine, die so alt ist wie das Land selbst.
Szukali legendarnej, zaginionej kopalni, tak starej jak sam kraj.
Viele Männer hatten nach der Mine gesucht, aber nur wenige hatten sie je gefunden.
Wielu mężczyzn szukało kopalni, lecz niewielu ją znalazło.
Während der gefährlichen Suche waren nicht wenige Männer verschwunden.
Podczas tej niebezpiecznej wyprawy zniknęło wielu mężczyzn.
Diese verlorene Mine war sowohl in Geheimnisse als auch in eine alte Tragödie gehüllt.
Ta zaginiona kopalnia była owiana tajemnicą i dawną tragedią.
Niemand wusste, wer der erste Mann war, der die Mine entdeckt hatte.
Nikt nie wiedział, kto pierwszy odkrył kopalnię.

In den ältesten Geschichten wird niemand namentlich erwähnt.
Najstarsze opowieści nie wymieniają nikogo po imieniu.
Dort hatte immer eine alte, baufällige Hütte gestanden.
Zawsze stała tam stara, rozpadająca się chata.
Sterbende Männer hatten geschworen, dass sich neben dieser alten Hütte eine Mine befand.
Umierający mężczyźni przysięgali, że obok starej chaty znajdowała się kopalnia.
Sie bewiesen ihre Geschichten mit Gold, wie es nirgendwo sonst zu finden ist.
Udowodnili swoje opowieści złotem, jakiego nie znaleziono nigdzie indziej.
Keine lebende Seele hatte den Schatz von diesem Ort jemals geplündert.
Żadna żywa istota nigdy nie ukradła skarbu z tego miejsca.
Die Toten waren tot, und Tote erzählen keine Geschichten.
Umarli byli martwi, a umarli nie opowiadają historii.
Also machten sich Thornton und seine Freunde auf den Weg in den Osten.
Thornton i jego przyjaciele udali się więc na Wschód.
Pete und Hans kamen mit Buck und sechs starken Hunden.
Dołączyli do nich Pete i Hans, zabierając ze sobą Bucka i sześć silnych psów.
Sie begaben sich auf einen unbekannten Weg, an dem andere gescheitert waren.
Wyruszyli nieznanym szlakiem, na którym inni zawiedli.
Sie rodelten siebzig Meilen den zugefrorenen Yukon River hinauf.
Zjechali na sankach siedemdziesiąt mil w górę zamarzniętej rzeki Jukon.
Sie bogen links ab und folgten dem Pfad bis zum Stewart.
Skręcili w lewo i podążyli szlakiem do Stewart.
Sie passierten Mayo und McQuestion und drängten weiter.
Minęli Mayo i McQuestion i poszli dalej.
Der Stewart schrumpfte zu einem Strom, der sich durch zerklüftete Gipfel schlängelte.

Rzeka Stewart zamieniła się w strumień, wijący się wśród poszarpanych szczytów.
Diese scharfen Gipfel markierten das Rückgrat des Kontinents.
Te ostre szczyty stanowiły trzon kontynentu.
John Thornton verlangte wenig von den Menschen oder der Wildnis.
John Thornton nie wymagał wiele od ludzi i dzikiej przyrody.
Er fürchtete nichts in der Natur und begegnete der Wildnis mit Leichtigkeit.
Nie bał się niczego w przyrodzie i z łatwością stawiał czoła dzikiej przyrodzie.
Nur mit Salz und einem Gewehr konnte er reisen, wohin er wollte.
Mając jedynie sól i karabin, mógł podróżować, dokąd chciał.
Wie die Eingeborenen jagte er auf seiner Reise nach Nahrung.
Podobnie jak tubylcy, polował w trakcie podróży, aby zdobyć pożywienie.
Wenn er nichts fing, machte er weiter und vertraute auf sein Glück.
Jeżeli nic nie złowił, szedł dalej, licząc na szczęście.
Auf dieser langen Reise war Fleisch die Hauptnahrungsquelle.
W czasie tej długiej podróży ich głównym pożywieniem było mięso.
Der Schlitten enthielt Werkzeuge und Munition, jedoch keinen strengen Zeitplan.
Na saniach znajdowały się narzędzia i amunicja, ale nie podano żadnego konkretnego rozkładu jazdy.
Buck liebte dieses Herumwandern, die endlose Jagd und das Fischen.
Buck uwielbiał te wędrówki, niekończące się polowania i łowienie ryb.
Wochenlang waren sie Tag für Tag unterwegs.
Przez tygodnie podróżowali dzień po dniu.

Manchmal schlugen sie Lager auf und blieben wochenlang dort.
Innym razem zakładali obozy i pozostawali w miejscu przez wiele tygodni.
Die Hunde ruhten sich aus, während die Männer im gefrorenen Dreck gruben.
Psy odpoczywały, podczas gdy mężczyźni kopali w zamarzniętej ziemi.
Sie erwärmten Pfannen über dem Feuer und suchten nach verborgenem Gold.
Rozgrzewali patelnie nad ogniem i szukali ukrytego złota.
An manchen Tagen hungerten sie, an anderen feierten sie Feste.
Czasem głodowali, a czasem urządzali uczty.
Ihre Mahlzeiten hingen vom Wild und vom Jagdglück ab.
Ich wyżywienie zależało od upolowanej zwierzyny i szczęścia podczas polowania.
Als der Sommer kam, trugen Männer und Hunde schwere Lasten auf ihren Rücken.
Kiedy nadeszło lato, mężczyźni i psy pakowali ładunki na plecy.
Sie fuhren mit dem Floß über blaue Seen, die in Bergwäldern versteckt waren.
Spływali tratwami po błękitnych jeziorach ukrytych w górskich lasach.
Sie segelten in schmalen Booten auf Flüssen, die noch nie von Menschen kartiert worden waren.
Pływali smukłymi łódkami po rzekach, których żaden człowiek nigdy nie zmapował.
Diese Boote wurden aus Bäumen gebaut, die sie in der Wildnis gesägt haben.
Łodzie te budowano z drzew ściętych na wolności.

Die Monate vergingen und sie schlängelten sich durch die wilden, unbekannten Länder.
Miesiące mijały, a oni przemierzali dzikie, nieznane krainy.

Es waren keine Männer dort, doch alte Spuren deuteten darauf hin, dass Männer dort gewesen waren.
Nie było tam żadnych mężczyzn, jednak stare ślady wskazywały, że byli tam kiedyś.
Wenn die verlorene Hütte echt war, dann waren einst andere hier entlang gekommen.
Jeśli Zaginiona Chata istniała naprawdę, to znaczy, że inni też kiedyś tędy przechodzili.
Sie überquerten hohe Pässe bei Schneestürmen, sogar im Sommer.
Przemierzali wysokie przełęcze w czasie zamieci, nawet latem.
Sie zitterten unter der Mitternachtssonne auf kahlen Berghängen.
Trzęsli się z zimna pod północnym słońcem na nagich zboczach gór.
Zwischen der Baumgrenze und den Schneefeldern stiegen sie langsam auf.
Powoli wspinali się między linią drzew a polami śnieżnymi.
In warmen Tälern schlugen sie nach Schwärmen aus Mücken und Fliegen.
W ciepłych dolinach odganiali chmary meszek i much.
Sie pflückten süße Beeren in der Nähe von Gletschern in voller Sommerblüte.
Zbierali słodkie jagody w pobliżu lodowców, w pełnym rozkwicie lata.
Die Blumen, die sie fanden, waren genauso schön wie die im Süden.
Kwiaty, które znaleźli, były równie piękne jak te w Southland.
Im Herbst erreichten sie eine einsame Region voller stiller Seen.
Jesienią dotarli do odludnego regionu pełnego cichych jezior.
Das Land war traurig und leer, einst voller Vögel und Tiere.
Kraj był smutny i pusty, kiedyś pełen ptaków i zwierząt.
Jetzt gab es kein Leben mehr, nur noch den Wind und das Eis, das sich in Pfützen bildete.
Teraz nie było już żadnego życia, tylko wiatr i lód tworzący się w kałużach.

Mit einem sanften, traurigen Geräusch schlugen die Wellen gegen die leeren Ufer.
Fale uderzały o puste brzegi z cichym, żałobnym dźwiękiem.

Ein weiterer Winter kam und sie folgten erneut schwachen, alten Spuren.
Nadeszła kolejna zima i znów podążali starymi, niewyraźnymi szlakami.

Dies waren die Spuren von Männern, die schon lange vor ihnen gesucht hatten.
To były ślady ludzi, którzy szukali tu na długo przed nimi.

Einmal fanden sie einen Pfad, der tief in den dunklen Wald hineinreichte.
Pewnego razu znaleźli ścieżkę prowadzącą głęboko w ciemny las.

Es war ein alter Pfad und sie hatten das Gefühl, dass die verlorene Hütte ganz in der Nähe war.
To był stary szlak i czuli, że zaginiona chata jest blisko.

Doch die Spur führte nirgendwo hin und verlor sich im dichten Wald.
Ale trop nie prowadził donikąd i nikł w gęstym lesie.

Wer auch immer die Spur angelegt hat und warum, das wusste niemand.
Nikt nie wiedział, kto stworzył ten szlak i w jakim celu.

Später fanden sie das Wrack einer Hütte, versteckt zwischen den Bäumen.
Później odnaleźli wrak domku letniskowego ukryty wśród drzew.

Verrottende Decken lagen verstreut dort, wo einst jemand geschlafen hatte.
Gnijące koce leżały porozrzucane w miejscu, w którym ktoś kiedyś spał.

John Thornton fand darin ein Steinschlossgewehr mit langem Lauf.
John Thornton znalazł wewnątrz zakopany pistolet skałkowy o długiej lufie.

Er wusste, dass es sich um eine Waffe von Hudson Bay aus den frühen Handelstagen handelte.
Wiedział, że to broń z Zatoki Hudsona, już od początków handlu.
Damals wurden solche Gewehre gegen Stapel von Biberfellen eingetauscht.
W tamtych czasach taką broń wymieniano na stosy skór bobrowych.
Das war alles – von dem Mann, der die Hütte gebaut hatte, gab es keine Spur mehr.
To było wszystko — nie pozostał żaden ślad po człowieku, który zbudował ten ośrodek.

Der Frühling kam wieder und sie fanden keine Spur von der verlorenen Hütte.
Wiosna nadeszła ponownie, a oni nie znaleźli żadnego śladu Zaginionej Chaty.
Stattdessen fanden sie ein breites Tal mit einem seichten Bach.
Zamiast tego znaleźli szeroką dolinę z płytkim strumieniem.
Gold lag wie glatte, gelbe Butter auf dem Pfannenboden.
Złoto rozłożyło się na dnie patelni niczym gładkie, żółte masło.
Sie hielten dort an und suchten nicht weiter nach der Hütte.
Zatrzymali się tam i nie szukali już dalej chaty.
Jeden Tag arbeiteten sie und fanden Tausende in Goldstaub.
Każdego dnia pracowali i znajdowali tysiące złotych monet w pyle.
Sie packten das Gold in Säcke aus Elchhaut, jeder Fünfzig Pfund schwer.
Zapakowali złoto do worków ze skóry łosia, każdy po pięćdziesiąt funtów.
Die Säcke waren wie Brennholz vor ihrer kleinen Hütte gestapelt.
Torby ułożono w stosy niczym drewno na opał przed ich małym domkiem.

Sie arbeiteten wie Giganten und die Tage vergingen wie im Flug.
Pracowali jak giganci, a dni mijały jak szybkie sny.
Sie häuften Schätze an, während die endlosen Tage schnell vorbeizogen.
Gromadzili skarby, a dni mijały szybko i bez końca.
Außer ab und zu Fleisch zu schleppen, gab es für die Hunde nicht viel zu tun.
Psy nie miały praktycznie nic do roboty, poza od czasu do czasu dźwiganiem mięsa.
Thornton jagte und tötete das Wild, und Buck lag am Feuer.
Thornton upolował i zabił zwierzynę, a Buck położył się przy ogniu.
Er verbrachte viele Stunden schweigend, versunken in Gedanken und Erinnerungen.
Spędzał długie godziny w milczeniu, pogrążony w myślach i wspomnieniach.
Das Bild des haarigen Mannes kam Buck immer häufiger in den Sinn.
Obraz kudłatego mężczyzny coraz częściej pojawiał się w umyśle Bucka.
Jetzt, wo es kaum noch Arbeit gab, träumte Buck, während er ins Feuer blinzelte.
Teraz, gdy pracy było coraz mniej, Buck, mrugając oczami, oddawał się marzeniom.
In diesen Träumen wanderte Buck mit dem Mann in eine andere Welt.
W tych snach Buck wędrował z mężczyzną po innym świecie.
Angst schien das stärkste Gefühl in dieser fernen Welt zu sein.
Strach zdawał się być najsilniejszym uczuciem w tym odległym świecie.
Buck sah, wie der haarige Mann mit gesenktem Kopf schlief.
Buck zobaczył, że kudłaty mężczyzna śpi z nisko pochyloną głową.

Seine Hände waren gefaltet und sein Schlaf war unruhig und unterbrochen.
Miał splecione ręce, a sen był niespokojny i przerywany.
Er wachte immer ruckartig auf und starrte ängstlich in die Dunkelheit.
Zwykle budził się nagle i z przestrachem wpatrywał się w ciemność.
Dann warf er mehr Holz ins Feuer, um die Flamme hell zu halten.
Następnie dorzucał drewna do ognia, żeby podtrzymać płomień.
Manchmal spazierten sie an einem Strand entlang, der an einem grauen, endlosen Meer entlangführte.
Czasami spacerowali po plaży wzdłuż szarego, bezkresnego morza.
Der haarige Mann sammelte Schalentiere und aß sie im Gehen.
Włochaty mężczyzna zbierał skorupiaki i jadł je po drodze.
Seine Augen suchten immer nach verborgenen Gefahren in den Schatten.
Jego oczy zawsze wypatrywały ukrytych w cieniu niebezpieczeństw.
Seine Beine waren immer bereit, beim ersten Anzeichen einer Bedrohung loszusprinten.
Jego nogi były zawsze gotowe do sprintu przy pierwszym sygnale zagrożenia.
Sie schlichen still und vorsichtig Seite an Seite durch den Wald.
Przekradali się przez las, cicho i ostrożnie, ramię w ramię.
Buck folgte ihm auf den Fersen und beide blieben wachsam.
Buck podążał za nim i obaj pozostali czujni.
Ihre Ohren zuckten und bewegten sich, ihre Nasen schnüffelten in der Luft.
Ich uszy drgały i poruszały się, ich nosy węszyły powietrze.
Der Mann konnte den Wald genauso gut hören und riechen wie Buck.

Mężczyzna słyszał i czuł zapach lasu tak samo wyraźnie jak Buck.
Der haarige Mann schwang sich mit plötzlicher Geschwindigkeit durch die Bäume.
Włochaty mężczyzna z nagłą prędkością przemknął między drzewami.
Er sprang von Ast zu Ast, ohne jemals den Halt zu verlieren.
Skakał z gałęzi na gałąź, ani razu nie puszczając chwytu.
Er bewegte sich über dem Boden genauso schnell wie auf ihm.
Poruszał się nad ziemią równie szybko, jak na niej.
Buck erinnerte sich an lange Nächte, in denen er unter den Bäumen Wache hielt.
Buck wspominał długie noce spędzone pod drzewami i czuwanie.
Der Mann schlief auf seiner Stange in den Zweigen und klammerte sich fest.
Mężczyzna spał w gałęziach, kurczowo się ich trzymając.
Diese Vision des haarigen Mannes war eng mit dem tiefen Ruf verbunden.
Wizja owłosionego mężczyzny była ściśle związana z głębokim nawoływaniem.
Der Ruf klang noch immer mit eindringlicher Kraft durch den Wald.
Głos wciąż rozbrzmiewał w lesie z niepokojącą siłą.
Der Anruf erfüllte Buck mit Sehnsucht und einem rastlosen Gefühl der Freude.
Rozmowa ta napełniła Bucka tęsknotą i niespokojnym poczuciem radości.
Er spürte seltsame Triebe und Regungen, die er nicht benennen konnte.
Poczuł dziwne impulsy i poruszenia, których nie potrafił nazwać.
Manchmal folgte er dem Ruf tief in die Stille des Waldes.
Czasami podążał za wołaniem głęboko w cichy las.
Er suchte nach dem Ruf und bellte dabei leise oder scharf.
Szukał wołania, szczekając cicho lub ostro.

Er roch am Moos und der schwarzen Erde, wo die Gräser wuchsen.
Wąchał mech i czarną glebę, gdzie rosła trawa.
Er schnaubte entzückt über den reichen Geruch der tiefen Erde.
Zachichotał z zachwytu, czując bogate zapachy głębokiej ziemi.
Er hockte stundenlang hinter pilzbefallenen Baumstämmen.
Godzinami przesiadywał w kucki za pniami pokrytymi grzybem.
Er blieb still und lauschte mit großen Augen jedem noch so kleinen Geräusch.
Pozostał nieruchomo, szeroko otwartymi oczami nasłuchując każdego, najmniejszego dźwięku.
Vielleicht hoffte er, das Wesen, das den Ruf auslöste, zu überraschen.
Mógł mieć nadzieję, że zaskoczy istotę, która zadzwoniła.
Er wusste nicht, warum er so handelte – er tat es einfach.
Nie wiedział, dlaczego tak się zachował – po prostu tak zrobił.
Die Triebe kamen aus der Tiefe, jenseits von Denken und Vernunft.
Impulsy te pochodziły z głębi, wykraczały poza myśl i rozum.
Unwiderstehliche Triebe überkamen Buck ohne Vorwarnung oder Grund.
Nieodparte pragnienia opanowały Bucka bez ostrzeżenia i bez powodu.
Manchmal döste er träge im Lager in der Mittagshitze.
Czasami drzemał leniwie w obozie, w południowym upale.
Plötzlich hob er den Kopf und stellte aufmerksam die Ohren auf.
Nagle podniósł głowę i nastawił uszy.
Dann sprang er auf und stürmte ohne Pause in die Wildnis.
Po czym zerwał się na nogi i bez zatrzymywania pobiegł w dzicz.
Er rannte stundenlang durch Waldwege und offene Flächen.
Biegał godzinami po leśnych ścieżkach i otwartych przestrzeniach.

Er liebte es, trockenen Bachläufen zu folgen und Vögel in den Bäumen zu beobachten.
Uwielbiał podążać za wyschniętymi korytami rzek i podglądać ptaki na drzewach.
Er könnte den ganzen Tag versteckt liegen und den Rebhühnern beim Herumstolzieren zusehen.
Mógł cały dzień leżeć w ukryciu i obserwować przechadzające się dookoła kuropatwy.
Sie trommelten und marschierten, ohne Bucks Anwesenheit zu bemerken.
Bębnili i maszerowali, nieświadomi ciągłej obecności Bucka.
Doch am meisten liebte er das Laufen in der Sommerdämmerung.
Ale najbardziej lubił biegać o zmierzchu, latem.
Das schwache Licht und die schläfrigen Waldgeräusche erfüllten ihn mit Freude.
Słabe światło i odgłosy sennego lasu napełniły go radością.
Er las die Zeichen des Waldes so deutlich, wie ein Mann ein Buch liest.
Odczytywał znaki leśne tak wyraźnie, jak człowiek czyta książkę.
Und er suchte immer nach dem seltsamen Ding, das ihn rief.
I zawsze szukał tej dziwnej rzeczy, która go wzywała.
Dieser Ruf hörte nie auf – er erreichte ihn im Wachzustand und im Schlaf.
To powołanie nigdy nie ustało – docierało do niego, czy spał, czy czuwał.

Eines Nachts erwachte er mit einem Ruck, die Augen waren scharf und die Ohren gespitzt.
Pewnej nocy obudził się gwałtownie, z wyostrzonym wzrokiem i nastawionymi uszami.
Seine Nasenlöcher zuckten, während seine Mähne in Wellen sträubte.
Jego nozdrza drgały, a grzywa sterczała falami.
Aus der Tiefe des Waldes ertönte erneut der alte Ruf.
Z głębi lasu znów dobiegł dźwięk – stare wołanie.

Diesmal war der Ton klar und deutlich zu hören, ein langes, eindringliches, vertrautes Heulen.
Tym razem dźwięk zabrzmiał wyraźnie - długie, przejmujące, znajome wycie.

Es klang wie der Schrei eines Huskys, aber mit einem seltsamen und wilden Ton.
Brzmiało to jak krzyk husky'ego, ale dziwnie i dziko.

Buck erkannte das Geräusch sofort – er hatte das genaue Geräusch vor langer Zeit gehört.
Buck rozpoznał ten dźwięk od razu – słyszał go już dawno temu.

Er sprang durch das Lager und verschwand schnell im Wald.
Przeskoczył obóz i szybko zniknął w lesie.

Als er sich dem Geräusch näherte, wurde er langsamer und bewegte sich vorsichtig.
Zbliżając się do źródła dźwięku, zwolnił i zaczął poruszać się ostrożnie.

Bald erreichte er eine Lichtung zwischen dichten Kiefern.
Wkrótce dotarł do polany między gęstymi sosnami.

Dort saß aufrecht auf seinen Hinterbeinen ein großer, schlanker Timberwolf.
Tam, wyprostowany na zadzie, siedział wysoki, chudy wilk leśny.

Die Nase des Wolfes zeigte zum Himmel und hallte noch immer den Ruf wider.
Nos wilka skierowany był ku niebu, wciąż powtarzając wołanie.

Buck hatte keinen Laut von sich gegeben, doch der Wolf blieb stehen und lauschte.
Buck nie wydał żadnego dźwięku, jednak wilk zatrzymał się i nasłuchiwał.

Der Wolf spürte etwas, spannte sich an und suchte die Dunkelheit ab.
Wyczuwając coś, wilk napiął się i zaczął przeszukiwać ciemność.

Buck schlich ins Blickfeld, mit gebeugtem Körper und ruhigen Füßen auf dem Boden.

Buck pojawił się w zasięgu wzroku, pochylony nisko i cicho stawiając stopy na ziemi.
Sein Schwanz war gerade, sein Körper vor Anspannung zusammengerollt.
Jego ogon był prosty, a ciało ciasno napięte.
Er zeigte sowohl eine bedrohliche als auch eine Art raue Freundschaft.
Wykazywał zarówno groźbę, jak i rodzaj szorstkiej przyjaźni.
Es war die vorsichtige Begrüßung, die wilde Tiere einander entgegenbrachten.
Było to ostrożne powitanie, jakim witały się dzikie zwierzęta.
Aber der Wolf drehte sich um und floh, sobald er Buck sah.
Ale wilk odwrócił się i uciekł, gdy tylko zobaczył Bucka.
Buck nahm die Verfolgung auf und sprang wild um sich, begierig darauf, es einzuholen.
Buck rzucił się w pogoń, skacząc jak szalony, chcąc ją dogonić.
Er folgte dem Wolf in einen trockenen Bach, der durch einen Holzstau blockiert war.
Poszedł za wilkiem do wyschniętego strumienia zablokowanego zatorem drzewnym.
In die Enge getrieben, wirbelte der Wolf herum und blieb stehen.
Przyparty do muru wilk odwrócił się i stanął na swoim miejscu.
Der Wolf knurrte und schnappte wie ein gefangener Husky im Kampf.
Wilk warczał i kłapał zębami jak schwytany w pułapkę pies husky w walce.
Die Zähne des Wolfes klickten schnell, sein Körper strotzte vor wilder Wut.
Zęby wilka szczękały szybko, jego ciało aż kipiało dziką furią.
Buck griff nicht an, sondern umkreiste den Wolf mit vorsichtiger Freundlichkeit.
Buck nie zaatakował, lecz okrążył wilka z ostrożną i przyjazną miną.
Durch langsame, harmlose Bewegungen versuchte er, seine Flucht zu verhindern.

Próbował zablokować mu ucieczkę powolnymi, niegroźnymi ruchami.

Der Wolf war vorsichtig und verängstigt – Buck war dreimal so schwer wie er.

Wilk był ostrożny i przestraszony — Buck przewyższał go wagą trzykrotnie.

Der Kopf des Wolfes reichte kaum bis zu Bucks massiver Schulter.

Głowa wilka ledwo sięgała potężnego ramienia Bucka.

Der Wolf hielt Ausschau nach einer Lücke, rannte los und die Jagd begann von neuem.

Wypatrując luki, wilk rzucił się do ucieczki, a pościg rozpoczął się na nowo.

Buck drängte ihn mehrere Male in die Enge und der Tanz wiederholte sich.

Buck kilkakrotnie go osaczył, a taniec się powtórzył.

Der Wolf war dünn und schwach, sonst hätte Buck ihn nicht fangen können.

Wilk był chudy i słaby, w przeciwnym razie Buck nie mógłby go złapać.

Jedes Mal, wenn Buck näher kam, wirbelte der Wolf herum und sah ihn voller Angst an.

Za każdym razem, gdy Buck się zbliżał, wilk odwracał się i ze strachem stawał mu naprzeciw.

Dann rannte er bei der ersten Gelegenheit erneut in den Wald.

Następnie, przy pierwszej nadarzającej się okazji, pobiegł ponownie do lasu.

Aber Buck gab nicht auf und schließlich fasste der Wolf Vertrauen zu ihm.

Jednak Buck się nie poddał i wilk w końcu zaczął mu ufać.

Er schnüffelte an Bucks Nase und die beiden wurden verspielt und aufmerksam.

Powąchał nos Bucka, a obaj stali się chętni do zabawy i czujni.

Sie spielten wie wilde Tiere, wild und doch schüchtern in ihrer Freude.

Bawili się jak dzikie zwierzęta, dzicy, ale nieśmiali w swojej radości.
Nach einer Weile trabte der Wolf zielstrebig und ruhig davon.
Po chwili wilk spokojnie i zdecydowanie oddalił się.
Er machte Buck deutlich, dass er beabsichtigte, verfolgt zu werden.
Wyraźnie pokazał Buckowi, że chce, aby go śledzono.
Sie rannten Seite an Seite durch die Dämmerung.
Biegli obok siebie w mrocznym półmroku.
Sie folgten dem Bachbett hinauf in die felsige Schlucht.
Podążali korytem potoku w górę skalistego wąwozu.
Sie überquerten eine kalte Wasserscheide, wo der Bach entsprungen war.
Przekroczyli zimny rozdział wody, gdzie swój początek miał potok.
Am gegenüberliegenden Hang fanden sie ausgedehnte Wälder und viele Bäche.
Na przeciwległym zboczu zobaczyli rozległy las i wiele strumieni.
Durch dieses weite Land rannten sie stundenlang ohne Pause.
Przemierzali ten rozległy teren godzinami bez zatrzymywania się.
Die Sonne stieg höher, die Luft wurde wärmer, aber sie rannten weiter.
Słońce wznosiło się coraz wyżej, powietrze robiło się cieplejsze, ale oni biegli dalej.
Buck war voller Freude – er wusste, dass er seiner Berufung folgte.
Bucka przepełniła radość — wiedział, że odpowiada na swoje powołanie.
Er rannte neben seinem Waldbruder her, näher an die Quelle des Rufs.
Pobiegł obok swego leśnego brata, bliżej źródła wołania.
Alte Gefühle kehrten zurück, stark und schwer zu ignorieren.

Powróciły stare uczucia, silne i trudne do zignorowania.
Dies waren die Wahrheiten hinter den Erinnerungen aus seinen Träumen.
Takie właśnie prawdy kryły się za wspomnieniami z jego snów.
All dies hatte er schon einmal in einer fernen, schattenhaften Welt getan.
Wszystko to robił już wcześniej, w odległym i mrocznym świecie.
Jetzt tat er es wieder und rannte wild herum, während der Himmel über ihm frei war.
Teraz zrobił to znowu, biegając dziko, mając nad sobą otwarte niebo.
Sie hielten an einem Bach an, um aus dem kalten, fließenden Wasser zu trinken.
Zatrzymali się przy strumieniu, aby napić się zimnej wody.
Während er trank, erinnerte sich Buck plötzlich an John Thornton.
Pijąc, Buck nagle przypomniał sobie Johna Thorntona.
Er saß schweigend da, hin- und hergerissen zwischen der Anziehungskraft der Loyalität und der Berufung.
Usiadł w milczeniu, rozdarty pragnieniem lojalności i powołania.
Der Wolf trabte weiter, kam aber zurück, um Buck anzutreiben.
Wilk pobiegł dalej, ale wrócił i zmusił Bucka, by ruszył naprzód.
Er rümpfte die Nase und versuchte, ihn mit sanften Gesten zu beruhigen.
Wciągnął nosem powietrze i próbował go nakłonić delikatnymi gestami.
Aber Buck drehte sich um und machte sich auf den Rückweg.
Jednak Buck zawrócił i ruszył z powrotem tą samą drogą.
Der Wolf lief lange Zeit neben ihm her und winselte leise.
Wilk biegł obok niego przez długi czas, cicho wyjąc.

Dann setzte er sich hin, hob die Nase und stieß ein langes Heulen aus.
Następnie usiadł, podniósł nos i wydał przeciągły wycie.
Es war ein trauriger Schrei, der leiser wurde, als Buck wegging.
Był to żałosny krzyk, który stawał się coraz cichszy, gdy Buck odchodził.
Buck lauschte, als der Schrei langsam in der Stille des Waldes verklang.
Buck słuchał, jak dźwięk krzyku powoli cichł w leśnej ciszy.
John Thornton aß gerade zu Abend, als Buck ins Lager stürmte.
John Thornton jadł kolację, gdy Buck wpadł do obozu.
Buck sprang wild auf ihn zu, leckte, biss und warf ihn um.
Buck rzucił się na niego jak szalony, liżąc, gryząc i przewracając go.
Er warf ihn um, kletterte darauf und küsste sein Gesicht.
Przewrócił go, wdrapał się na niego i pocałował go w twarz.
Thornton nannte dies liebevoll „den allgemeinen Narren spielen".
Thornton z sympatią nazywał to „bawieniem się w ogólnego błazna".
Die ganze Zeit verfluchte er Buck sanft und schüttelte ihn hin und her.
Przez cały czas delikatnie przeklinał Bucka i potrząsał nim w przód i w tył.
Zwei ganze Tage und Nächte lang verließ Buck das Lager kein einziges Mal.
Przez całe dwa dni i noce Buck ani razu nie opuścił obozu.
Er blieb in Thorntons Nähe und ließ ihn nie aus den Augen.
Trzymał się blisko Thorntona i nie spuszczał go z oczu.
Er folgte ihm bei der Arbeit und beobachtete ihn beim Essen.
Podążał za nim, gdy pracował i obserwował go, gdy jadł.
Er begleitete Thornton abends in seine Decken und jeden Morgen wieder heraus.

Widział Thorntona zakrywającego się kocem wieczorem i każdego ranka wychodzącego.

Doch bald kehrte der Ruf des Waldes zurück, lauter als je zuvor.

Ale wkrótce leśny zew powrócił, głośniejszy niż kiedykolwiek wcześniej.

Buck wurde wieder unruhig, aufgewühlt von Gedanken an den wilden Wolf.

Buck znów zaczął się niepokoić, rozbudzony myślami o dzikim wilku.

Er erinnerte sich an das offene Land und daran, wie sie Seite an Seite gelaufen waren.

Przypomniał sobie otwartą przestrzeń i bieganie ramię w ramię.

Er begann erneut, allein und wachsam in den Wald zu wandern.

Ponownie ruszył w głąb lasu, samotny i czujny.

Aber der wilde Bruder kam nicht zurück und das Heulen war nicht zu hören.

Ale dziki brat nie powracał i wycia nie było słychać.

Buck begann, draußen zu schlafen und blieb tagelang weg.

Buck zaczął spać na zewnątrz i czasami nie wychodził na kilka dni.

Einmal überquerte er die hohe Wasserscheide, wo der Bach entsprungen war.

Pewnego razu przekroczył wysoki przełom, gdzie swój początek miał strumień.

Er betrat das Land des dunklen Waldes und der breiten, fließenden Ströme.

Wkroczył do krainy ciemnych lasów i szeroko płynących strumieni.

Eine Woche lang streifte er umher und suchte nach Spuren seines wilden Bruders.

Przez tydzień wędrował w poszukiwaniu śladów dzikiego brata.

Er tötete sein eigenes Fleisch und reiste mit langen, unermüdlichen Schritten.

Zabijał własne mięso i podróżował długimi, niestrudzonymi krokami.
Er fischte in einem breiten Fluss, der bis ins Meer reichte, nach Lachs.
Łowił łososie w szerokiej rzece, która wpadała do morza.
Dort kämpfte er gegen einen von Insekten verrückt gewordenen Schwarzbären und tötete ihn.
Tam stoczył walkę i zabił czarnego niedźwiedzia, który był rozwścieczony insektami.
Der Bär war beim Angeln und rannte blind durch die Bäume.
Niedźwiedź łowił ryby i biegał na oślep między drzewami.
Der Kampf war erbittert und weckte Bucks tiefen Kampfgeist.
Bitwa była zacięta i obudziła w Bucku głębokiego ducha walki.
Als Buck zwei Tage später zurückkam, fand er Vielfraße an seiner Beute vor.
Dwa dni później Buck wrócił i zastał w miejscu swojej zdobyczy rosomaki.
Ein Dutzend von ihnen stritten sich lautstark und wütend um das Fleisch.
Kilkunastu z nich kłóciło się wściekle o mięso.
Buck griff an und zerstreute sie wie Blätter im Wind.
Buck rzucił się do ataku i rozrzucił je niczym liście na wietrze.
Zwei Wölfe blieben zurück – still, leblos und für immer regungslos.
Dwa wilki pozostały – ciche, bez życia i nieruchome na zawsze.
Der Blutdurst wurde stärker denn je.
Pragnienie krwi było silniejsze niż kiedykolwiek.
Buck war ein Jäger, ein Killer, der sich von Lebewesen ernährte.
Buck był myśliwym i zabójcą, żywiącym się żywymi stworzeniami.
Er überlebte allein und verließ sich auf seine Kraft und seine scharfen Sinne.

Przeżył sam, polegając na swojej sile i wyostrzonych zmysłach.
Er gedieh in der Wildnis, wo nur die Zähesten überleben konnten.
Dobrze czuł się na wolności, gdzie mogli przeżyć tylko najtwardsi.
Daraus erwuchs ein großer Stolz, der Bucks ganzes Wesen erfüllte.
Z tego powodu wielka duma napełniła całą istotę Bucka.
Sein Stolz war in jedem seiner Schritte und in der Anspannung jedes einzelnen Muskels zu erkennen.
Jego duma była widoczna na każdym kroku, w ruchu każdego mięśnia.
Sein Stolz war so deutlich wie seine Sprache und spiegelte sich in seiner Haltung wider.
Jego duma była tak wyraźna jak mowa, o czym można było się przekonać w sposobie, w jaki się zachowywał.
Sogar sein dickes Fell sah majestätischer aus und glänzte heller.
Nawet jego grube futro wyglądało bardziej majestatycznie i lśniło jaśniej.
Man hätte Buck mit einem riesigen Timberwolf verwechseln können.
Bucka można było pomylić z olbrzymim wilkiem leśnym.
Außer dem Braun an seiner Schnauze und den Flecken über seinen Augen.
Z wyjątkiem brązu na pysku i plamek nad oczami.
Und der weiße Fellstreifen, der mitten auf seiner Brust verlief.
I biały pas futra biegnący przez środek klatki piersiowej.
Er war sogar größer als der größte Wolf dieser wilden Rasse.
Był większy nawet od największego wilka tej groźnej rasy.
Sein Vater, ein Bernhardiner, verlieh ihm Größe und einen schweren Körperbau.
Jego ojciec, bernardyna, obdarzył go wzrostem i masywną budową ciała.

Seine Mutter, eine Schäferin, formte diesen Körper zu einer wolfsähnlichen Gestalt.
Jego matka, pasterka, nadała tej bryle kształt przypominający wilka.
Er hatte die lange Schnauze eines Wolfes, war allerdings schwerer und breiter.
Miał długi pysk wilka, chociaż był cięższy i szerszy.
Sein Kopf war der eines Wolfes, aber von massiver, majestätischer Gestalt.
Jego głowa była wilcza, ale zbudowana na ogromną, majestatyczną skalę.
Bucks List war die List des Wolfes und der Wildnis.
Przebiegłość Bucka była przebiegłością wilka i dziczy.
Seine Intelligenz hat er sowohl vom Deutschen Schäferhund als auch vom Bernhardiner.
Jego inteligencja pochodziła zarówno od owczarka niemieckiego, jak i bernardyna.
All dies und harte Erfahrungen machten ihn zu einer furchterregenden Kreatur.
Wszystko to, w połączeniu z trudnymi doświadczeniami, uczyniło z niego przerażającą istotę.
Er war so furchterregend wie jedes andere Tier, das in der Wildnis des Nordens umherstreifte.
Był równie groźny jak każde zwierzę zamieszkujące północne pustkowia.
Buck ernährte sich ausschließlich von Fleisch und erreichte den Höhepunkt seiner Kraft.
Żyjąc wyłącznie na mięsie, Buck osiągnął szczyt swoich sił.
Jede Faser seines Körpers strotzte vor Kraft und männlicher Stärke.
Każda cząstka jego ciała emanowała mocą i męską siłą.
Als Thornton seinen Rücken streichelte, funkelten seine Haare vor Energie.
Kiedy Thornton pogłaskał go po plecach, włoski na jego plecach zaiskrzyły energią.
Jedes Haar knisterte, aufgeladen durch die Berührung lebendigen Magnetismus.

Każdy włos trzeszczał, naładowany dotykiem żywego magnetyzmu.
Sein Körper und sein Gehirn waren auf die höchstmögliche Tonhöhe eingestellt.
Jego ciało i mózg były dostrojone do jak najlepszego słyszenia.
Jeder Nerv, jede Faser und jeder Muskel arbeitete in perfekter Harmonie.
Każdy nerw, włókno i mięsień pracował w idealnej harmonii.
Auf jedes Geräusch oder jeden Anblick, der eine Aktion erforderte, reagierte er sofort.
Na każdy dźwięk lub widok, który wymagał działania, reagował natychmiast.
Wenn ein Husky zum Angriff ansetzte, konnte Buck doppelt so schnell springen.
Gdyby husky rzucił się do ataku, Buck mógłby skoczyć dwa razy szybciej.
Er reagierte schneller, als andere es sehen oder hören konnten.
Zareagował szybciej, niż ktokolwiek mógł zobaczyć lub usłyszeć.
Wahrnehmung, Entscheidung und Handlung erfolgten alle in einem fließenden Moment.
Spostrzeżenie, decyzja i działanie nastąpiły w jednym, płynnym momencie.
Tatsächlich geschahen diese Handlungen getrennt voneinander, aber zu schnell, um es zu bemerken.
W rzeczywistości te akty były odrębne, ale nastąpiły zbyt szybko, by je zauważyć.
Die Abstände zwischen diesen Akten waren so kurz, dass sie wie ein einziger Akt wirkten.
Przerwy między tymi aktami były tak krótkie, że zdawały się stanowić jeden akt.
Seine Muskeln und sein Körper waren wie straff gespannte Federn.
Jego mięśnie i istota przypominały mocno napięte sprężyny.
Sein Körper strotzte vor Leben, wild und freudig in seiner Kraft.

Jego ciało było pełne życia, dzikie i radosne w swojej sile.
Manchmal hatte er das Gefühl, als würde die Kraft völlig aus ihm herausbrechen.
Czasami miał wrażenie, że cała moc zaraz z niego wyparuje.
„So einen Hund hat es noch nie gegeben", sagte Thornton eines ruhigen Tages.
„Nigdy nie było takiego psa" – powiedział Thornton pewnego spokojnego dnia.
Die Partner sahen zu, wie Buck stolz aus dem Lager schritt.
Partnerzy obserwowali, jak Buck dumnie wychodzi z obozowiska.
„Als er erschaffen wurde, veränderte er, was ein Hund sein kann", sagte Pete.
„Kiedy powstał, zmienił sposób, w jaki może wyglądać pies" – powiedział Pete.
„Bei Gott! Das glaube ich auch", stimmte Hans schnell zu.
„Na Jezusa! Ja też tak myślę" – Hans szybko się zgodził.
Sie sahen ihn abmarschieren, aber nicht die Veränderung, die danach kam.
Widzieli, jak odmaszerował, ale nie widzieli zmiany, która nastąpiła później.
Sobald er den Wald betrat, verwandelte sich Buck völlig.
Gdy tylko wszedł do lasu, Buck zmienił się diametralnie.
Er marschierte nicht mehr, sondern bewegte sich wie ein wilder Geist zwischen den Bäumen.
Już nie maszerował, lecz poruszał się jak dziki duch wśród drzew.
Er wurde still, katzenpfotenartig, ein Flackern, das durch die Schatten huschte.
Stał się cichy, poruszał się jak kot, niczym migotanie przechodzące przez cienie.
Er nutzte die Deckung geschickt und kroch wie eine Schlange auf dem Bauch.
Zręcznie korzystał z osłony, czołgając się na brzuchu niczym wąż.
Und wie eine Schlange konnte er lautlos nach vorne springen und zuschlagen.

I niczym wąż potrafił skoczyć do przodu i uderzyć w ciszy.
Er könnte ein Schneehuhn direkt aus seinem versteckten Nest stehlen.
Potrafił ukraść pardwę prosto z jej ukrytego gniazda.
Er tötete schlafende Kaninchen, ohne ein einziges Geräusch zu machen.
Zabijał śpiące króliki, nie wydając ani jednego dźwięku.
Er konnte Streifenhörnchen mitten in der Luft fangen, wenn sie zu langsam flohen.
Potrafił łapać wiewiórki w locie, gdy uciekały zbyt wolno.
Selbst Fische in Teichen konnten seinen plötzlichen Angriffen nicht entkommen.
Nawet ryby w stawach nie mogły uniknąć jego nagłych uderzeń.
Nicht einmal schlaue Biber, die Dämme reparierten, waren vor ihm sicher.
Nawet sprytne bobry naprawiające tamy nie były przed nim bezpieczne.
Er tötete, um Nahrung zu bekommen, nicht zum Spaß – aber seine eigene Beute gefiel ihm am besten.
Zabijał dla pożywienia, nie dla zabawy – ale najbardziej lubił zabijać własne ofiary.
Dennoch war bei manchen seiner stillen Jagden ein hintergründiger Humor spürbar.
Jednakże w niektórych jego cichych polowaniach wyczuwało się chytry humor.
Er schlich sich dicht an Eichhörnchen heran, ließ sie aber dann entkommen.
Podkradł się blisko wiewiórek, ale pozwolił im uciec.
Sie wollten in die Bäume fliehen und schnatterten voller Angst und Empörung.
Zamierzali uciec w stronę drzew, szczebiocząc ze strachu i wściekłości.
Mit dem Herbst kamen immer mehr Elche.
Jesienią łosie zaczęły pojawiać się w większej liczbie.
Sie zogen langsam in die tiefer gelegenen Täler, um dem Winter entgegenzukommen.

Powoli przesuwali się w głąb dolin, by spotkać zimę.
Buck hatte bereits ein junges, streunendes Kalb erlegt.
Buck upolował już jedno młode, zagubione cielę.
Doch er sehnte sich danach, einer größeren, gefährlicheren Beute gegenüberzutreten.
Ale pragnął stawić czoła większej i bardziej niebezpiecznej zdobyczy.
Eines Tages fand er an der Wasserscheide, an der Quelle des Baches, seine Chance.
Pewnego dnia, na przełomie rzeki, u źródła potoku, znalazł swoją szansę.
Eine Herde von zwanzig Elchen war aus bewaldeten Gebieten herübergekommen.
Stado dwudziestu łosi przeszło z terenów leśnych.
Unter ihnen war ein mächtiger Stier, der Anführer der Gruppe.
Wśród nich był potężny byk, przywódca grupy.
Der Bulle war über ein Meter achtzig Meter groß und sah grimmig und wild aus.
Byk miał ponad sześć stóp wysokości i wyglądał groźnie i dziko.
Er warf sein breites Geweih hin und her, dessen vierzehn Enden sich nach außen verzweigten.
Rozłożył szerokie poroże, z którego czternaście ramion rozgałęziało się na zewnątrz.
Die Spitzen dieser Geweihe hatten einen Durchmesser von sieben Fuß.
Końce tych poroży miały siedem stóp szerokości.
Seine kleinen Augen brannten vor Wut, als er Buck in der Nähe entdeckte.
Jego małe oczy zapłonęły gniewem, gdy dostrzegł w pobliżu Bucka.
Er stieß ein wütendes Brüllen aus und zitterte vor Wut und Schmerz.
Wydał z siebie wściekły ryk, trzęsąc się z wściekłości i bólu.
Nahe seiner Flanke ragte eine gefiederte und scharfe Pfeilspitze hervor.

Koniec strzały wystawał z jego boku, pierzasty i ostry.
Diese Wunde trug dazu bei, seine wilde, verbitterte Stimmung zu erklären.
Ta rana pomogła wyjaśnić jego dziki, gorzki nastrój.
Buck, geleitet von seinem uralten Jagdinstinkt, machte seinen Zug.
Buck, kierowany starożytnym instynktem łowieckim, ruszył do akcji.
Sein Ziel war es, den Bullen vom Rest der Herde zu trennen.
Jego celem było oddzielenie byka od reszty stada.
Dies war keine leichte Aufgabe – es erforderte Schnelligkeit und messerscharfe List.
Nie było to łatwe zadanie — wymagało szybkości i ogromnej przebiegłości.
Er bellte und tanzte in der Nähe des Stiers, gerade außerhalb seiner Reichweite.
Szczekał i tańczył w pobliżu byka, tuż poza jego zasięgiem.
Der Elch stürzte sich mit riesigen Hufen und tödlichem Geweih auf ihn.
Łoś rzucił się naprzód, mając ogromne kopyta i śmiercionośne porożem.
Ein Schlag hätte Bucks Leben im Handumdrehen beenden können.
Jeden cios mógł w mgnieniu oka zakończyć życie Bucka.
Der Stier konnte die Bedrohung nicht hinter sich lassen und wurde wütend.
Byk wpadł w szał, ponieważ nie mógł pozbyć się zagrożenia.
Er stürmte wütend auf ihn zu, doch Buck entkam ihm jedes Mal.
Rzucił się do ataku z wściekłością, ale Buck zawsze uciekał.
Buck täuschte Schwäche vor und lockte ihn weiter von der Herde weg.
Buck udawał słabość, odciągając go coraz dalej od stada.
Doch die jungen Bullen wollten zurückstürmen, um den Anführer zu beschützen.
Jednak młode byki zamierzały zaszarżować, by chronić przywódcę.

Sie zwangen Buck zum Rückzug und den Bullen, sich wieder der Gruppe anzuschließen.
Zmusili Bucka do odwrotu, a byka do ponownego dołączenia do grupy.
In der Wildnis herrscht eine tiefe und unaufhaltsame Geduld.
W dziczy kryje się cierpliwość, głęboka i niepowstrzymana.
Eine Spinne wartet unzählige Stunden bewegungslos in ihrem Netz.
Pająk czeka nieruchomo w swojej sieci przez niezliczone godziny.
Eine Schlange rollt sich ohne zu zucken zusammen und wartet, bis es Zeit ist.
Wąż zwija się bez drgnięcia i czeka, aż nadejdzie jego pora.
Ein Panther liegt auf der Lauer, bis der Moment gekommen ist.
Pantera czyha w zasadzce, aż nadejdzie właściwy moment.
Dies ist die Geduld von Raubtieren, die jagen, um zu überleben.
Taka jest cierpliwość drapieżników, którzy polują, aby przetrwać.
Dieselbe Geduld brannte in Buck, als er in seiner Nähe blieb.
Ta sama cierpliwość płonęła w Bucku, gdy trzymał się blisko.
Er blieb in der Nähe der Herde, verlangsamte ihren Marsch und schürte Angst.
Trzymał się blisko stada, spowalniając jego marsz i wzbudzając strach.
Er ärgerte die jungen Bullen und schikanierte die Mutterkühe.
Drażnił młode byki i nękał matki-krowy.
Er trieb den verwundeten Stier in eine noch tiefere, hilflose Wut.
Doprowadził rannego byka do jeszcze większej, bezsilnej wściekłości.
Einen halben Tag lang zog sich der Kampf ohne Pause hin.
Walka trwała pół dnia bez chwili wytchnienia.

Buck griff aus jedem Winkel an, schnell und wild wie der Wind.
Buck atakował z każdej strony, szybko i gwałtownie jak wiatr.
Er hinderte den Stier daran, sich auszuruhen oder sich bei seiner Herde zu verstecken.
Nie pozwalał bykowi odpoczywać ani ukrywać się ze stadem.
Buck zermürbte den Willen des Elchs schneller als seinen Körper.
Buck osłabiał wolę łosia szybciej, niż jego ciało.
Der Tag verging und die Sonne sank tief am nordwestlichen Himmel.
Dzień minął, a słońce schowało się nisko na północno-zachodnim niebie.
Die jungen Bullen kehrten langsamer zurück, um ihrem Anführer zu helfen.
Młode byki wracały wolniej, by pomóc swemu przywódcy.
Die Herbstnächte waren zurückgekehrt und die Dunkelheit dauerte nun sechs Stunden.
Wróciły noce jesienne, a ciemność trwała teraz sześć godzin.
Der Winter drängte sie bergab in sicherere, wärmere Täler.
Zima zmuszała ich do zejścia w dół, w bezpieczniejsze i cieplejsze doliny.
Aber sie konnten dem Jäger, der sie zurückhielt, immer noch nicht entkommen.
Ale nadal nie udało im się uciec przed myśliwym, który ich powstrzymywał.
Es stand nur ein Leben auf dem Spiel – nicht das der Herde, sondern nur das ihres Anführers.
Stawką było życie tylko jednego człowieka — nie stada, lecz jego przywódcy.
Dadurch wurde die Bedrohung in weite Ferne gerückt und ihre dringende Sorge wurde aufgehoben.
To sprawiło, że zagrożenie stało się odległe i nie stanowiło już dla nich pilnego problemu.
Mit der Zeit akzeptierten sie diesen Preis und überließen Buck die Übernahme des alten Bullen.

Z czasem zaakceptowali ten koszt i pozwolili Buckowi wziąć starego byka.
Als die Dämmerung hereinbrach, stand der alte Bulle mit gesenktem Kopf da.
Gdy zapadł zmrok, stary byk stanął z opuszczoną głową.
Er sah zu, wie die Herde, die er geführt hatte, im schwindenden Licht verschwand.
Patrzył, jak stado, które poprowadził, znika w zanikającym świetle.
Es gab Kühe, die er gekannt hatte, Kälber, deren Vater er einst gewesen war.
Były tam krowy, które znał, i cielęta, które kiedyś był ojcem.
Es gab jüngere Bullen, gegen die er in vergangenen Saisons gekämpft und die er beherrscht hatte.
W poprzednich sezonach walczył i dowodził młodszymi bykami.
Er konnte ihnen nicht folgen, denn vor ihm kauerte Buck wieder.
Nie mógł pójść za nimi, bo przed nim znów przycupnął Buck.
Der gnadenlose Schrecken mit den Reißzähnen versperrte ihm jeden Weg.
Bezlitosny terror o zębach blokował każdą ścieżkę, którą mógł podążać.
Der Bulle brachte mehr als drei Zentner geballte Kraft auf die Waage.
Byk ważył ponad trzysta funtów gęstej mocy.
Er hatte ein langes Leben geführt und in einer Welt voller Kämpfe hart gekämpft.
Żył długo i walczył dzielnie w świecie zmagań.
Doch nun, am Ende, kam der Tod von einem Tier, das weit unter ihm stand.
Jednak teraz, u kresu jego dni, śmierć przyszła od bestii żyjącej daleko pod nim.
Bucks Kopf erreichte nicht einmal die riesigen, mit Knöcheln besetzten Knie des Bullen.
Głowa Bucka nawet nie dotknęła potężnych kolan byka.

Von diesem Moment an blieb Buck Tag und Nacht bei dem Bullen.
Od tego momentu Buck towarzyszył bykowi dzień i noc.
Er gönnte ihm keine Ruhe, erlaubte ihm nie zu grasen oder zu trinken.
Nigdy nie dawał mu odpoczynku, nie pozwalał mu jeść ani pić.
Der Stier versuchte, junge Birkentriebe und Weidenblätter zu fressen.
Byk próbował zjeść młode pędy brzozy i liście wierzby.
Aber Buck verjagte ihn, immer wachsam und immer angreifend.
Ale Buck go odpędził, zawsze czujny i ciągle atakujący.
Sogar an plätschernden Bächen blockte Buck jeden durstigen Versuch ab.
Nawet w rwących strumieniach Buck blokował każdą próbę ataku.
Manchmal floh der Stier aus Verzweiflung mit voller Geschwindigkeit.
Czasami, w desperacji, byk uciekał na pełnej prędkości.
Buck ließ ihn laufen und lief ruhig direkt hinter ihm her, nic weit entfernt.
Buck pozwolił mu biec, a ten spokojnie kłusował tuż za nim, nigdy za daleko.
Als der Elch innehielt, legte sich Buck hin, blieb aber bereit.
Kiedy łoś się zatrzymał, Buck położył się, ale pozostał gotowy.
Wenn der Bulle versuchte zu fressen oder zu trinken, schlug Buck mit voller Wut zu.
Jeśli byk próbował jeść lub pić, Buck atakował z całą furią.
Der große Kopf des Stiers sank tiefer unter sein gewaltiges Geweih.
Ogromna głowa byka opadała coraz niżej pod jego wielkim porożem.
Sein Tempo verlangsamte sich, der Trab wurde schwerfällig, ein stolpernder Schritt.
Jego tempo zwolniło, kłus stał się ciężki; chód stał się potykającym się krokiem.

Er stand oft still mit hängenden Ohren und der Nase am Boden.
Często stał nieruchomo z opadniętymi uszami i nosem przy ziemi.
In diesen Momenten nahm sich Buck Zeit zum Trinken und Ausruhen.
W tych chwilach Buck poświęcał czas na picie i odpoczynek.
Mit heraushängender Zunge und starrem Blick spürte Buck, wie sich das Land veränderte.
Buck wystawił język i utkwił wzrok w ziemi i wyczuł, że ziemia się zmienia.
Er spürte, wie sich etwas Neues durch den Wald und den Himmel bewegte.
Wyczuł, że coś nowego porusza się w lesie i na niebie.
Mit der Rückkehr der Elche kehrten auch andere Wildtiere zurück.
Gdy powróciły łosie, powróciły również inne dzikie zwierzęta.
Das Land fühlte sich lebendig an, mit einer Präsenz, die man nicht sieht, aber deutlich wahrnimmt.
Ziemia tętniła życiem, była niewidzialna, ale silnie znana.
Buck wusste dies weder am Geräusch, noch am Anblick oder am Geruch.
Buck nie wiedział tego po dźwięku, wzroku ani zapachu.
Ein tieferes Gefühl sagte ihm, dass neue Kräfte im Gange waren.
Głębsze przeczucie podpowiadało mu, że nadchodzą nowe siły.
In den Wäldern und entlang der Bäche herrschte seltsames Leben.
W lasach i wzdłuż strumieni tętniło dziwne życie.
Er beschloss, diesen Geist zu erforschen, nachdem die Jagd beendet war.
Postanowił zbadać tego ducha po zakończeniu polowania.
Am vierten Tag erlegte Buck endlich den Elch.
Czwartego dnia Buckowi w końcu udało się upolować łosia.

Er blieb einen ganzen Tag und eine ganze Nacht bei der Beute, fraß und ruhte sich aus.
Pozostawał przy upolowanej zwierzynie przez cały dzień i noc, jedząc i odpoczywając.
Er aß, schlief dann und aß dann wieder, bis er stark und satt war.
Zjadł, potem poszedł spać, potem znowu jadł, aż był silny i pełny.
Als er fertig war, kehrte er zum Lager und nach Thornton zurück.
Gdy był gotowy, zawrócił w stronę obozu i Thornton.
Mit gleichmäßigem Tempo begann er die lange Heimreise.
Stałym tempem rozpoczął długą podróż powrotną do domu.
Er rannte in seinem unermüdlichen Galopp Stunde um Stunde, ohne auch nur ein einziges Mal vom Weg abzukommen.
Biegł swoim niestrudzonym tempem, godzinami i ani razu nie zboczył z trasy.
Durch unbekannte Länder bewegte er sich schnurgerade wie eine Kompassnadel.
Przez nieznane krainy poruszał się prosto jak igła kompasu.
Sein Orientierungssinn ließ Mensch und Karte im Vergleich schwach erscheinen.
W porównaniu z nim człowiek i mapa wydawały się słabe.
Während Buck rannte, spürte er die Bewegung in der Wildnis stärker.
Im bardziej Buck biegł, tym mocniej odczuwał poruszenie w dzikiej krainie.
Es war eine neue Art zu leben, anders als in den ruhigen Sommermonaten.
To był zupełnie nowy rodzaj życia, niepodobny do tego, jakie znaliśmy z spokojnych letnich miesięcy.
Dieses Gefühl kam nicht länger als subtile oder entfernte Botschaft.
To uczucie nie było już subtelnym i odległym przekazem.
Nun sprachen die Vögel von diesem Leben und Eichhörnchen plapperten darüber.

Ptaki opowiadały o tym życiu, a wiewiórki o nim ćwierkały.
Sogar die Brise flüsterte Warnungen durch die stillen Bäume.
Nawet wiatr szeptał ostrzeżenia przez ciche drzewa.
Mehrmals blieb er stehen und schnupperte die frische Morgenluft.
Kilkakrotnie zatrzymywał się i wdychał świeże poranne powietrze.
Dort las er eine Nachricht, die ihn schneller nach vorne springen ließ.
Przeczytał tam wiadomość, która sprawiła, że skoczył naprzód jeszcze szybciej.
Ein starkes Gefühl der Gefahr erfüllte ihn, als wäre etwas schiefgelaufen.
Ogarnęło go silne poczucie zagrożenia, jakby coś poszło nie tak.
Er befürchtete, dass ein Unglück bevorstünde – oder bereits eingetreten war.
Obawiał się, że nieszczęście nadejdzie — albo że już nadeszło.
Er überquerte den letzten Bergrücken und betrat das darunterliegende Tal.
Przekroczył ostatni grzbiet i wszedł w dolinę poniżej.
Er bewegte sich langsamer und war bei jedem Schritt aufmerksamer und vorsichtiger.
Poruszał się wolniej, był czujniejszy i ostrożniejszy z każdym krokiem.
Drei Meilen weiter fand er eine frische Spur, die ihn erstarren ließ.
Trzy mile dalej znalazł świeży ślad, który sprawił, że zesztywniał.
Die Haare in seinem Nacken stellten sich auf und sträubten sich vor Schreck.
Włosy na jego szyi zjeżyły się i zjeżyły ze strachu.
Die Spur führte direkt zum Lager, wo Thornton wartete.
Szlak wiódł prosto do obozowiska, gdzie czekał Thornton.
Buck bewegte sich jetzt schneller, seine Schritte waren lautlos und schnell zugleich.

Buck poruszał się teraz szybciej, jego kroki były jednocześnie ciche i szybkie.

Seine Nerven lagen blank, als er Zeichen las, die andere übersehen würden.

Jego nerwy napinały się, gdy czytał znaki, które inni mogli przegapić.

Jedes Detail der Spur erzählte eine Geschichte – außer dem letzten Stück.

Każdy szczegół na szlaku opowiadał historię — z wyjątkiem ostatniego fragmentu.

Seine Nase erzählte ihm von dem Leben, das hier vorbeigezogen war.

Jego nos opowiedział mu o życiu, które tu przeminęło.

Der Duft vermittelte ihm ein wechselndes Bild, als er dicht hinter ihm folgte.

Zapach ten nadał mu zmieniający się obraz, gdy podążał tuż za nim.

Doch im Wald selbst war es still geworden, unnatürlich still.

Lecz w samym lesie zapanowała cisza; nienaturalna nieruchomość.

Die Vögel waren verschwunden, die Eichhörnchen hatten sich versteckt, waren still und ruhig.

Ptaki zniknęły, wiewiórki się ukryły, były ciche i nieruchome.

Er sah nur ein einziges Grauhörnchen, das flach auf einem toten Baum lag.

Zobaczył tylko jedną szarą wiewiórkę, leżącą płasko na martwym drzewie.

Das Eichhörnchen fügte sich steif und reglos in den Wald ein.

Wiewiórka wtopiła się w tłum, sztywna i nieruchoma, niczym część lasu.

Buck bewegte sich wie ein Schatten, lautlos und sicher durch die Bäume.

Buck poruszał się niczym cień, cicho i pewnie wśród drzew.

Seine Nase zuckte zur Seite, als würde sie von einer unsichtbaren Hand gezogen.

Jego nos drgnął na bok, jakby pociągała go jakaś niewidzialna ręka.
Er drehte sich um und folgte der neuen Spur tief in ein Dickicht hinein.
Odwrócił się i podążył za nowym zapachem głęboko w gąszcz.
Dort fand er Nig tot daliegend, von einem Pfeil durchbohrt.
Tam znalazł Niga, leżącego martwego, przebitego strzałą.
Der Schaft durchdrang seinen Körper, die Federn waren noch zu sehen.
Strzała przeszła na wylot przez jego ciało, a pióra wciąż były widoczne.
Nig hatte sich dorthin geschleppt, war jedoch gestorben, bevor er Hilfe erreichen konnte.
Nig dotarł tam o własnych siłach, ale zmarł zanim zdążył wezwać pomoc.
Hundert Meter weiter fand Buck einen weiteren Schlittenhund.
Sto metrów dalej Buck spotkał kolejnego psa zaprzęgowego.
Es war ein Hund, den Thornton in Dawson City gekauft hatte.
Był to pies, którego Thornton kupił w Dawson City.
Der Hund befand sich in einem tödlichen Kampf und schlug heftig auf dem Weg um sich.
Pies toczył walkę na śmierć i życie, rzucając się z całych sił na szlaku.
Buck ging um ihn herum, blieb nicht stehen und richtete den Blick nach vorne.
Buck ominął go, nie zatrzymując się, ze wzrokiem utkwionym przed siebie.
Aus Richtung des Lagers ertönte in der Ferne ein rhythmischer Gesang.
Z obozu dobiegał daleki, rytmiczny śpiew.
Die Stimmen schwoll in einem seltsamen, unheimlichen Singsangton an und ab.
Głosy wznosiły się i opadały, tworząc dziwny, niesamowity, śpiewny ton.

Buck kroch schweigend zum Rand der Lichtung.
Buck w milczeniu podpełzł na skraj polany.
Dort sah er Hans mit dem Gesicht nach unten liegen, von vielen Pfeilen durchbohrt.
Tam zobaczył Hansa leżącego twarzą do dołu, przebitego wieloma strzałami.
Sein Körper sah aus wie der eines Stachelschweins und war mit gefiederten Schäften bestückt.
Jego ciało przypominało jeżozwierza, najeżone pierzastymi trzonkami.
Im selben Moment blickte Buck in Richtung der zerstörten Hütte.
W tym samym momencie Buck spojrzał w stronę zniszczonego domku.
Bei diesem Anblick stellten sich ihm die Nacken- und Schulterhaare auf.
Ten widok sprawił, że włosy stanęły mu dęba na szyi i ramionach.
Ein Sturm wilder Wut durchfuhr Bucks ganzen Körper.
Burza dzikiej wściekłości ogarnęła całe ciało Bucka.
Er knurrte laut, obwohl er nicht wusste, dass er es getan hatte.
Warknął głośno, choć nie był tego świadomy.
Der Klang war rau, erfüllt von furchterregender, wilder Wut.
Dźwięk był surowy, pełen przerażającej, dzikiej furii.
Zum letzten Mal in seinem Leben verlor Buck den Verstand und die Gefühle.
Po raz ostatni w życiu Buck stracił rozum na rzecz emocji.
Es war die Liebe zu John Thornton, die seine sorgfältige Kontrolle brach.
To właśnie miłość do Johna Thorntona złamała jego staranną kontrolę.
Die Yeehats tanzten um die zerstörte Fichtenhütte.
Yeehatsowie tańczyli wokół zniszczonego świerkowego domku.
Dann ertönte ein Brüllen – und ein unbekanntes Tier stürmte auf sie zu.

Potem rozległ się ryk i nieznana bestia rzuciła się w ich stronę.
Es war Buck, eine aufbrausende Furie, ein lebendiger Sturm der Rache.
To był Buck; furia w ruchu; żywa burza zemsty.
Wahnsinnig vor Tötungsdrang stürzte er sich mitten unter sie.
Rzucił się między nich, oszalały z potrzeby zabijania.
Er sprang auf den ersten Mann, den Yeehat-Häuptling, und traf zielsicher.
Rzucił się na pierwszego mężczyznę, wodza Yeehatów, i uderzył celnie.
Seine Kehle war aufgerissen und Blut spritzte in einem Strom.
Jego gardło było rozerwane, a krew tryskała strumieniem.
Buck blieb nicht stehen, sondern riss dem nächsten Mann mit einem Sprung die Kehle durch.
Buck nie zatrzymał się, lecz jednym skokiem rozerwał gardło następnego mężczyzny.
Er war nicht aufzuhalten – er riss, schlug und machte nie eine Pause, um sich auszuruhen.
Był niepowstrzymany – rozrywał, rąbał i nigdy nie odpoczywał.
Er schoss und sprang so schnell, dass ihre Pfeile ihn nicht treffen konnten.
Rzucił się i skoczył tak szybko, że ich strzały nie mogły go dosięgnąć.
Die Yeehats waren in ihrer eigenen Panik und Verwirrung gefangen.
Yeehatsowie ogarnęła panika i dezorientacja.
Ihre Pfeile verfehlten Buck und trafen stattdessen einander.
Ich strzały chybiły Bucka i trafiły się w siebie.
Ein Jugendlicher warf einen Speer nach Buck und traf einen anderen Mann.
Jeden z młodzieńców rzucił włócznią w Bucka i trafił innego mężczyznę.
Der Speer durchbohrte seine Brust und die Spitze durchbohrte seinen Rücken.

Włócznia przebiła mu klatkę piersiową, a jej ostrze przebiło plecy.
Die Yeehats wurden von Panik erfasst und zogen sich umgehend zurück.
Yeehatów ogarnęła panika i natychmiast się wycofali.
Sie schrien vor dem bösen Geist und flohen in die Schatten des Waldes.
Krzyczeli, że jest Zły Duch i uciekli w cienie lasu.
Buck war wirklich wie ein Dämon, als er die Yeehats jagte.
Buck naprawdę zachowywał się jak demon, ścigając Yeehatów.
Er raste hinter ihnen durch den Wald her und erlegte sie wie Rehe.
Pobiegł za nimi przez las i powalił ich jak jelenie.
Für die verängstigten Yeehats wurde es ein Tag des Schicksals und des Terrors.
Dla przestraszonych Yeehatów stał się to dzień losu i grozy.
Sie zerstreuten sich über das Land und flohen in alle Richtungen.
Rozproszyli się po całym kraju, uciekając w każdym kierunku.
Eine ganze Woche verging, bevor sich die letzten Überlebenden in einem Tal trafen.
Minął cały tydzień, zanim ostatni ocaleni spotkali się w dolinie.
Erst dann zählten sie ihre Verluste und sprachen über das Geschehene.
Dopiero wtedy policzyli straty i opowiedzieli, co się wydarzyło.
Nachdem Buck die Jagd satt hatte, kehrte er zum zerstörten Lager zurück.
Buck, zmęczywszy się pościgiem, powrócił do zniszczonego obozu.
Er fand Pete, noch in seine Decken gehüllt, getötet beim ersten Angriff.
Znalazł Pete'a, nadal zawiniętego w koc, zabitego w pierwszym ataku.

Spuren von Thorntons letztem Kampf waren im Dreck in der Nähe zu sehen.
W pobliżu na ziemi widać ślady ostatniej walki Thorntona.
Buck folgte jeder Spur und erschnüffelte jede Markierung bis zum letzten Punkt.
Buck podążał każdym śladem, węsząc każdy znak aż do ostatniego punktu.
Am Rand eines tiefen Teichs fand er den treuen Skeet, der still dalag.
Na skraju głębokiego basenu znalazł wiernego Skeeta, leżącego nieruchomo.
Skeets Kopf und Vorderpfoten lagen regungslos im Wasser, er lag tot da.
Głowa i przednie łapy Skeeta znajdowały się w wodzie, nieruchome, gdy umarł.
Der Teich war schlammig und durch das Abwasser aus den Schleusenkästen verunreinigt.
Basen był błotnisty i zanieczyszczony ściekami ze śluz.
Seine trübe Oberfläche verbarg, was darunter lag, aber Buck kannte die Wahrheit.
Jego chmurzasta powierzchnia ukrywała to, co znajdowało się pod spodem, ale Buck znał prawdę.
Er folgte Thorntons Spur bis in den Pool – doch die Spur führte nirgendwo anders hin.
Podążył za zapachem Thorntona do basenu, ale zapach nie prowadził nigdzie indziej.
Es gab keinen Geruch, der hinausführte – nur die Stille des tiefen Wassers.
Nie było czuć żadnego zapachu, tylko cisza głębokiej wody.
Den ganzen Tag blieb Buck in der Nähe des Teichs und ging voller Trauer im Lager auf und ab.
Buck cały dzień przebywał przy basenie i pogrążony w smutku przechadzał się po obozie.
Er wanderte ruhelos umher oder saß regungslos da, in tiefe Gedanken versunken.
Wędrował niespokojnie albo siedział w bezruchu, pogrążony w głębokich myślach.

Er kannte den Tod, das Ende des Lebens, das Verschwinden aller Bewegung.
Znał śmierć, koniec życia, zanik wszelkiego ruchu.
Er verstand, dass John Thornton weg war und nie wieder zurückkehren würde.
Zrozumiał, że John Thornton odszedł i nigdy nie wróci.
Der Verlust hinterließ eine Leere in ihm, die wie Hunger pochte.
Strata pozostawiła w nim pustkę, która pulsowała jak głód.
Doch dieser Hunger konnte durch Essen nicht gestillt werden, egal, wie viel er aß.
Ale głód ten nie mógł zostać zaspokojony jedzeniem, bez względu na to, ile zjadł.
Manchmal, wenn er die toten Yeehats ansah, ließ der Schmerz nach.
Czasami, gdy patrzył na martwych Yeehatów, ból ustępował.
Und dann stieg ein seltsamer Stolz in ihm auf, wild und vollkommen.
A potem w jego wnętrzu narodziła się dziwna duma, dzika i całkowita.
Er hatte den Menschen getötet, das höchste und gefährlichste Wild von allen.
Zabił człowieka, najgorszą i najniebezpieczniejszą ze wszystkich gier.
Er hatte unter Missachtung des alten Gesetzes von Keule und Reißzahn getötet.
Zabił wbrew starożytnemu prawu pałki i kłów.
Buck schnüffelte neugierig und nachdenklich an ihren leblosen Körpern.
Buck powąchał ich martwe ciała, ciekawy i zamyślony.
Sie waren so leicht gestorben – viel leichter als ein Husky in einem Kampf.
Zginęli tak łatwo – o wiele łatwiej niż husky w walce.
Ohne ihre Waffen waren sie weder wirklich stark noch stellten sie eine Bedrohung dar.
Bez broni nie mieli prawdziwej siły i nie stanowili żadnego zagrożenia.

Buck würde sie nie wieder fürchten, es sei denn, sie wären bewaffnet.
Buck nigdy więcej nie miał się ich bać, chyba że byli uzbrojeni.
Nur wenn sie Keulen, Speere oder Pfeile trugen, war er vorsichtig.
Uważał tylko wtedy, gdy mieli przy sobie maczugi, włócznie lub strzały.

Die Nacht brach herein und ein Vollmond stieg hoch über die Baumwipfel.
Zapadła noc, a księżyc w pełni wzniósł się wysoko nad czubkami drzew.
Das blasse Licht des Mondes tauchte das Land in einen sanften, geisterhaften Schein wie am Tag.
Blade światło księżyca skąpało ziemię w miękkim, upiornym blasku, niczym w dzień.
Als die Nacht hereinbrach, trauerte Buck noch immer am stillen Teich.
Gdy noc robiła się coraz ciemniejsza, Buck wciąż pogrążony był w żałobie nad cichym basenem.
Dann bemerkte er eine andere Regung im Wald.
Wtedy zauważył w lesie jakieś dziwne poruszenie.
Die Aufregung kam nicht von den Yeehats, sondern von etwas Älterem und Tieferem.
To poruszenie nie pochodziło od Yeehatów, ale od czegoś starszego i głębszego.
Er stand auf, spitzte die Ohren und prüfte vorsichtig mit der Nase die Brise.
Wstał, nastawił uszy i ostrożnie sprawdził nosem wiatr.
Aus der Ferne ertönte ein schwacher, scharfer Aufschrei, der die Stille durchbrach.
Z oddali dobiegł słaby, ostry krzyk, który przeciął ciszę.
Dann folgte dicht auf den ersten ein Chor ähnlicher Schreie.
Potem zaraz po pierwszym okrzyku rozległ się chór podobnych okrzyków.
Das Geräusch kam näher und wurde mit jedem Augenblick lauter.

Dźwięk był coraz głośniejszy i zbliżał się z każdą chwilą.
Buck kannte diesen Schrei – er kam aus dieser anderen Welt in seiner Erinnerung.
Buck znał ten krzyk — dochodził z innego świata w jego pamięci.
Er ging in die Mitte des offenen Platzes und lauschte aufmerksam.
Podszedł do środka otwartej przestrzeni i uważnie nasłuchiwał.
Der Ruf ertönte vielstimmig und kraftvoller denn je.
Wezwanie zabrzmiało głośno i potężniej niż kiedykolwiek.
Und jetzt war Buck mehr denn je bereit, seiner Berufung zu folgen.
I teraz, bardziej niż kiedykolwiek, Buck był gotowy odpowiedzieć na swoje powołanie.
John Thornton war tot und hatte keine Bindung mehr an die Menschheit.
John Thornton nie żył i nie czuł już żadnego związku z człowiekiem.
Der Mensch und alle menschlichen Ansprüche waren verschwunden – er war endlich frei.
Człowiek i wszelkie ludzkie roszczenia zniknęły – w końcu był wolny.
Das Wolfsrudel jagte Fleisch, wie es einst die Yeehats getan hatten.
Stado wilków polowało na mięso, tak jak kiedyś robili to Yeehatowie.
Sie waren Elchen aus den Waldgebieten gefolgt.
Podążali za łosiami schodzącymi z zalesionych terenów.
Nun überquerten sie, wild und hungrig nach Beute, sein Tal.
Teraz, dzicy i głodni zdobyczy, weszli do jego doliny.
Sie kamen auf die mondbeschienene Lichtung und flossen wie silbernes Wasser.
Wyszli na rozświetloną księżycem polanę, płynąc niczym srebrzysta woda.
Buck stand regungslos in der Mitte und wartete auf sie.
Buck stał nieruchomo na środku, czekając na nich.

Seine ruhige, große Präsenz versetzte das Rudel in Erstaunen und ließ es kurz verstummen.
Jego spokojna, duża postać wprawiła w osłupienie stado, które na chwilę zamilkło.
Dann sprang der kühnste Wolf ohne zu zögern direkt auf ihn zu.
Wtedy najodważniejszy wilk bez wahania rzucił się prosto na niego.
Buck schlug schnell zu und brach dem Wolf mit einem einzigen Schlag das Genick.
Buck uderzył szybko i jednym ciosem złamał kark wilka.
Er stand wieder regungslos da, während der sterbende Wolf sich hinter ihm wand.
Znów stanął bez ruchu, gdy umierający wilk kręcił się za nim.
Drei weitere Wölfe griffen schnell nacheinander an.
Trzy kolejne wilki zaatakowały szybko, jeden po drugim.
Jeder von ihnen zog sich blutend zurück, die Kehle oder die Schultern waren aufgeschlitzt.
Każdy z nich wycofywał się krwawiąc, z podciętymi gardłami i ramionami.
Das reichte aus, um das ganze Rudel zu einem wilden Angriff zu provozieren.
To wystarczyło, by całe stado rzuciło się do dzikiej szarży.
Sie stürmten gemeinsam hinein, waren zu eifrig und zu dicht gedrängt, um einen guten Schlag zu erzielen.
Wpadli razem, zbyt chętni i stłoczeni, by uderzyć skutecznie.
Dank seiner Schnelligkeit und Geschicklichkeit war Buck in der Lage, dem Angriff immer einen Schritt voraus zu sein.
Szybkość i umiejętności Bucka pozwoliły mu wyprzedzić atak.
Er drehte sich auf seinen Hinterbeinen und schnappte und schlug in alle Richtungen.
Obrócił się na tylnych nogach, kłapiąc i uderzając we wszystkich kierunkach.
Für die Wölfe schien es, als ob seine Verteidigung nie geöffnet oder ins Wanken geraten wäre.
Dla wilków wyglądało to tak, jakby jego obrona w ogóle się nie otworzyła lub osłabła.

Er drehte sich um und schlug so schnell zu, dass sie nicht hinter ihn gelangen konnten.
Odwrócił się i ciął tak szybko, że nie mogli się za nim ukryć.
Dennoch zwang ihn ihre Übermacht zum Nachgeben und Zurückweichen.
Jednakże ich przewaga zmusiła go do ustąpienia i wycofania się.
Er ging am Teich vorbei und hinunter in das steinige Bachbett.
Minął basen i zszedł w dół, ku kamienistemu korytu strumienia.
Dort stieß er auf eine steile Böschung aus Kies und Erde.
Tam natknął się na stromą skarpę żwiru i brudu.
Er ist bei den alten Grabungen der Bergleute in einen Eckeinschnitt geraten.
Wcisnął się w narożnik wykopany przez górników.
Jetzt war Buck von drei Seiten geschützt und stand nur noch dem vorderen Wolf gegenüber.
Chroniony z trzech stron Buck musiał stawić czoła tylko wilkowi z przodu.
Dort stand er in der Enge, bereit für die nächste Angriffswelle.
Tam stał w odosobnieniu, gotowy na kolejną falę ataku.
Buck blieb so hartnäckig standhaft, dass die Wölfe zurückwichen.
Buck bronił swojej pozycji tak zaciekle, że wilki się wycofały.
Nach einer halben Stunde waren sie erschöpft und sichtlich besiegt.
Po pół godzinie byli wyczerpani i widocznie pokonani.
Ihre Zungen hingen heraus, ihre weißen Reißzähne glänzten im Mondlicht.
Ich języki były wysunięte, a białe kły błyszczały w świetle księżyca.
Einige Wölfe legten sich mit erhobenem Kopf hin und spitzten die Ohren in Richtung Buck.
Niektóre wilki położyły się, podnosząc głowy i nastawiając uszy w stronę Bucka.

Andere standen still, waren wachsam und beobachteten jede seiner Bewegungen.
Inni stali nieruchomo, czujni i obserwowali każdy jego ruch.
Einige gingen zum Pool und schlürften kaltes Wasser.
Kilku poszło do basenu i chłeptało zimną wodę.
Dann schlich ein großer, schlanker grauer Wolf sanft heran.
Wtedy jeden długi, chudy, szary wilk delikatnie podkradł się do przodu.
Buck erkannte ihn – es war der wilde Bruder von vorhin.
Buck rozpoznał go — to był ten sam dziki brat, co wcześniej.
Der graue Wolf winselte leise und Buck antwortete mit einem Winseln.
Szary wilk zaskomlał cicho, a Buck odpowiedział mu tym samym.
Sie berührten ihre Nasen, leise und ohne Drohung oder Angst.
Dotykali się nosami, cicho, bez groźby czy strachu.
Als nächstes kam ein älterer Wolf, hager und von vielen Kämpfen gezeichnet.
Następnie pojawił się starszy wilk, wychudzony i poznaczony bliznami odniesionymi w wielu bitwach.
Buck wollte knurren, hielt aber inne und schnüffelte an der Nase des alten Wolfes.
Buck zaczął warczeć, ale zatrzymał się i powąchał nos starego wilka.
Der Alte setzte sich, hob die Nase und heulte den Mond an.
Starzec usiadł, podniósł nos i zawył do księżyca.
Der Rest des Rudels setzte sich und stimmte in das langgezogene Heulen ein.
Reszta watahy usiadła i przyłączyła się do długiego wycia.
Und nun ertönte der Ruf an Buck, unmissverständlich und stark.
I oto Buck usłyszał wezwanie, nieomylne i mocne.
Er setzte sich, hob den Kopf und heulte mit den anderen.
Usiadł, podniósł głowę i zawył razem z innymi.
Als das Heulen aufhörte, trat Buck aus seinem felsigen Unterschlupf.

Kiedy wycie ucichło, Buck wyszedł ze swego kamiennego schronienia.
Das Rudel umringte ihn und beschnüffelte ihn zugleich freundlich und vorsichtig.
Stado zamknęło się wokół niego, węsząc jednocześnie życzliwie i ostrożnie.
Dann stießen die Anführer einen lauten Schrei aus und rannten in den Wald.
Wtedy przywódcy wydali okrzyk i pobiegli do lasu.
Die anderen Wölfe folgten und jaulten im Chor, wild und schnell in der Nacht.
Pozostałe wilki podążyły za nimi, wyjąc chórem, dziko i szybko w nocy.
Buck rannte mit ihnen, neben seinem wilden Bruder her, und heulte dabei.
Buck biegł razem z nimi, obok swego dzikiego brata, wyjąc w trakcie biegu.

Hier geht die Geschichte von Buck gut zu Ende.
Tutaj historia Bucka dobiega końca.
In den folgenden Jahren bemerkten die Yeehats seltsame Wölfe.
W kolejnych latach Yeehatowie zaczęli zauważać dziwne wilki.
Einige hatten braune Flecken auf Kopf und Schnauze und weiße Flecken auf der Brust.
Niektóre miały brązowe głowy i pyski, a białe klatki piersiowe.
Doch noch mehr fürchteten sie sich vor einer geisterhaften Gestalt unter den Wölfen.
Ale jeszcze bardziej bali się widmowej postaci pośród wilków.
Sie sprachen flüsternd vom Geisterhund, dem Anführer des Rudels.
Szeptem rozmawiali o Psie Duchu, przywódcy stada.
Dieser Geisterhund war schlauer als der kühnste Yeehat-Jäger.

Ten Pies Duch był bardziej przebiegły niż najodważniejszy łowca Yeehatów.
Der Geisterhund stahl im tiefsten Winter aus Lagern und riss ihre Fallen auseinander.
W środku zimy duchy psów kradły obozy i rozrywały pułapki.
Der Geisterhund tötete ihre Hunde und entkam ihren Pfeilen spurlos.
Duch psa zabił ich psy i uniknął strzał bez śladu.
Sogar ihre tapfersten Krieger hatten Angst, diesem wilden Geist gegenüberzutreten.
Nawet ich najdzielniejsi wojownicy bali się stawić czoła temu dzikiemu duchowi.
Nein, die Geschichte wird im Laufe der Jahre in der Wildnis immer düsterer.
Nie, historia staje się coraz mroczniejsza, im więcej lat mija na wolności.
Manche Jäger verschwinden und kehren nie in ihre entfernten Lager zurück.
Niektórzy myśliwi znikają i nigdy nie wracają do swoich odległych obozów.
Andere werden mit aufgerissener Kehle erschlagen im Schnee gefunden.
Innych znaleziono zabitych na śniegu, z rozerwanymi gardłami.
Um ihren Körper herum sind Spuren – größer als sie ein Wolf hinterlassen könnte.
Na ich ciałach widać ślady — większe, niż mógłby zostawić jakikolwiek wilk.
Jeden Herbst folgen die Yeehats der Spur des Elchs.
Każdej jesieni Yeehats podążają śladami łosia.
Aber ein Tal meiden sie, weil ihnen die Angst tief im Herzen eingegraben ist.
Jednak unikają jednej doliny, bo strach głęboko zapisał się w ich sercach.
Man sagt, dass der böse Geist dieses Tal als seine Heimat ausgewählt hat.

Mówią, że dolinę tę wybrał Zły Duch na swój dom.
Und wenn die Geschichte erzählt wird, weinen einige Frauen am Feuer.
A gdy opowieść została opowiedziana, niektóre kobiety płakały przy ogniu.
Aber im Sommer kommt ein Besucher in dieses ruhige, heilige Tal.
Ale latem do tej spokojnej, świętej doliny przybywa pewien turysta.
Die Yeehats wissen nichts von ihm und können es auch nicht verstehen.
Yeehatowie nie wiedzą o nim i nie są w stanie go zrozumieć.
Der Wolf ist großartig und mit einer Pracht überzogen wie kein anderer seiner Art.
Wilk jest wielki, okryty chwałą, jak żaden inny w jego gatunku.
Er allein überquert den grünen Wald und betritt die Waldlichtung.
On sam wychodzi z zielonego lasu i wchodzi na polanę leśną.
Dort sickert goldener Staub aus Elchhautsäcken in den Boden.
Tam złoty pył z worków ze skóry łosia wsiąka w glebę.
Gras und alte Blätter haben das Gelb vor der Sonne verborgen.
Trawa i stare liście zasłoniły żółty kolor przed słońcem.
Hier steht der Wolf still, denkt nach und erinnert sich.
Tutaj wilk stoi w ciszy, rozmyśla i wspomina.
Er heult einmal – lang und traurig – bevor er sich zum Gehen umdreht.
Wyje raz — długo i żałośnie — zanim odwraca się, by odejść.
Doch er ist nicht immer allein im Land der Kälte und des Schnees.
Jednak nie zawsze jest sam w krainie zimna i śniegu.
Wenn lange Winternächte über die tiefer gelegenen Täler hereinbrechen.
Gdy długie zimowe noce zapadają w dolinach.

Wenn die Wölfe dem Wild durch Mondlicht und Frost folgen.
Kiedy wilki podążają za zwierzyną w świetle księżyca i mrozie.
Dann rennt er mit großen, wilden Sprüngen an der Spitze des Rudels entlang.
Następnie biegnie na czele grupy, skacząc wysoko i dziko.
Seine Gestalt überragt die anderen, aus seiner Kehle erklingt Gesang.
Jego sylwetka góruje nad pozostałymi, a gardło rozbrzmiewa pieśnią.
Es ist das Lied der jüngeren Welt, die Stimme des Rudels.
To pieśń młodego świata, głos stada.
Er singt, während er rennt – stark, frei und für immer wild.
Śpiewa podczas biegu – silny, wolny i wiecznie dziki.

www.ingramcontent.com/pod-product-compliance
Lightning Source LLC
Chambersburg PA
CBHW010030040426
42333CB00048B/2785